Leopold Schmidt
Beethoven-Briefe

SEVERUS Verlag

Schmidt, Leopold: Beethoven-Briefe. 2014
Neuauflage der Ausgabe von 1922
ISBN: 978-3-86347-985-5

Umschlaggestaltung: SEVERUS Verlag

Bibliografische Information der Deutschen Nationalbibliothek: Die Deutsche Nationalbibliothek verzeichnet diese Publikation in der Deutschen Nationalbibliografie; detaillierte bibliografische Daten sind im Internet über https://dnb.de abrufbar.

Der SEVERUS Verlag ist ein Imprint der Bedey & Thoms Media GmbH,
Hermannstal 119k, 22119 Hamburg

SEVERUS Verlag, 2014
http://www.severus-verlag.de
Gedruckt in Deutschland

Leopold Schmidt

Beethoven-Briefe

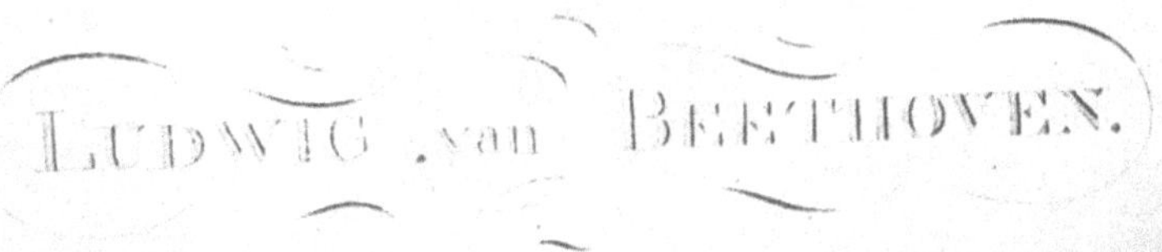
LUDWIG van BEETHOVEN.

Beethoven-Briefe

Ausgewählt und herausgegeben
von Dr. Leopold Schmidt
Mit 6 Abbildungen

Zur Einleitung

I.

Unsere Liebe zu einem großen Manne umfängt mehr als nur sein Wirken und Schaffen; sie schließt auch sein Leben, seine Person, das Rein-Menschliche ein. Es ist ein so natürliches Bedürfnis, daß wir vom Künstler, dem unsere Verehrung gilt, dessen Werken wir unauslöschliche Eindrücke verdanken, Eindrücke, die uns vielleicht durchs ganze Leben geleiten — daß wir von ihm gern Persönliches erfahren möchten. Daß es uns interessiert, seine Herkunft, seinen Werdegang, seine Ansichten und seine Beziehungen zur Umwelt, sein Bild, seine Gewohnheiten und Eigentümlichkeiten zu kennen, zu wissen, was er gewollt, genossen und gelitten hat. Das alles ist ja wichtig, oder kann es wenigstens sein, für das Verständnis der Gesamterscheinung. Daher die weitverbreitete Vorliebe für alles Biographische.

Zu den Mitteln des Biographen hat von jeher die Verwertung des Briefmaterials gehört. Es gibt keine Dokumente, die das innerste Wesen der Menschen schärfer beleuchteten, einen intimeren Einblick in seine Seele gewährten als Briefe, zumal wenn sie nicht vor dem Spiegel der Selbstgefälligkeit oder gar zum Zweck der Veröffentlichung geschrieben sind. Überdies haftet an der brieflichen Mitteilung der Reiz des Persönlichen, der durch keine andere Art der Darstellung zu ersetzen ist. Nimmt man hinzu, daß wir in tausend Dingen — Tatsachen, Daten, Motivierungen, äußeren und inneren Zusammenhängen — oft einzig auf diese Quelle angewiesen sind, so erhellt zur Genüge, welche Bedeutung den Briefen berühmter Männer in historischer wie psychologisch-biographischer Beziehung zukommt.

Die vorliegende Sammlung will eine nach bestimmten Gesichtspunkten getroffene Auswahl der Briefe Beethovens bieten. Die Briefe des Meisters sind in Zeitungen, Zeitschriften und Büchern frühzeitig und oft herausgegeben; am vollständigsten in den Sammlungen von Kalischer, Prelinger und Kastner, mit und ohne Kommentar. Es liegt kein Bedürfnis vor, sie in ihrer Gesamtheit nochmals abzudrucken. Hier sind nur die nach Form und Inhalt wichtigsten, die für Beethoven am meisten charakteristischen zusammengestellt, soweit möglich chronologisch geordnet und unter Berücksichtigung der durch die Adressaten sich ergebenden verschiedenartigen Gruppen. So springt nicht nur das Charakterbild des Mannes klarer heraus; auch das merkwürdige Leben, durch das uns die Briefe geleiten, zieht gedrängter, übersichtlicher an dem Leser vorüber. Und wie vieles spiegelt sich in und noch öfter zwischen diesen Zeilen! Die Ereignisse heben sich deutlich je nach ihrer Bedeutung für den Schreibenden ab; eine Fülle von Persönlichkeiten taucht auf, die zu Beethoven in engere oder weitere Beziehung traten; wir gewinnen Einblick in mancherlei musikalische und andere Angelegenheiten, wir werden Zeugen erschütternder Seelenkämpfe, heroischen Ringens mit dem Schicksal und sehen, wie zuletzt die Tragik häßlichen Familienzwistes noch tiefere Schatten auf dies Dasein wirft. Wir sehen einen Großen in unwürdiges Kleines verstrickt, und dann wieder in aller Hoheit köstlichsten Menschentums. — Ein Lebensbild in Briefen ist es, was dem Herausgeber vorschwebte.

II.

Beethoven war kein Briefschreiber im gewöhnlichen Sinne. Wie den meisten schaffenden Künstlern, die nicht zugleich literarische Interessen haben, war ihm die Nötigung zu schriftlichen Äußerungen lästig, ja verhaßt. „Das verfluchte Schreiben, daß ich mich darin nicht ändern kann," heißt es einmal in einem Briefe an seinen Freund und Verleger Simrock; und ein anderes Mal: „Ich schreibe lieber 10000 Noten als einen Buchstaben." Muß er doch zur Feder greifen, so geschieht es meist unwillig; man merkt die Hast und Ungeduld, die Gleichgültigkeit gegen alles Formale. Bezeichnend ist die häufig wiederkehrende Unterschrift „in Eil". Das Schreiben war ihm ein Notbehelf, ein Mittel, die unerläßliche Verbindung mit der Außenwelt aufrechtzuerhalten. Daher das Flüchtige, Ungepflegte seiner Auslassungen. Aber bei aller Unbeholfenheit in Form und Ausdruck — welche Treffsicherheit und Originalität! Oft sind diese Briefe wie hingehauen in der jeweiligen Laune des Augenblicks, Eruptionen eines ungezügelt temperamentvollen, vulkanischen Geistes. Höchstens, wo Beethoven seinen Humor spielen lassen kann, wird er zuweilen behaglich. Dann tritt auch die ihm mit Mozart gemeinsame Neigung zu Wortspielen und derben Späßen in die Erscheinung. An Witzeleien und Verdrehungen kann er sich nicht genug tun, und besonders auf die Namen, Titel und Würden seiner Adressaten hat er es abgesehen. Die Zettel an den Baron Zmeskall und den Verleger Tobias Haslinger allein geben davon genügende Kunde. Aber auch ernsthaft hat Beethoven in brieflichen Äußerungen über Welt und Menschen manch schlagendes Wort geprägt.

Verhältnismäßig nur wenige Briefe des Meisters sind aus innerem Drange, aus stärkerem Mitteilungsbedürfnis oder unter dem Eindruck tiefbewegender Erlebnisse geschrieben. Sie fallen fast ausnahmslos in die frühere Zeit. Hierher gehören die Briefe an Jugendfreunde wie Wegeler, Breuning, Amenda, der Brief an Bettina v. Arnim, das sogenannte Heiligenstädter Testament (Nr. 29). Sie sind nicht nur inhaltlich bedeutender, sondern muten auch stilistisch ganz anders an. Sie zeigen, wie Beethoven schreiben konnte, wenn er mit dem Herzen dabei war, wenn ihm der Schmerz, die Liebe die Feder führte. Die Sprache solcher Briefe erhebt sich nicht selten zu dichterischem Schwunge und schöpferischer Kraft des Ausdrucks. Manches hat den Charakter von Selbstgesprächen.

III.

Hinsichtlich ihres Inhaltes zerfallen Beethovens Briefe in verschiedene Gruppen, je nachdem sie an Familienmitglieder, Freunde, Verleger oder offizielle Persönlichkeiten gerichtet sind. Das Schicksal hat es gefügt, daß Beethoven in den Familienbriefen meist nur unerquickliche Dinge berühren konnte. Am besten stand er noch mit seinem Bruder Karl (Kaspar), der ihm namentlich in den ersten Jahren in geschäftlichen Angelegenheiten beistand und die Sorgen des Verkehrs mit Verlegern und Kopisten abnahm, über dessen Unzuverlässigkeit und Eigenmächtigkeit aber er sich immerhin gelegentlich zu beklagen hatte. Die Zwistigkeiten mit Bruder Johann, dem Apotheker, schrieben sich vornehmlich aus der unseligen Ehe her, die dieser mit seiner ehemaligen Wirtschafterin einging. Beethoven war unklug genug, sich vor- und nachher einzumischen, und hatte die Konsequenzen zu tragen. Die Briefe aus jener Zeit gewähren Einblick in üble Affären und schlimme Zerwürfnisse, zu denen es bei Beethoven, der in sittlichen Dingen keinen Spaß verstand, kommen mußte. Bekannt ist endlich, welche Quelle von Bitternissen, von Ärger, Aufregungen und Enttäuschungen für den Meister die nach dem Tode des jüngeren Bruders (1815) übernommene Vormundschaft seines Neffen Karl wurde. Zeigen die mit der Mutter des Knaben, der „Königin der Nacht" geführten Prozesse die ganze Zähigkeit und unbeugsame Willenskraft seines Charakters, so enthüllt das starke Verantwortlichkeitsgefühl, die väterliche Zärtlichkeit, mit der er sich der Erziehung Karls auf Kosten der eigenen Interessen widmet, aufs schönste sein wahres, innerstes Menschentum. An diesem Neffen hängt sein ganzes liebebedürftiges Herz. Es ist, als ob der einsam alternde Junggeselle hier nachholen wollte, was er an Aufopferung für andere versäumt hatte. Unablässig ist er um das leibliche und geistige Wohl seines Schützlings besorgt. Er scheut keine Mühewaltung, keine Kosten, ihn — da ein Versuch, Karl bei sich zu behalten, fehlschlägt — in einem geeigneten Institut unterzubringen. Er ermahnt ihn, sich nicht zu erkälten, schreibt ihm für sonntägliche Besuche auf dem Lande die besten Postverbindungen auf und denkt an kleine häusliche Dinge, die dem Neffen dienlich oder angenehm sein könnten. Sein Verkehr wird streng überwacht, der schlechte Einfluß der Mutter, die Unzuverlässigkeit der Dienstmägde zornig und unnachsichtig bekämpft. Karl soll ein ordentlicher, ideal gesinnter, für höheren Beruf vorbereiteter Mensch werden. Für ihn auch liegen die Bankaktien im Schrank und bleiben selbst in Zeiten der Not unangetastet. — Vielleicht, wahrscheinlich sogar, war Beethoven für die Aufgabe, die er sich gestellt, nicht der geeignete Mann, vielleicht trug er an manchem Mißerfolg seiner guten Absichten selber die Schuld. Aber ist er nicht liebenswert in solchen Momenten? Man lese die Briefe! Wie ein Verliebter buhlt Beethoven um die Gegenliebe des Knaben. Er schenkt ihm Vertrauen und fordert es; er spricht zu ihm wie zu einem Erwachsenen, er schärft sein Gewissen und weiht ihn sogar, um ihn zu fesseln, in sein

Schaffen und seine künstlerischen Angelegenheiten ein. Und als er sein Ziel nicht erreicht, als Karl, andern Einflüssen leicht zugänglich und durch schlechten Umgang verleitet, seine Studien vernachlässigt und nach schlecht bestandener Prüfung aus Scham, oder um den Vorwürfen des Oheims zu entgehen, einen Selbstmordversuch unternimmt, da ist Beethoven nur bemüht, den Skandal zu vertuschen und wenigstens das äußere Fortkommen des Neffen (der später übrigens ein tüchtiger Kaufmann und braver Mensch geworden ist) sicherzustellen. — Man kann nicht leicht etwas Rührenderes lesen als Beethovens Briefe an seinen Neffen. Sie sind der psychologisch vielleicht wertvollste Teil seiner brieflichen Hinterlassenschaft.

Freunden gegenüber gab sich Beethoven auch in seinen schriftlichen Äußerungen völlig zwanglos. Nie hat er aus seinem Herzen eine Mördergrube gemacht, überschwänglich in seinen Sympathiebeweisen, rückhaltlos offen bis zur Grobheit, wo er sich zu Vorwürfen berechtigt glaubte. Von Haus aus eine hemmungslose Natur, vom Leben, in dem er sich früh eine Sonderstellung ertrotzte, wenig oder gar nicht geschliffen, kannte er nicht die diplomatische Kunst feinerer Umgangsformen. So kam es, daß keines seiner Freundschaftsbündnisse auf die Dauer ungetrübt blieb, und zwar durch seine Schuld. Obwohl er andererseits nur zu bereit war, ein in der Heftigkeit begangenes Unrecht, oft über alles Maß hinaus, wieder gutzumachen. Dann folgten leidenschaftliche Selbstanklagen und der ehrlichste Wille zur Versöhnung. Ein Brief an Wegeler, ein anderer an Stephan v. Breuning sind Beispiele solch reumütiger Bekenntnisse.

Abgesehen von der schon erwähnten geringen Anzahl bedeutsamerer Dokumente beschränkt sich Beethovens brieflicher Verkehr mit Freunden auf mehr oder weniger kurze und eilige Mitteilungen. Man darf dabei nicht außer acht lassen, daß es sich um Freunde handelt, die in Wien wohnten, und daß diese Korrespondenz meist nur die Ergänzung des mündlichen Verkehrs bildete. Inhaltlich herrscht da durchaus das Alltägliche vor. Die kleinen Ereignisse und Sorgen des Lebens werden gestreift, seltener Fragen von allgemeinerer Bedeutung, und so gut wie nichts erfahren wir aus diesen Briefen über das, was uns am meisten interessieren würde: über Beethovens Kunst. War nun auch Beethoven im Gespräch zugeknöpft, sobald die Rede auf Musik und gar auf seine Musik kam, so sind uns immerhin eine Reihe mündlicher Aussprüche überliefert, die durch die Prägnanz des Urteils oder als Aufschlüsse über sein Schaffen und seine Ansichten von der Kunst ihren Wert haben. Das Bedürfnis, sich als Künstler seinen Freunden mitzuteilen, hat Beethoven — im Gegensatz zu andern Meistern, z. B. Wagner — offenbar nicht gehabt. Ebensowenig empfand er das Verlangen, sich etwa von andern „anregen" zu lassen. Seine Musik war ihm persönlichster Besitz, ein verschlossenes Gebiet, in das er niemandem Einblick gewährte. Er beobachtete Kunstwerke, Natur und Menschen und — komponierte. War etwas nach seiner Meinung vollendet, so schenkte er es der Welt, keineswegs gleichgültig gegen die weiteren Schicksale seiner Geisteskinder (wie in den Briefen seine bald schmeichelhaften, bald boshaften Bemerkungen über Rezensenten beweisen). Das Kommentieren überließ er anderen. Die wenigen Stellen, die sich auf seine Werke beziehen oder Ansichten über künstlerische Fragen aussprechen, finden sich in einigen Verlegerbriefen und in einem Brief an Karl Czerny, aus der Zeit, wo dieser den Klavierunterricht des Neffen übernommen hatte. Musikhistorische Dokumente also, die über sein Schaffen Aufschluß gäben, sind Beethovens Freundesbriefe nicht. Wohl aber spiegeln sie in großen Zügen den Ablauf seines Lebens, das manche mehr oder minder deutliche Spur darin zurückgelassen hat.

Beethoven, dem Leben gegenüber hilflos, brauchte immer eine Art Faktotum, einen Menschen, der ihm die kleinlichen Sorgen des Alltags abnehmen mußte. Zuerst und lange Jahre hindurch war es der Baron Zmeskall von Domanovecz, zu dem Beethoven bald nach seiner Ankunft in Wien in ein derartiges Freundschaftsverhältnis trat. Bei allem Schabernack, der er mit ihm treibt, leuchtet aus den an ihn gerichteten Billetten deutlich die Wertschätzung und Zuneigung, die der Meister für den feingebildeten und gefälligen Mann empfand. Nach gewissen Anspielungen zu schließen, nahm er sogar an den galanten Abenteuern des Barons freundschaftlichen Anteil. Eine Zeitlang wurde dann der Freiherr Ignaz von Gleichenstein, mit allerhand Geschäften und Kommissionen betraut. Später rückten Anton Schindler und Karl Holz, denen sich vorübergehend Nanette Streicher, Beethovens hilfreiche „Euryklеia" anschloß, an die gleiche Stelle. So bildete sich ein Freundeskreis um ihn, der viel von seinem cholerischen Temperament und seiner mit dem Alter zunehmenden Launenhaftigkeit zu leiden hatte, sich aber einer sonst keinem gegönnten Intimität mit Beethoven rühmen konnte.

Die Wirtschaftsführung, der Haushalt, die kleinen Bedürfnisse aller Art pflegten Beethoven in peinliche Verlegenheiten zu bringen. Da mußte denn das jeweilige Faktotum aushelfen, sei es, daß es galt, neue Federn zu schnitzen, oder eine Wohnung in der Stadt oder auf dem Lande zu mieten, die Küche zu beraten, Einkäufe zu machen, den Diener oder die Magd zu wechseln, Geldgeschäfte zu besorgen oder irgendwelche Händel zu schlichten. Beethoven verstand es nicht, sich eine Heimstatt zu schaffen, und konnte mit den Menschen, die er doch brauchte, nicht fertig werden. Ein unruhiger Gast, zieht er von Wohnung zu Wohnung, mietet die eine, ohne die andere zu kündigen, gerät mit Wirten und Nachbarn in Konflikt. Impulsiv und empfindlich zugleich, stößt er sich hart an allen Widerständen. Einen unerlaubt breiten Raum — davon erzählen die Briefe — nimmt in seinem Leben die Dienstbotenmisere ein. Mit schmerzlichem Erstaunen sehen wir, wie der erhabene Künstler, dessen Geist in höheren Regionen weilt, in die tiefste Prosa der Alltäglichkeit hinabsteigt und sich mit Gesindel herumschlägt, das den hilflosen Junggesellen bestiehlt, verärgert und schikaniert. Die Verdrießlichkeiten reißen nicht ab. Als Beethoven die Diener zum Teufel schickt und es mit Mägden versucht, kommt er aus dem Regen in die Traufe. Es ist ein wahres Martyrium, verschärft durch das Verhängnis der Taubheit, das den von Natur Mißtrauischen noch argwöhnischer gegen seine Umgebung macht. Versöhnlich wirkt nur die erfrischende Grobheit, der grimmige Humor, mit denen der Meister diese Kämpfe ausficht. Wir dürfen aber nicht vergessen, was für den beständig kränkelnden Mann auf dem Spiele stand, wenn er verdammt war, ein Leben ohne rechte Pflege und ohne häusliche Ruhe zu führen.

Die Geschichte seiner körperlichen Beschwerden zieht sich wie ein roter Faden auch durch die Briefe hin. In der Jugend klagt Beethoven über Engbrüstigkeit und macht in Bonn eine nicht weiter genannte schwere Krankheit durch. Er stammte von keinen gesunden Eltern; die Mutter war lungenleidend und starb früh, der Vater ging an der Trunksucht zugrunde. Kaum war der junge Ludwig einige Jahre in Wien, so meldeten sich die ersten Anzeichen seines tückischen Gehörleidens. Später befallen ihn häufig „Entzündungskatarrhe", die ihn am Ausgehen und Arbeiten hindern. Das Wiener Klima bekam ihm nicht, und er flüchtete sich, sobald die Jahreszeit es erlaubte, aufs Land. Gelegentlich hören wir auch von einem schweren und hartnäckigen Augenübel; am meisten aber quälte ihn ein chronisches Unterleibsleiden, gegen das er durch Bäder und Kuren vergebens Heilung suchte. Er wechselt die Ärzte, ist bald voll sanguinischer Hoffnung, bald mißtrauisch und niedergedrückt, schluckt aber tapfer die ihm verordneten Medikamente. Nach dem fünfzigsten Jahre verfällt der kräftige Körper; schon 1823 beschleichen ihn Todesahnungen, und er macht sein Testament. Kann man sich wundern, daß der vielgeplagte Dulder, bei seinem Zustand zu Wirtshausessen oder häuslichem Ärger verurteilt, zuweilen die Geduld verlor und gegen seine Umgebung stachlich wurde?

Die Briefe an die Getreuen, die unserm Meister in den kleinlichen Miseren des Lebens zur Seite standen, haben ihr eigenes Gepräge. Das Nötigste, durch die Gelegenheit Gebotene wird kurz und bündig zu wissen getan. Nicht immer liebenswürdig oder gar verbindlich, doch meist in seltsam drolliger Verbrämung. Hier treibt der Beethoven eigentümliche Humor seine üppigsten Blüten; besonders die Anreden und Unterschriften geben den willkommenen Anlaß zu übermütigen, nicht selten derben Scherzen und Wortspielereien. Beethoven gefällt sich in der Rolle des Jupiter tonans; er äußert sich im persiflierten Stil dynastischer Kundgebungen. Immer ein wenig von oben herab. (Schon Haydn nannte scherzhaft seinen selbstbewußten Schüler den „Großmogul".) Bisweilen kommt es zu unverhüllten Grobheiten, dann wieder zu beinahe kindlichen Hilferufen.

Diese Briefchen und Zettel in ihrer lapidaren Kürze, mit denen Beethoven gewissermaßen schon den modernen Postkartenstil vorwegnimmt — zu einer Zeit, die es mit dem Briefschreiben noch recht umständlich zu halten pflegte —, sind gerade deshalb so interessant, weil sie uns den Menschen Beethoven ungeschminkt, in seinen Gewohnheiten und Schwächen, in allen Nöten des Lebens zeigen. Wie er mit Freunden,

Verehrern und Kunstgenossen, mit seinen Kopisten, mit Dienstboten verkehrt, wie er sich kleidet, wie er den Tag verbringt, speist und arbeitet, wie er rechnet und haushält — von all dem kann man sich ein ungefähres Bild machen. Auf gute Küche hielt Beethoven (wie alle Musiker) offenbar viel, schon aus Gesundheitsrücksichten, und was das Essen anbelangt, hatte er seine besonderen Liebhabereien. Die Köchin macht es ihm selten recht; eine Meinungsverschiedenheit über die Suppe kann ihn ernstlich mit Freunden entzweien. Der Große kann Kleinstes unter Umständen wichtig nehmen.

In einem Briefe an Nanette Streicher wiederum findet seine tiefe Liebe zur Natur ergreifenden Ausdruck. Sie war ein charakteristischer Zug an ihm. Mit der Natur stand Beethoven, im Gegensatz zu den meisten Zeitgenossen, auf vertrautem Fuße; ein innigstes Verlangen trieb ihn in Feld und Wald. Schon in der Jugend hatte ihn mit unauslöschlichen Eindrücken die heimatliche Rheingegend gefesselt, die er, so gern er auch wollte, nie wiedergesehen hat. Die schöne Umgebung Wiens lockt ihn beständig. Da draußen, unter freiem Himmel, sucht er seelische und körperliche Erholung. In der Stille des Landlebens kommen ihm die Ideen, findet er die nötige Sammlung zum Schaffen. Beethoven hat die meisten seiner Werke im Sommer konzipiert; die Wintermonate in der Stadt waren hauptsächlich der Niederschrift, Ausarbeitung und Instrumentierung gewidmet.

So läßt vor dem aufmerksamen Leser diese Gruppe von Briefen das irdische Leben des Meisters vorüberziehen, von der ersten Wiener Zeit an bis in die letzten Tage, wo der Todkranke den Baron Pasqualati um Zusendung von stärkendem Wein und Kompotts bittet.

Ein Kapitel für sich ist Beethovens Verkehr mit seinen Verlegern. Beethoven war früh ein gesuchter, aber in mancher Hinsicht gefürchteter Autor. Seine Unbekümmertheit, sein selbstbewußtes, auffahrendes Wesen, doppelt rücksichtslos, wo es seine Kunst galt, gestalteten, wie den gesellschaftlichen, auch den geschäftlichen Verkehr mit ihm nicht gerade leicht und angenehm. Dazu kam seine wilde, schwer leserliche, oft unsaubere Notenschrift, die Quelle unaufhörlicher Ärgernisse, Scherereien, Satzfehler und Verbesserungen. Auch war der sonst so weltfremde Musiker in Verlagsangelegenheiten keineswegs ein Idealist. Er wußte sich der Menschen, die er brauchte, zu bedienen, und war beim Verkauf seiner Werke auf seinen geschäftlichen Vorteil bedacht, hierin von seinen Brüdern noch beeinflußt, besonders von Karl, der zeitweise die Korrespondenz führte und in Ludwigs Namen verhandelte. Die erzielten Honorare sind für die damalige Zeit beträchtlich, zuweilen glänzend, und zeigen, daß man seine Bedeutung nicht unterschätz te. Und Beethoven, sobald er die Situation erkannt hat, säumt nicht, sie auszunutzen. Erstaunt wird mancher Leser den Briefen entnehmen, was für ein tüchtiger Geschäftsmann unser Meister war. Er stellt seine Bedingungen, zögert vorsichtig mit der Auslieferung der Manuskripte, spielt, um das Angebot zu erhöhen, die Verleger gegeneinander aus, nasführt sie wohl auch gelegentlich, überlegt und ändert wohlweislich gewinnversprechende Dedikationen und ist entrüstet, wenn von hochgestellter Seite (wie vom König von England) der erwartete klingende Lohn ausbleibt. Bekannt ist die Geschichte der zuerst auf Subskription veröffentlichten „Missa solemnis", die er gleichzeitig vier Verlegern verspricht, um sie schließlich einem fünften zu geben. Ja, es kommt vor, daß er, genau wie der ehrsame Vater Haydn, ein und dieselbe Komposition an zwei Verleger im In- und Ausland zugleich verkauft.

Die verschiedenen Verlagshäuser, die zu Beethoven in Beziehung standen, haben seine Briefe als Geschäftskorrespondenz aufbewahrt, so daß wir hier über ein vermutlich ziemlich vollständiges Material verfügen. Ton und Inhalt dieser Briefe richten sich nach dem Grad der Einschätzung und Vertraulichkeit. Die Abstufungen gehen von wirklicher Freundschaftlichkeit bis zu unverhohlener Mißachtung. Im allgemeinen hatte Beethoven von den Verlegern keine allzu hohe Meinung. Er versäumt denn auch nie, ihnen gegenüber die Würde und Überlegenheit des schaffenden Genies zu wahren. Solange die Sachen glatt gehen, ist sein Ton höflich, unter Umständen sogar verbindlich. Hat er sich über säumige Drucklegung oder fehlerhafte Ausgaben zu beklagen, so äußert sich sein Unmut bald in grimmigem Humor, bald in heftigen Zornesausbrüchen. „Der Erzflegel Diabelli" und „die Mainzer Gassenbuben" (Schott Söhne) sind nur Beispiele dafür, welch schmeichelhafte Titel der verstimmte Meister für seine Geschäftsfreunde in Bereitschaft hatte.

Die ersten Beziehungen zu Verlegern knüpften sich naturgemäß in Wien. Hier waren es Artaria & Co., und vor allem die Steinersche Musikalienhandlung in der Paternostergasse (Tobias Haslinger), die in Beethovens Leben eine Rolle spielten. In Leipzig trat er mit Friedrich Hofmeister, Breitkopf & Härtel, Probst und Peters, in Berlin mit Moritz Schlesinger, in Mainz mit B. Schott Söhne, in Edinburg mit Georg Thomson in Verbindung. Aus Bonn meldete sich der Jugendfreund Nicolaus Simrock, der, als er seinen Kramladen zu einer Musikalienhandlung erweitert hatte, Beethovensche Werke in Verlag nahm. Der Briefwechsel mit diesen Männern ist also insofern charakteristisch, als er uns Beethoven wieder von einer neuen Seite zeigt. Wie bei den Freundesbriefen sind auch hier die kurzen, schnell hingeworfenen, für Wiener Verleger bestimmten Billette von den ausführlicheren, gehaltvolleren Schreiben an Auswärtige wohl zu unterscheiden. Wo Beethoven genötigt ist, sich auf den schriftlichen Verkehr zu beschränken, wird er mitunter mitteilsamer und berührt Dinge von allgemeinerem Interesse. Es sei zum Beispiel auf den Brief an Simrock verwiesen, der so köstlich die Wiener Verhältnisse beleuchtet, auf die Schlaglichter, die gelegentlich die politische Zeitgeschichte streifen, auf die Anregungen, in der Musik italienische Bezeichnungen durch deutsche zu ersetzen, und auf die flammenden Proteste gegen die gewerbsmäßige Ausbeutung der Verlagsrechte. Wie alle erfolgreichen Komponisten jener Zeit hatte Beethoven unter dem Nachdruck zu leiden, der in einem für heutige Anschauungen unbegreiflichen Umfang üblich und gestattet war. Mehr als einmal sehen wir ihn zu öffentlichen Erklärungen in der Zeitung greifen, um sich und seine Werke vor Schaden und Mißdeutungen seitens des Publikums zu schützen.

Die Verlegerbriefe sind auch der Ort, wo Beethoven ausführlicher auf seine Musik zu sprechen kommt. Freilich immer nur so weit, als das Künstlerische mit dem Geschäftlichen verquickt ist. Immerhin erfahren wir mancherlei Wissenswertes über seine Absichten und Pläne, über den Wert, den er selbst einzelnen Werken beimißt, über musikalische Vorkommnisse, Aufführungen und Erfolge. Wir sehen, wie er ändernd arbeitet, worauf er Gewicht legt, welch minutiöse Sorgfalt er den Korrekturen auch zur Verdeutlichung seiner Vortragsabsichten widmet. Für die Chronologie der

Werke und ihren Zusammenhang mit äußeren Ereignissen gehören diese Briefe mit zu den authentischen Quellen. Leider auch für Beethovens Krankheitsgeschichte. In den späteren Jahren kehren die Klagen über seinen Gesundheitszustand ebenso häufig wieder wie über die sonstige mißliche Lage des „armen österreichischen Musikanten". In den Briefen an die Leipziger Verleger sind uns übrigens Beethovens drastische Bemerkungen über das Rezensententum seiner Tage aufbewahrt. Seinem unerschütterlichen, hochgemuten Selbstbewußtsein konnten die Angriffe ahnungsloser oder böswilliger Skribenten nichts anhaben. Er mochte es verstehen, daß dem kühnen Schwunge seines vorwärtsdrängenden Geistes die Mitwelt nicht ohne weiteres folgen konnte, aber es zeigt sich, daß auch Beethoven, wie alle Künstler, gegen Lob und Tadel in der Öffentlichkeit nicht unempfindlich war. Die Tadler nimmt er mit olympischer Grobheit unsanft bei den langen Ohren; mit einem Rochlitz, dessen Wissen, guter Wille zum Verständnis und vornehme literarische Art ihm Respekt einflößten, will er es doch nicht verderben. Dem ihm persönlich unbekannten E. Th. A. Hoffmann, dem ersten begeisterten Vorkämpfer seiner Kunst, schreibt er aus eigener Initiative einige schmeichelhafte Zeilen.

Zu den originellsten Erzeugnissen der Beethovenschen Feder gehören die Briefe an die „Paternostergäßler". So nannte der Meister die Verleger Steiner und Haslinger, zu denen er in eine Art freundschaftlicher Beziehungen trat. Tobias Haslinger, von Haus aus Musiker, trat 1810 in die Steinersche Musikhandlung ein, wurde dann Kompagnon und übernahm 1826 das Geschäft als alleiniger Besitzer. Wie es um Beethovens „Freundschaft" bestellt war, sieht man aus seinen abfälligen Bemerkungen über Steiner den Brüdern Schott gegenüber und aus der nicht ganz gegen seinen Willen in der Mainzer „Cäcilia" erschienenen boshaft-satirischen Lebensbeschreibung des Tobias. Beide, Haslinger wie Steiner, waren eben auch nur „Instrumente", auf denen er je nach Bedarf „spielte". Aus finanziellen Gründen — die Firma hatte Beethoven eine größere Summe vorgestreckt, die sie, als die bestellten Kompositionen ausblieben, zurückforderte — wurde das Verhältnis ernstlich getrübt.

Die an die „Paternostergäßler" gerichteten Briefchen und Zettel ähneln in Form und Stil den Kundgebungen an die Intimen des Freundeskreises. Auch sie sind meist sehr kurz und wunderlich. Beethoven hatte sich einen Spaß ausgedacht, am dem er konstant festhielt, indem er das Verhältnis ins Militärische übersetzte. Dabei erscheint er selbst bezeichnenderweise als „Generalissimus", Steiner ist der „Generalleutnant", Haslinger der „Adjutant". Das Geschäft ist das Generalleutnantsamt, die Honorare sind die „geharnischten Männer", die zu dem Generalissimus zu marschieren haben. Dementsprechend äußert Beethoven seine Wünsche in Form militärischer Befehle. Da steht dann der Beethovensche Humor wieder in voller Blüte und treibt sein Wesen in allerhand Wortspielen und derben Neckereien, zumal wenn es Satzfehler oder andere Nachlässigkeiten zu ahnden gilt. Die Delinquenten können noch von Glück sagen, wenn sie mit scherzhaften Anzüglichkeiten davonkommen. Diese humoristischen Brieflein sind im Leben Beethovens gleichsam Wetterzeichen. Erscheinen sie (und dann gewöhnlich gleich in größerer Anzahl), so ist nach sorgenvollen oder schmerzlich bewegten Tagen die gute Laune des Meisters, die er ganz sich nie hat verderben lassen, siegreich wieder zum Durchbruch gekommen.

Wesentlich anders als in den bisher besprochenen Gruppen gibt sich Beethoven in Briefen an hochstehende, offizielle Persönlichkeiten. Da wahrt er die Form und ist sich des Schicklichen wohl bewußt. An einem kurfürstlichen Hofe und in kurfürstlichen Diensten groß geworden, kannte er die Art, in der man sich an hohe Herrschaften wendet, und beobachtet sie genau wie andere Zeitgenossen. Die etwa hundert Briefe an den Erzherzog Rudolf sind der Beweis dafür. Daher ist auch die Erzählung von dem absichtlich brüsken Benehmen, das Beethoven zur Schau getragen haben soll, als er mit Goethe auf der Karlsbader Promenade den zur Kur weilenden Fürstlichkeiten begegnete, in den Bereich der Legende zu verweisen.

Richtig ist, daß er wirkliche oder vermeintliche Taktlosigkeiten seiner aristokratischen Gönner energisch zurückwies. Beethoven ließ sich nicht „protegieren", noch an anderer Lebensgewohnheiten fesseln oder als Tafelbarde gebrauchen. Er, der Sohn des freien Rheinlandes, fühlte sich jedem ebenbürtig, zudem seiner Umgebung geistig überlegen, und liebte es sogar, durch sein ungebundenes Benehmen Anstoß zu erregen, Höherstehenden gegenüber seine Kunstbedeutung, den Adel des Genies zu betonen, die Schranken kleinlicher gesellschaftlicher Etiquette zu durchbrechen. So tief er von jener wahren allgemeinen Menschenliebe erfüllt war, die in den Briefen an Varena so schön zum Ausdruck kommt — gegen den einzelnen konnte er rauh und abstoßend sein. Aber einmal fand das Benehmen seine Grenzen an den geheiligten Kreisen der Dynastie, und wo der offizielle Verkehr einsetzte; und dann lebte im Grunde seiner Seele, in seltsamem Gegensatz zu seinen demokratischen Gesinnungen, ein Gefühl der Zugehörigkeit zur menschlichen Elite. Er ist empört, als man trotz seines Protestes den Prozeß mit der Mutter des Neffen an die „bürgerlichen" Gerichte verweist, und er versucht ernstlich, sein holländisches „van" in ein deutsches „von" zu verwandeln.

Seitdem Erzherzog Rudolf (spätestens 1805) sein Kompositionsschüler geworden, steht Beethoven in regem Briefwechsel mit ihm. In Anrede und Unterschrift bedient er sich, ohne devot zu sein, der üblichen Höflichkeitsformeln. Nie versäumt er, sich in ehrerbietiger Besorgnis nach dem Befinden des gnädigsten Herrn zu erkundigen, ihm die wärmsten Wünsche und den Ausdruck seiner treuen Anhänglichkeit und Ergebenheit untertänigst darzubringen. Obwohl der Verkehr zwischen Lehrer und Schüler recht herzlich gewesen zu sein scheint, und der Erzherzog dem Tondichter viele Beweise von Teilnahme und Zuneigung gab, bleibt Beethoven, in Briefen wenigstens, der untertänige, der Winke gewärtige Diener. Als Rudolph ihm eine Komposition schickt, dankt er mit schmeichelhaft anerkennendem Urteil und verschafft dem Erzherzog einen Verleger; als dieser 1819 Kardinal und Erzbischof von Olmütz wird, findet Beethoven ehrfurchtsvolle Worte der Beglückwünschung.

Aber noch etwas anderes dokumentieren diese Briefe: Beethovens tiefe Abneigung gegen das Unterrichtgeben. Die Lektionen beim Erzherzog waren gewiß nicht mühevoll und brachten ihm sicherlich manche Vorteile; trotzdem empfindet er sie bald als lästige Fessel. Zu sehr mit sich selbst und seinen Arbeiten beschäftigt, sucht er sich der übernommenen Verpflichtung nach Möglichkeit zu entziehen. Dabei war der Erzherzog, namentlich in späteren Jahren, oft genug abwesend; aber auch wenn er in Wien weilte, scheint Beethoven, den Briefen nach zu urteilen, mehr Stunden abgesagt als gegeben zu haben. Um Gründe ist er nicht verlegen. Bald sind es die Nachwehen des Augenübels oder Kopfschmerzen, bald ist es ein Katarrh, Überarbeitung oder allgemeines Schlechtbefinden, was ihn am Ausgehen verhindert. Er vertröstet den Erzherzog von einem auf das andere Mal. Tatsächlich hat Beethoven auch sonst nur gelegentlich Kompositionsunterricht erteilt, Klavierstunden nur in jüngeren Jahren gegeben. Ferdinand Ries war kurze Zeit sein einziger wirklicher Schüler (neben Erzherzog Rudolf), und auch der nur, weil der Meister sich erkenntlich zeigen wollte für Wohltaten, die er einst in der Jugend vom Vater, Franz Ries, in Bonn empfangen hatte.

Gewiß würde der Leser gern auch über Beethovensche Liebesbriefe etwas erfahren. Beethovens Liebesleben war reich und nicht ohne Freuden; doch überwog auch hier das Mißgeschick. Die Tragik freilich und den Einfluß auf sein Schaffen, die man seinen Beziehungen zu Frauen angedichtet hat, haben sie wohl nie besessen. Bei seiner derb sinnlichen Natur ist ihm das Weib nicht, wie anderen Künstlern, gefährlich geworden. An schwärmerischen Neigungen hat es trotzdem nicht gefehlt. „Beethoven", so erzählt Wegeler in seinen Notizen, „war nie ohne eine Liebe, und meistens von ihr im hohen Grade ergriffen." Auch habe er wiederholt „Eroberungen gemacht, die manchem Adonis, wo nicht unmöglich, doch sehr schwer geworden wären". (Beethoven war häßlich, in seinem Äußeren ungepflegt; von kleiner, gedrungener Statur, braun von Teint, pockennarbig; die hohe gewölbte Stirn und die dunklen, im Affekt blitzenden Augen allein machten die Erscheinung anziehend und bedeutend.) Sein Wunsch, eine Ehe zu schließen, ging indessen niemals in Erfüllung.

Von all dem erzählen die Briefe so gut wie nichts. Hat Beethoven hie und da seinen Empfindungen Ausdruck gegeben, so sind solche Schreiben aus begreiflichen Gründen in den Händen der Empfängerinnen geblieben und früher oder später vernichtet worden. Mit einer Ausnahme. Das ist der nach Beethovens Tod in seinem Schrank aufgefundene Brief an die „Unsterbliche Geliebte". Er wurde eben nicht abgeschickt. Es ist der einzige Liebesbrief, den wir von Beethoven besitzen. Wer die Adressatin gewesen, wissen wir nicht, auch nicht die Zeit, noch den Ort der Niederschrift, so daß das Dunkel, das über dieser Begebenheit schwebt, wohl nie gelichtet werden wird. Die Beethoven-Forschung hat sich in Kombinationen versucht. Die einen halten mit Schindler und Kalischer die Gräfin Giulietta Guiccardi, zu der Beethoven zweifellos in einem mehr als freundschaftlichen Verhältnis gestanden hat, für die Unsterbliche Geliebte; andere denken mit Thayer an Therese Brunswick. Frimmel weist auf die Sängerin Magdalena Willmann hin, der Beethoven 1795 einen Heiratsantrag machte. Vielleicht war es eine Vierte und Unbekannte. Aber gleichviel — was kommt auf den Namen und die Befriedigung der Neugier an? Das Dokument ist nur wert, weil es uns Beethovens Innerstes erschließt in einer von der Leidenschaft geheiligten Stunde. Offenbar wurde die Neigung erwidert. Ob das Erlebnis in seinem Leben nachzitterte, ist — wenn auch die Aufbewahrung des Briefes dafür zu sprechen scheint — schwer zu entscheiden. Im allgemeinen pflegte Beethoven, indem er sich schaffend befreite, das seelische Gleichgewicht verhältnismäßig schnell wiederzufinden.

Müssen wir nun auch auf weitere Einblicke in Beethovens Liebesleben verzichten, so besitzen wir doch einige Briefe, aus denen scheu zurückgehaltene Wünsche immerhin deutlich genug sprechen. Es sind die Briefe an Therese Malfatti, um deren Gunst sich Beethoven ernstlich, doch vergeblich bewarb (s. im Zusammenhang damit auch die Briefe an Gleichenstein), und an die feingeistige Amalie Sebald aus Berlin, die Beethoven 1811 in Teplitz kennen und verehren lernte. Freundschaftliche Zuneigung empfand der Meister für Marie Bigot, die wie Dorothea von Ertmann und Marie Pachler-Koschak zu den von ihm geschätzten Interpretinnen seiner Klaviermusik gehörte. Unter den vornehmen Frauen, die in Wien einen Kreis um Beethoven bildeten, stand ihm Jahre hindurch die Gräfin Erdödy am nächsten. Es scheint, daß er sich in ihrem Hause besonders wohl fühlte und daß sie ihn verständnisvoll mit Rat und Tat unterstützte. Auch davon geben die hier mitgeteilten Schriftstücke Kunde.

IV.

Wir kommen zu dem Äußeren der Beethovenbriefe. Wie oft ihr Ton und ihre Ausdrucksweise, so hat auch die Handschrift etwas Unwirsches.

Auf Uneingeweihte wirkt sie zunächst beinahe unästhetisch. Man muß sich in diese ungefügen und doch so charaktervollen Zeichen hineinlesen, um etwas von der Größe des Mannes zu spüren. Dann freilich geben sie viel zu denken. Das Unorthographische der Schreibweise ist natürlich nicht vom heutigen Standpunkt aus zu beurteilen. Beethoven teilte diese Unkultur mit vielen Zeitgenossen, wenn er darin auch weiter ging als die Mehrzahl der Gebildeten, deren Kreisen er angehörte. Nicht zu vergessen ist ferner, daß er als geborener Rheinländer in seiner Jugend französischem Einfluß unterlag. Der erklärt die (allerdings nicht konsequente) Neigung für kleine Anfangsbuchstaben. Da seine Handschrift schwer zu entziffern ist und zuweilen unlösbare Rätsel aufgibt, so ist zwar die Frage, ob mancher Buchstabe groß oder klein gedacht war, nicht mit Sicherheit zu entscheiden. Schwierigkeiten bereitet auch die Gewohnheit Beethovens, Namen und wiederkehrende Worte abzukürzen.

Sieht man von dem rein äußerlichen Eindruck der Schriftbilder ab, so ist die graphische Eigenprägung dieser Briefe von ergreifender Ausdrucksgewalt. Auch sie spiegelt Charakter und Lebensschicksale des Mannes, der mit zunehmendem Alter diese Zeichen immer flüchtiger, immer rücksichtsloser gegen alles Unwesentliche aufs Papier geworfen hat. In unserer Zeit, wo das Studium der Handschriften wissenschaftliche Bedeutung erlangt hat, liefern die Briefe Beethovens dem Graphologen ein gewiß nicht uninteressantes und ergiebiges Material. Etwas ganz Persönliches hat die Interpunktion mit ihrer schwankenden vieldeutigen Verwendung der Kommata und dem bei Beethoven so beliebten Trennungsstrich.

Und nun zum Schluß noch ein Wort über die Grundsätze, nach denen bei dieser Sammlung verfahren wurde. Zunächst ist die Orthographie der Originale in die uns vertraute, heut übliche umgewandelt. Beethovens altmodische, inkorrekte und obendrein inkonsequente Schreibweise würde den Leser verwirrt, die Lektüre der Briefe erschwert haben. Unsere Sammlung aber ist keine wissenschaftliche Publikation, bei der eine diplomatisch getreue Wiedergabe unerläßlich wäre; sie will ein volkstümliches Buch sein für die weite Gemeinde der Beethovenfreunde. Nur wo aus dialektischen oder sonstigen Gründen phonetische Abweichungen vorkommen, wie „Täge", „dörfte" usw., sind sie auch hier beibehalten.

Nicht immer enthalten die Briefe eine schlechthin verständliche, klare Gedankenentwicklung. Vieles will erraten sein. Soweit durch Ergänzung fehlender Worte oder Satzteile dem Verständnis nachgeholfen werden konnte, ist es geschehen, wobei die Ergänzungen wie alle sonstigen Zusätze des Herausgebers in eckigen Klammern [ ] erscheinen. Die runden Klammern ( ) gehören zum Beethovenschen Text. Unleserliche oder zweifelhafte Worte, unbekannte Sach- und Eigennamen, unausfüllbare Lücken sind mit einem Fragezeichen [?] versehen.

Auch die Interpunktion mußte einschneidende Änderungen erfahren, weil sonst vieles auf den ersten Blick unverständlich wäre. Kommata sind versetzt, in andere Interpunktionszeichen verwandelt, hinzugefügt und fortgelassen, Sätze getrennt und verbunden, je nachdem es der Sinn erfordert. Denn auf den Sinn kommt es an und auf ihn allein! Der Leser soll wissen, wie's Beethoven gemeint, nicht wie er es zufällig hingeschrieben hat. Der Gedankenstrich, wo er an Stelle des Punktes steht, ist meist durch diesen ersetzt worden. Im Original durch die Schrift hervorgehobene oder unterstrichene Stellen sind gesperrt oder fett gedruckt.

Hinsichtlich der Chronologie hat sich der Herausgeber im großen Ganzen an Kalischer gehalten. Ohne ihn in seinen Vermutungen und Kombinationen durchweg vertreten zu wollen. Manches wird eben auch hier nicht mehr zu ergründen sein, und es ist sehr wohl möglich, daß dieser oder jener Brief ganz woandershin gehört. Wo sie von Beethovens Hand fehlt, ist die Datierung in Klammern gesetzt und, wenn zweifelhaft, von einem Fragezeichen begleitet.

Der Wortlaut einer Adresse ist nur in dem seltenen Falle mitgeteilt, wo seine besondere Fassung es rechtfertigte. Zusätze von fremder Hand sind (mit einer Ausnahme) überhaupt nicht mit aufgenommen. Auch von der Einbeziehung offizieller Schreiben an Gesellschaften und Behörden ist abgesehen, ebenso der Korrespondenzen nach außerhalb, die Beethoven sich ins Englische oder Französische übersetzen ließ. Sie sind nicht charakteristisch für den Briefschreiber, und was sie an Wissenswertem enthalten, wird ohnehin an anderen Stellen verhandelt.

* * *

Trotz der großen Anzahl der gedruckten Briefe kann von einer absoluten Vollständigkeit nicht die Rede sein. Manches ist sicherlich verloren gegangen, manches wird in Privatbesitz zurückgehalten. Welcher Gesichtspunkt für die vorliegende Sammlung maßgebend war, ist oben schon dargelegt worden. Sie geleitet uns vom ersten noch erhaltenen Briefe, der uns in die trübe Bonner Jugendperiode versetzt, bis zu den letzten, von der zitternden Hand des Sterbenden geschriebenen Zeilen. Und indem wir lesen, ersteht vor uns ein Mensch, ein vom Genius Gezeichneter, ein Kämpfer in all seiner irdischen Bedrängnis. Trotz allen Ecken und Kanten eine liebenswerte Erscheinung.

Ein ganzer Mann.

Ein Held und Dulder:

Beethoven.

Euer Wohlgebohren!

indem ich gerade überhäufft beschäftigt
bin, kann ich nur dieß sagen, daß
ich die mir von ihnen bezeichneten
Gefälligkeiten sobald als mir
möglich [illegible] erfüllen werde und die
Messe betreffend so ist mein
1000 fl. C.M. [illegible] unabänderlich,
kleinen Musikstücke [illegible] nicht
zu wünschen ein angemessenes
Honorar zu erhalten, allein

Es ist kein Wunder, ich, Ihnen
den Vorschlag zu geben,
steht sie vorgezeichnet, daß
ich keinen Heller mehr
bei Ihnen nehmen, der mir
von andern anzunehmen
ist # ~~[struck out]~~ Sie können nicht
überlegen, daß und ich sie bitten,
mir das Morgenblatt
gefälligst einen Monat
zukommen zu lassen,

ich könnte Ihnen dieses schwerlich
beweisen.

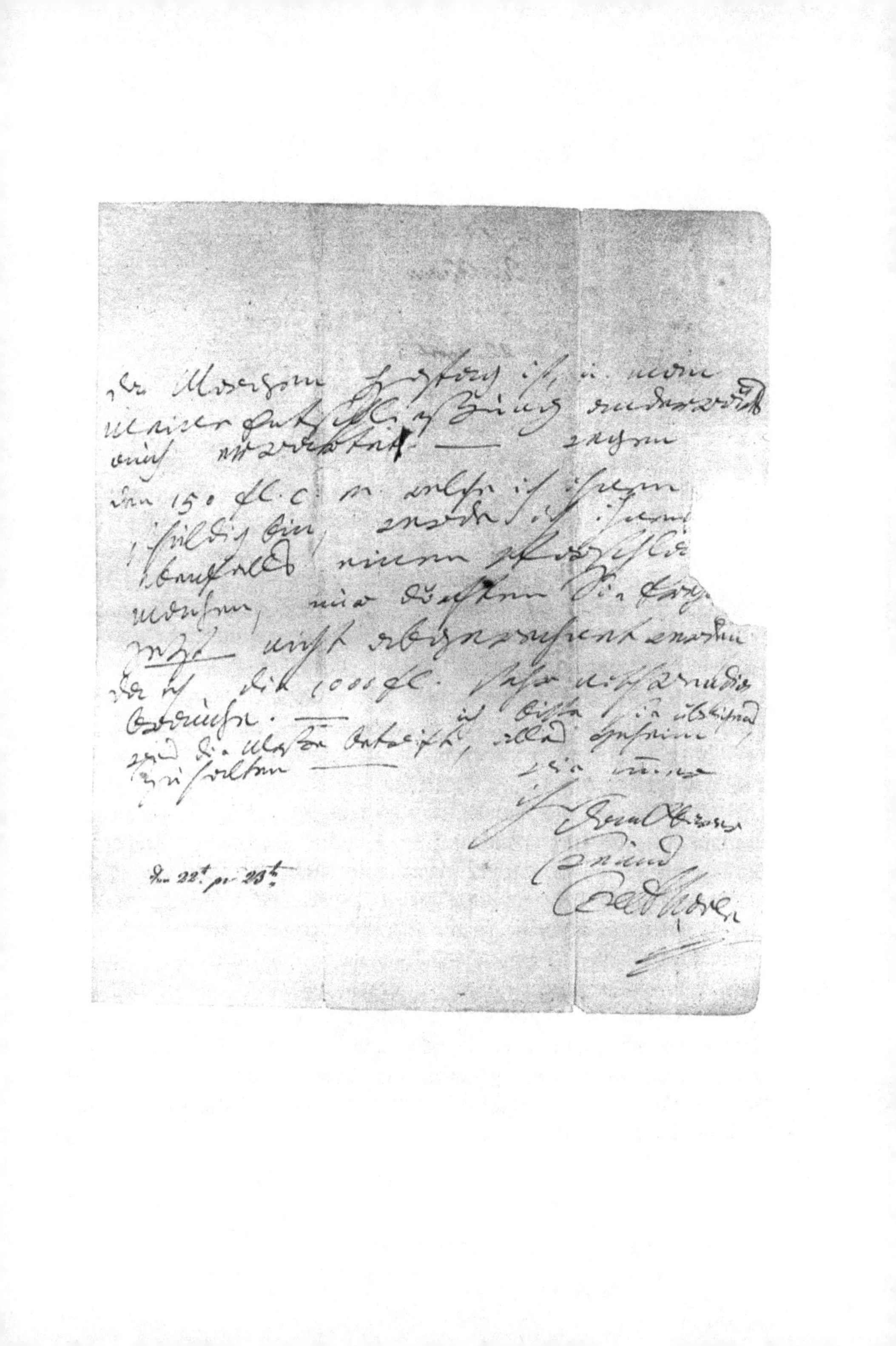

[illegible]

Beethoven

d. 22t. pr. 23t.

Beethoven-Briefe

1.

An Rat Dr. von Schaden in Augsburg.

Den 15. Herbstmonat

Bonn 1787

Hochedelgeborner

insonders werter Freund!

Was Sie von mir denken, kann ich leicht schließen; daß Sie gegründete Ursachen haben, nicht vorteilhaft von mir zu denken, kann ich Ihnen nicht widersprechen; doch ich will mich nicht eher entschuldigen, bis ich die Ursachen angezeigt habe, wodurch ich hoffen darf, daß meine Entschuldigungen angenommen werden. Ich muß Ihnen bekennen: daß seitdem ich von Augsburg hinweg bin, meine Freude und mit ihr meine Gesundheit begann aufzuhören; je näher ich meiner Vaterstadt kam, je mehr Briefe erhielte ich von meinem Vater, geschwinder zu reisen als gewöhnlich, da meine Mutter nicht in günstigen Gesundheitsumständen wär. Ich eilte also so sehr ich vermochte, da ich doch selbst unpäßlich wurde: das Verlangen, meine kranke Mutter noch einmal sehen zu können, setzte alle Hindernisse bei mir hinweg, und half mir die größten Beschwernisse überwinden. Ich traf meine Mutter noch an, aber in den elendesten Gesundheitsumständen; sie hatte die Schwindsucht und starb endlich ungefähr vor sieben Wochen, nach vielen überstandenen Schmerzen und Leiden. Sie war mir eine so gute liebenswürdige Mutter, meine beste Freundin; o! wer war glücklicher als ich, da ich noch den süßen Namen Mutter aussprechen konnte, und er wurde gehört, und wem kann ich ihn jetzt sagen? Den stummen ihr ähnlichen Bildern, die mir meine Einbildungskraft zusammensetzt? So lange ich hier bin, habe ich noch wenige vergnügte Stunden genossen; die ganze Zeit hindurch bin ich mit der Engbrüstigkeit behaftet gewesen, und ich muß fürchten, daß gar eine

Schwindsucht daraus entstehet; dazu kömmt noch Melancholie, welche für mich ein fast eben so großes Übel als meine Krankheit selbst ist. Denken Sie sich jetzt in meine Lage, und ich hoffe Vergebung für mein langes Stillschweigen von Ihnen zu erhalten. Die außerordentliche Güte und Freundschaft, die Sie hatten, mir in Augsburg drei Krlin zu leihen, muß ich Sie bitten, noch einige Nachsicht mit mir zu haben; meine Reise hat mich viel gekostet, und ich habe hier keinen Ersatz, auch den geringsten zu hoffen; das Schicksal hier in Bonn ist mir nicht günstig.

Sie werden verzeihen, daß ich Sie so lange mit meinem Geplauder aufgehalten, alles war nötig zu meiner Entschuldigung. Ich bitte Sie, mir Ihre verehrungswürdige Freundschaft weiter nicht zu versagen, der ich nichts so sehr wünsche, als mich Ihrer Freundschaft nur in etwas würdig zu machen.

Ich bin mit aller Hochachtung

Ihr gehorsamster Diener und Freund

L. v. Beethoven

kurf.-kölnischer Hoforganist.

2.

An den Kurfürsten Max Franz zu Köln.

[Wien, Ende April oder Anfang Mai 1793.]

Hochwürdigst-Durchlauchtigster Kurfürst!

Gnädigster Herr!

Vor einigen Jahren geruhten Ew. Kurfürstliche Durchlaucht, meinen Vater, den Hoftenoristen van Beethoven, in Ruhe zu setzen, und mir von seinem Gehalte 100 Rtlr. durch ein ggstes [gnädigstes] Dekret in der Absicht zuzulegen, daß ich dafür meine beiden jüngeren Brüder kleiden, nähren und unterrichten lassen, auch unsere vom Vater rührenden Schulden tilgen sollte.

Ich wollte dieses Dekret eben bei Höchstdero Landrentmeisterei präsentieren, als mich mein Vater innigst bat, es doch zu unterlassen, um nicht öffentlich dafür angesehen zu werden, als sei er unfähig, seiner Familie selbst vorzustehen; er wollte mir (fügte er hinzu) quartaliter die 25 Rtlr. selbst zustellen, welches auch bisher immer richtig erfolgte.

Da ich aber nach seinem Ableben (so im Dezember v. J. erfolgte) Gebrauch von Höchstdero Gnade durch Präsentierung obbenannten ggsten Dekrets machen wollte, wurde ich mit Schröcken gewahr, daß mein Vater selbes unterschlagen habe.

In schuldigster Ehrfurcht bitte ich deshalb Eure Kfstle Dchlcht [Kurfürstliche Durchlaucht] um gnädigste Erneuerung dieses Dekrets und Höchstdero Landrentmeisterei anzuzeigen, mir letzthin verflossenes Quartal von dieser ggn Zulage (so anfangs Februar fällig waren) zukommen zu lassen.

Euer Kurfürstlichen Durchlaucht

Untertänigster Treugehorsamster

Lud. v. Beethoven; Hoforganist.

3.

An Fräulein Eleonore von Breuning in Bonn.

Wien den 2. November 93

Verehrungswürdige Eleonore!
meine teuerste Freundin!

Erst nachdem ich nun hier in der Hauptstadt bald ein ganzes Jahr verlebt habe, erhalten Sie von mir einen Brief, und doch waren Sie gewiß in einem immerwährenden lebhaften Andenken bei mir. Sehr oft unterhielt ich mich mit Ihnen und Ihrer lieben Familie, nur öfters mit der Ruhe nicht, die ich dabei gewünscht hätte. Da war's, wo mir der fatale Zwist noch vorschwebte, wobei mir mein damaliges Betragen so verabscheuungswert vorkam, aber es war geschehen; o wie viel gäbe ich dafür, wäre ich imstande, meine damalige, mich so sehr entehrende, sonst meinem Charakter zuwider laufende Art zu handeln ganz aus meinem Leben tilgen zu können. Freilich waren mancherlei Umstände, die uns immer von einander entfernten, und wie ich vermute, war das Zuflüstern von den wechselweise gegen einander gehaltenen Reden von einem gegen den andern hauptsächlich dasjenige, was alle Übereinstimmung verhinderte. Jeder von uns glaubte hier, er spreche mit wahrer Überzeugung, und doch war es nur angefachter Zorn, und wir waren beide getäuscht. Ihr guter und edler Charakter, meine liebe Freundin, bürgt mir zwar dafür, daß Sie mir längst vergeben haben, aber man sagt, die aufrichtigste Reue sei diese, wo man sein Verbrechen selbst gestehet; dieses habe ich gewollt. — Und lassen Sie uns nun den Vorhang für diese ganze Geschichte ziehen, und nur noch die Lehre davon nehmen, daß, wenn Freunde in Streit geraten, es immer besser sei, keinen Vermittler dazu zu brauchen, sondern der Freund sich an den Freund unmittelbar wende.

Sie erhalten hier eine Dedikation von mir an Sie, wobei ich nur wünschte, das Werk sei größer und Ihrer würdiger. Man plagte mich hier um die Herausgabe dieses Werkchens, und ich benutzte diese Gelegenheit, um Ihnen, meine verehrungswürdige E[leonore], einen Beweis meiner Hochachtung und Freundschaft gegen Sie und eines immerwährenden Andenkens an Ihr Haus zu geben. Nehmen Sie diese Kleinigkeit hin, und denken Sie dabei, sie kömmt von einem Sie sehr verehrenden Freunde. O, wenn sie Ihnen nur Vergnügen macht, so sind meine Wünsche ganz befriedigt. Es sei eine kleine Wiedererweckung an die Zeit, wo ich so viele und so selige Stunden in Ihrem Hause zubrachte; vielleicht erhält es mich im Andenken bei Ihnen, bis ich einst wiederkomme, was nun freilich so bald nicht sein wird. O wie wollen wir uns dann, meine liebe Freundin, freuen; Sie werden dann einen fröhlichern Menschen an Ihrem Freunde finden, dem die Zeit und sein besseres Schicksal die Furchen seiner vorhergegangenen widerwärtigen ausgeglichen hat.

Sollten Sie die B[arbara] Koch sehen, so bitte ich Sie, ihr zu sagen, daß es nicht schön sei von ihr, mir gar nicht einmal zu schreiben. Ich habe doch zweimal geschrieben; an Malchus schrieb ich dreimal und — keine Antwort. Sagen Sie ihr, daß, wenn sie nicht wolle schreiben, sie wenigstens Malchus dazu antreiben solle. Zum Schlusse meines Briefs wage ich noch eine Bitte: sie ist, daß ich wieder gern so glücklich sein möchte, eine von Hasenhaaren gestrickte Weste von Ihrer Hand, meine liebe Freundin, zu besitzen; verzeihen Sie die unbescheidene Bitte Ihrem Freunde, sie entsteht aus großer Vorliebe für alles, was von Ihren Händen ist; und heimlich kann ich Ihnen wohl sagen, eine kleine Eitelkeit liegt mit dabei zum Grunde, nämlich: um sagen zu können, daß ich etwas von einem der besten, verehrungswürdigsten Mädchen in Bonn besitze. Ich habe zwar noch die erste, womit Sie so gütig waren, in Bonn mich damit zu beschenken, aber sie ist durch die Mode so unmodisch geworden, daß ich sie nur als etwas von Ihnen mir sehr Teures im Kleiderschrank aufbewahren kann.

Vieles Vergnügen würden Sie mir machen, wenn Sie mich bald mit einem lieben Briefe von Ihnen erfreuten; sollten Ihnen meine Briefe Vergnügen verursachen, so verspreche ich Ihnen gewiß so viel mir möglich ist hierin willig zu sein, so wie mir alles willkommen ist, wobei ich Ihnen zeigen kann, wie sehr ich bin

Ihr Sie verehrender
wahrer Freund
L. v. Beethoven.

4a.

An dieselbe.

Fragment.

— — — — Äußerst überraschend war mir die schöne Halsbinde von Ihrer Hand gearbeitet. Sie erweckte in mir Gefühle der Wehmut, so angenehm mir auch die Sache selbst war; Vergangenheit voriger Zeiten war ihre Wirkung, auch Beschämung auf meiner Seite durch Ihr großmütiges Betragen gegen mich. Wahrlich, ich dachte nicht, daß Sie mich noch Ihres Andenkens würdig hielten. O hätten Sie Zeuge meiner gestrigen Empfindungen bei diesem Vorfall sein können, so würden Sie es gewiß nicht übertrieben finden, was ich Ihnen vielleicht hier sage, daß mich Ihr Andenken weinend und sehr traurig machte, — ich bitte Sie, so wenig ich auch in Ihren Augen Glauben verdienen mag, glauben Sie mir, meine Freundin (lassen Sie mich Ihnen noch immer so nennen), daß ich sehr gelitten habe und noch leide durch den Verlust Ihrer Freundschaft. Sie und Ihre teure Mutter werde ich nie vergessen, Sie waren so gütig gegen mich, daß mir Ihr Verlust sobald nicht ersetzt werden kann und wird; ich weiß, was ich verlor, und was Sie mir waren, aber — ich müßte in Szenen zurückkehren, sollte ich diese Lücke ausfüllen, die Ihnen unangenehm zu hören und mir, Ihnen sie darzustellen sind.

Zu einer kleinen Wiedervergeltung für Ihr gütiges Andenken an mich bin ich so frei, Ihnen hier diese Variationen und das Rondo mit einer Violine zu schicken. Ich habe sehr viel zu tun, sonst würde ich Ihnen die schon längst versprochene Sonate abgeschrieben haben, in meinem Manuskript ist sie fast nur Skizze, und das würde dem sonst so geschickten Paraquin selbst schwer geworden sein, sie abzuschreiben. Sie können das Rondo abschreiben lassen, und mir dann die Partitur zurückschicken. Es ist das einzige, das ich Ihnen hier schicke, was von meinen Sachen ohngefähr für Sie brauchbar war, und da Sie jetzt ohnedem nach Kerpen reisen, dachte ich, es könnten diese Kleinigkeiten Ihnen vielleicht einiges Vergnügen machen.

Leben Sie wohl, meine Freundin, es ist mir unmöglich, Sie anders zu nennen; so gleichgültig ich Ihnen auch sein mag, so glauben Sie doch, daß ich Ihnen und Ihre Mutter noch eben so verehre, wie sonst. Bin ich imstande, sonst etwas zu Ihrem Vergnügen beitragen zu können, so bitte ich Sie, mich doch nicht vorbeizugehen; es ist noch dies einzig übrigbleibende Mittel, Ihnen meine Dankbarkeit für Ihre genossene Freundschaft zu bezeigen. Reisen Sie glücklich, und bringen Sie Ihre teure Mutter wieder völlig gesund zurück. Denken Sie zuweilen

an Ihren Sie noch immer verehrenden

wahren Freund

Beethoven.

P. S.

Die V[ariationen] werden etwas schwer zum Spielen sein, besonders die Triller in der Coda, das darf Sie aber nicht abschrecken; es ist so veranstaltet, daß Sie nichts als den Triller zu machen brauchen, die übrigen Noten lassen Sie aus, weil sie in der Violinstimme auch vorkommen. Nie würde ich so etwas gesetzt haben, aber ich hatte schon öfter bemerkt, daß hier und da einer in W[ien] war, welcher meistens, wenn ich des Abends fantasiert hatte, des andern Tages viele von meinen Eigenheiten aufschrieb und sich damit brüstete; weil ich nun voraus sah, daß bald solche Sachen erscheinen würden, so nahm ich mir vor, ihnen zuvorzukommen. Eine andere Ursache war noch dabei, nämlich: die hiesigen Klaviermeister in Verlegenheit zu setzen; manche davon sind meine Todfeinde, und so wollte ich mich auf diese Art an ihnen rächen, weil ich voraus wußte, daß man ihnen die V[ariationen] hier und da vorlegen würde, wo die Herren sich dann übel dabei produzieren würden.

Beethoven.

5.

An den Komponisten Johann Schenk.

[Juni 1793.]

Lieber Schenk! Ich wußte nicht, daß ich schon heute fort würde reisen, nach Eisenstadt. Gerne hätte ich noch mit Ihnen gesprochen. Unterdessen rechnen Sie auf meine Dankbarkeit für die mir erzeigten Gefälligkeiten. Ich werde mich bestreben, Ihnen alles nach meinen Kräften gutzumachen. Ich hoffe, Sie bald wieder zu sehen und das Vergnügen Ihres Umgangs genießen zu können. Leben Sie wohl und vergessen Sie nicht ganz

Ihren

Beethoven.

6.

An den Musikverleger N. Simrock in Bonn.

Wien den 2. August 1794.

Lieber Simrock!

Ich verdiente, ein bißchen von Ihnen ausgeputzt zu werden, weil ich Ihnen so lange Ihre V[ariationen] zurückgehalten habe, aber ich lüge wahrlich nicht, wenn ich Ihnen sage, daß ich verhindert war, durch überhäufte Geschäfte, selbe so bald zu korrigieren. Was daran fehlt, werden Sie selbst finden; übrigens muß ich Ihnen Glück wünschen in Ansehung

Ihres Stichs, der schön, deutlich und lesbar ist; wahrhaftig, wenn Sie so fortfahren, so werden Sie noch das Oberhaupt im Stechen werden, versteht sich im Notenstechen.

Ich versprach Ihnen im vorigen Briefe, etwas von mir zu schicken, und Sie legten das als Cavalier-Sprache aus; woher habe ich denn dieses Praedikat verdient? — Pfui, wer würde in unseren demokratischen Zeiten noch so eine Sprache annehmen. Um mich Ihres gegebenen Praedicats verlustig zu machen, sollen Sie, sobald ich die große Revue an meinen Kompositionen vorgenommen habe, was jetzt bald geschieht, etwas haben, was Sie gewiß stechen werden.

Wegen einem Commissionare habe ich mich auch umgesehen, und einen recht braven tüchtigen Mann dazu gefunden. Sein Name ist Traeg; Sie haben jetzt nichts zu tun, als an ihn oder mich zu schreiben, was für Bedingungen Sie eingehen wollen. Er verlangt von Ihnen das Drittel rabate. Der Teufel verstehe sich auf Eure Handelei. — Hier ist es sehr heiß; die Wiener sind bange, sie werden bald kein Gefrorenes mehr haben können; da der Winter so wenig kalt war, so ist das Eis rar. Hier hat man verschiedene Leute von Bedeutung eingezogen, man sagt, es hätte eine Revolution ausbrechen sollen — aber ich glaube, solange der Österreicher noch braun's Bier und Würstel hat, revoltiert er nicht. Es heißt, die Tore zu den Vorstädten sollen nachts um 10 Uhr gesperrt werden. Die Soldaten haben scharf geladen. Man darf nicht zu laut sprechen hier, sonst gibt die Polizei einem Quartier.

Sind Ihre Töchter schon groß, erziehen Sie mir eine zur Braut, denn wenn ich ungeheiratet in Bonn bin, bleibe ich gewiß nicht lange da; — Sie müssen doch auch jetzt in Angst leben. — Was macht der gute Ries, ich will ihm nächstens schreiben; er kann nicht anders als unvorteilhaft denken von mir, aber das verfluchte Schreiben, daß ich mich darin nicht ändern kann. — Haben Sie schon meine Partie aufgeführt? Schreiben Sie mir zuweilen.

Ihr Beethoven.

Wenn Sie mir doch auch von den ersten Variationen einige Ex[emplare] schickten.

7.

An Dr. Franz Wegeler in Wien.

[zwischen 1794—1796]

Liebster, Bester! In was für einem abscheulichen Bilde hast Du mich mir selbst dargestellt! O ich erkenne es, ich verdiene Deine Freundschaft nicht, Du bist so edel, so gutdenkend, und das ist das erstemal, daß ich mich nicht neben Dir stellen darf; weit unter Dir bin ich gefallen, ach ich habe meinem besten, edelsten Freund acht Wochen lang Verdruß gemacht; Du glaubst, ich habe an der Güte meines Herzens verloren, dem Himmel sei Dank: nein. — Es war keine absichtliche, ausgedachte Bosheit von mir, die mich so gegen Dich handeln ließ, es war mein unverzeihlicher Leichtsinn, der mich nicht die Sache in dem Lichte sehen ließ, wie sie wirklich war. — O wie schäme ich mich für Dir, wie für mir selbst — fast traue ich mich nicht mehr, Dich um Deine Freundschaft wieder zu bitten. — Ach Wegeler, nur mein einziger Trost ist, daß Du mich fast seit meiner Kindheit kanntest, und doch, o laß michs selbst sagen, ich war doch immer gut, und bestrebte mich immer der Rechtschaffenheit und Biederkeit in meinen Handlungen; wie hättest Du mich sonst lieben können? — Sollte ich denn jetzt seit der kurzen Zeit auf einmal mich so schrecklich, so sehr zu meinem Nachteil geändert haben — unmöglich, diese Gefühle des Großen, des Guten sollten alle auf einmal in mir erloschen sein? Mein Wegeler, Lieber, Bester, o wag es noch einmal, Dich wieder ganz in die Arme Deines B. zu werfen, baue auf die guten Eigenschaften, die Du sonst in ihm gefunden hast; ich stehe Dir dafür, den neuen Tempel der heiligen Freundschaft, den Du darauf aufrichten wirst, er wird fest, ewig stehen, kein Zufall, kein Sturm wird ihn in seinen Grundfesten erschüttern können — fest, — Ewig — unsere Freundschaft. Verzeihung — Vergessenheit, Wiederaufleben der sterbenden sinkenden Freundschaft. — O Wegeler, verstoße sie nicht, diese Hand zur Aussöhnung, gib die Deinige in die meine — ach Gott. — Doch nichts mehr — ich selbst komme zu Dir, und werfe mich in Deine Arme, und bitte um den verlorenen Freund, und Du gibst Dich mir, dem reuevollen, Dich liebenden, Dich nie vergessenden Beethoven wieder.

(Auf der Außenseite:)

Jetzt eben hab ich Deinen Brief erhalten, weil ich erst nach Hause gekommen bin.

8.

An den Bruder Nikolaus Johann van Beethoven.

Prag, den 19. Februar [1796].

Lieber Bruder! Nun daß Du doch wenigstens nur weißt, wo ich bin und was ich mache, muß ich Dir doch schreiben. Fürs erste geht mir's gut, recht gut. Meine Kunst erwirbt mir Freunde und Achtung. Was will ich mehr. Auch Geld werde ich diesmale ziemlich bekommen. Ich werde noch einige Wochen verweilen hier und dann nach Dresden, Leipzig und Berlin reisen. Da werden wohl wenigstens sechs Wochen dran gehen, bis ich zurückkomme. — Ich hoffe, daß Dir Dein Aufenthalt in Wien immer besser gefallen wird. Nimm Dich nur in acht vor der ganzen Zunft der schlechten Weiber. Bist Du schon bei Vetter Elss [?] gewesen? Du kannst mir einmal hierher schreiben, wenn Du Lust und Zeit hast.

F. Linowski wird wohl bald wieder nach Wien, er ist schon von hier weggereist. Wenn Du allenfalls Geld brauchst, kannst Du keck zu ihm gehn, da er mir noch schuldig ist. Übrigens wünsche ich, daß Du immer glücklicher leben mögest, und ich wünsche etwas dazu beitragen zu können. Leb wohl, lieber Bruder, und denke zuweilen

an Deinen wahren

treuen Bruder

L. Beethoven.

Grüße Bruder Caspar.

Meine Adresse ist
im goldenen Einhorn auf
der Kleinseite.

9.

An den K. K. Hoffekretär N. Zmeskall von Domanovecz.

[1796—1798]

Mein wohlfeilster Baron! Sagen Sie, daß der guitarist noch heute zu mir komme, der Amenda soll statt einer Amende, die er zuweilen für sein schlechtes Pausieren verdient, mir diesen wohlgelittenen Guittarist besorgen; wenns sein kann, so soll der sogenannte um 5 Uhr zu mir kommen, wo nicht, morgen 5 oder 6 Uhr, doch darf er mich nicht wecken, falls ich [noch schlafen] sollte —

adieu, mon ami, à bon Marché

vielleicht sehen wir uns im Schwanen.

10.

An Freih. v. Zmeskall.

[1796.]

Der Musikgraf ist seit heute infam kassiert. —
Der erste Geiger wird ins Elend nach Sibirien transportiert.
Der Baron einen ganzen Monat das Verbot, nicht mehr zu fragen, nicht mehr voreilig zu sein, sich mit nichts als mit seinem ipse Miserum sich abzugeben.

11.

An Dr. F. Wegeler in Bonn.

[Mai 1797.]

Grüß Dich Gott, Lieber!

Ich bin Dir einen Brief schuldig, den sollst Du nächstens haben, wie auch meine neuesten Musikalien; — mir geht's gut, und ich kann sagen: immer besser. Glaubst Du, daß es jemand freuen wird, so grüß von meiner Seite. — Leb wohl und vergiß

nicht Deinen

L. v. Beethoven.

12.

An den Hofsekretär von Zmeskall.

[1798.]

Liebster Baron Dreckfahrer

je vous suis bien obligé pour votre faiblesse de vos yeux. — Übrigens verbitte ich mir ins künftige, mir meinen frohen Mut, den ich zuweilen habe, nicht zu nehmen, denn gestern durch Ihr Zmeskall-domanovezisches Geschwätz bin ich ganz traurig geworden; hol' Sie der Teufel, ich mag nichts von Ihrer ganzen Moral wissen. Kraft ist die Moral der Menschen, die sich vor anderen auszeichnen, und sie ist auch die meinige, und wenn Sie mir heute wieder anfangen, so plage ich Sie so sehr, bis Sie alles gut und löblich finden, was ich tue (denn ich komme zum Schwane, im Ochsen wärs mir zwar lieber, doch beruht das auf Ihrem Zmeskalischen Domanovezischen Entschluß (réponse).

Adieu, Baron Ba . . . . . ron ron | nor | orn | rno | onr |
(voilà quelque chose aus dem Versatzamt).

13.

An denselben.

Seine des Herrn von Z[meskall] haben sich etwas zu beeilen mit dem Ausrupfen Ihrer (darunter auch wahrscheinlich einige fremde) Federn, man hofft, sie werden Ihnen nicht zu fest angewachsen sein; — sobald Sie alles tun, was wir wünschen wollen, sind wir mit vorzüglicher Achtung Ihr

F[reund]

Beethoven.

14.

An denselben.

[24. März 1799.]

Ich sagte Ihnen schon gestern, daß ich Ihr Billett nicht annehmen werde; Sie sollten mich besser kennen, als daß Sie glaubten, ich sei imstande, einem meiner Freunde ein Vergnügen zu rauben, um einem andern dadurch Vergnügen zu machen. Was ich sagte, das halte ich, ich schicke es Ihnen hier zurück und bin froh, daß ich nicht so wankelmütig bin, alle Augenblick eine andere Meinung zu haben, sondern fest bei dem beharre, was ich sage.

Sie schienen mir empfindlich gestern über mich zu sein, vielleicht weil ich etwas heftig behauptete, daß Sie unrecht getan hatten, das Billett wegzugeben; aber wenn Sie denken, daß ich vorgestern deswegen zwei Briefe, sage zwei: an L[ichnowsky] und die Fürstin schrieb, um eines zu erhalten, so kann Sie das nicht wundern, und dann noch dazu, daß ich nicht so kalter Natur bin, und daß ich meine Freude vereitelt sahe, die ich jemand hatte mit diesem Billett machen wollen; doch war das auch gleich vorbei bei mir, denn was nicht zu ändern ist, darüber kann man sich nicht zanken.

Ich lasse Ihrer bonhommie ihren Wert, aber das sei dem Himmel geklagt, die Freundschaft hat schweres Gedeihen dabei.

Ich bin deswegen nicht minder wie sonst

Ihr Freund

L. v. Beethoven.

Ich schicke es Ihnen so spät, weil ich diesen Morgen das Ihrige früh wegschicken mußte, ohne daß es unbrauchbar geworden wäre, und das meinige hab' ich erst jetzt bekommen und schicke es Ihnen gleich; hätte ich auch keines erhalten, so hätten Sie es doch auf jeden Fall erhalten.

15.

An denselben.

[1799—1800?]

Geliebtester Conte di Musica!

Wohl bekomme Euch der Schlaf, und auf heut wünschen wir Euch einen guten Appetit, und eine gute Verdauung, das ist alles, was dem Menschen zum Leben nötig ist, und doch müssen wir das alles so teuer bezahlen. Ja, liebster Conte, vertrauter amico, die Zeiten sind schlecht, unsre Schatzkammer ausgeleert, die Einkünfte gehn schlecht ein, und wir, Euer gnädigster Herr, sind gezwungen, uns herabzulassen und Euch zu bitten um ein Darlehn von 5 gldn, welches wir Euch binnen einigen Tägen wieder zufließen werden lassen. — In Ansehung der Instrumente tragen wir Euch die strengste Untersuchung auf, indem wir bei allenfalligem Betrug gesonnen sind, den Verbrecher hart zu züchtigen. — Lebt wohl, geliebtester amico und conte di Musica. Euer wohlaffektionierter

L. v. Bthvn.

gegeben in unserm
Composit. Cabinet

16.

An den Komponisten J. N. Hummel.

[Wien c. 1799]

Komme Er nicht mehr zu mir! Er ist ein falscher Hund, und falsche Hunde hole der Schinder

Beethoven.

17.

An denselben.

[Einen Tag darauf]

Herzens Nazerl!

Du bist ein ehrlicher Kerl und hattest recht, das sehe ich ein; komm also diesen Nachmittag zu mir, Du findest auch den Schuppanzigh, und wir beide wollen Dich rüffeln, knüffeln und schütteln, daß Du Deine Freude dran haben sollst.

Dich küßt
Dein Beethoven
auch Mehlschöberl genannt.

18.

An Fräulein von Gerardi.

[1798—1799]

Meine liebe Fräulein G., Ich müßte lügen, wenn ich Ihnen nicht sagte, daß die mir eben von Ihnen überschickten Verse mich nicht in Verlegenheit gebracht hätten; es ist ein eigenes Gefühl, sich loben zu sehen, zu hören, und dann dabei seine eigene Schwäche zu fühlen, wie ich: solche Gelegenheiten betrachte ich immer als Ermahnungen, dem unerreichbaren Ziele, das uns Kunst und Natur darbeut, näherzukommen, so schwer es auch ist. — Diese Verse sind wahrhaft schön bis auf den einzigen Fehler, den man zwar schon gewohnt ist bei Dichtern anzutreffen, indem sie durch die Hilfe ihrer Phantasie verleitet werden, das, was sie wünschen zu sehen und zu hören, wirklich hören und sehen, mag es auch weit unter ihrem Ideale zuweilen sein. Daß ich wünsche, den Dichter oder die Dichterin kennenzulernen, können Sie wohl denken; und nun auch Ihnen meinen Dank für Ihre Güte, die Sie haben

für Ihren Sie verehrenden
L. v. Beethoven.

19.

An dieselbe.

[1798?]

Liebe Chr[istine]. Sie haben gestern etwas hören lassen wegen des Konterfeies von mir. — Ich wünschte, daß Sie dabei doch etwas behutsam verfahren — ich fürchte, wenn wir das Zurückschicken von der Seite der F. wählen, so möchte vielleicht der fatale B[olderini?] oder der erzdumme Joseph sich hineinmischen, und dann möchte das Ding noch auf eine Schikane für mich gemünzt werden, und das wäre wirklich fatal; ich müßte mich wieder rächen, und das verdient denn doch die ganze populace nicht. — Suchen Sie das Ding zu erwischen, so gut als sich's tun läßt, ich versichere Sie, daß ich hernach alle Maler in der Zeitung bitten werde, mich nicht mehr ohne mein Bewußtsein zu malen; dachte ich doch nicht, daß ich durch mein eigenes Gesicht noch in Verlegenheit kommen könne. Wegen der Sache [?] wegen des Hutabziehens, das ist gar zu dumm und zugleich zu unhöflich, als daß ich so etwas rächen könnte; erklären Sie ihm [?] doch die Rechte des Spazierengehens.

Adie, hol' Sie der
Teufel.

20.

An Carl Amenda zu Wirben in Kurland.

Wien, den 1. Juni [1800].

Mein lieber, mein guter Amenda, mein herzlicher Freund, mit inniger Rührung, mit gemischtem Schmerz und Vergnügen habe ich Deinen letzten Brief erhalten und gelesen. Womit soll ich Deine Treue, Deine Anhänglichkeit an mich vergleichen; o das ist recht schön, daß Du mir immer so gut geblieben, ja ich weiß Dich auch mir von allen bewährt und herauszuheben; Du bist kein Wiener Freund, nein Du bist einer von denen, wie sie mein vaterländischer Boden hervorzubringen pflegt. Wie oft wünsche ich Dich bei mir, denn Dein Beethoven lebt sehr unglücklich im Streit mit Natur und Schöpfer; schon mehrmals fluchte ich letzterem, daß er seine Geschöpfe dem kleinsten Zufall ausgesetzt, so daß oft die schönste Blüte dadurch zernichtet und zerknickt wird. Wisse, daß mir der edelste Teil, mein Gehör, sehr abgenommen hat; schon damals, als Du noch bei mir warst, fühlte ich davon Spuren, und ich verschwieg's, nun ist es immer ärger geworden. Ob es wird wieder können geheilt werden, das steht noch zu erwarten, es soll von den Umständen meines Unterleibs herrühren; was nun den betrifft, so bin ich fast ganz hergestellt, ob nun auch das Gehör besser werden wird, das hoffe ich zwar aber schwerlich, solche Krankheiten sind die unheilbarsten. Wie traurig ich nun leben muß, alles, was mir lieb und teuer ist, meiden, und dann unter so elenden, egoistischen Menschen wie *** *** rc.; ich kann sagen, unter allen ist mir Lichnowski der erprobteste, er hat mir seit vorigem Jahr 600 fl. ausgeworfen. Das und der gute Abgang meiner Werke setzt mich instand, ohne Nahrungssorgen zu leben, alles was ich jetzt schreibe, kann ich gleich 5 mal verkaufen und auch gut bezahlt haben, — ich habe ziemlich viel die Zeit geschrieben. Da ich höre, daß Du bei *** Klaviere bestellt hast, so will ich Dir dann manches schicken in dem Verschlag so eines Instruments, wo es Dich nicht so viel kostet.

Jetzt ist zu meinem Trost wieder ein Mensch hergekommen, mit dem ich das Vergnügen des Umgangs und der uneigennützigen Freundschaft teilen kann; er ist einer meiner Jugendfreunde, ich habe ihm schon oft von Dir gesprochen und ihm gesagt, daß, seit ich mein Vaterland verlassen, Du einer derjenigen bist, die mein Herz ausgewählt hat; — auch ihm kann der *** nicht gefallen, er ist und bleibt zu schwach zur Freundschaft, ich betrachte ihn und *** als bloße Instrumente, worauf ich, wenn's mir gefällt, spiele, aber nie können sie edle Zeugen meiner innern und äußern Tätigkeit, ebensowenig als wahre Teilnehmer von mir werden, ich taxiere sie nur nach dem, was sie mir leisten. O wie glücklich wäre ich jetzt, wenn ich mein vollkommenes Gehör hätte, dann eilte ich zu Dir; aber so, von allem muß ich zurückbleiben, meine schönsten Jahre werden dahinfliegen, ohne alles das zu wirken, was mir mein Talent und meine Kraft geheißen hätten. — Traurige Resignation, zu der ich meine Zuflucht nehmen muß; ich habe mir freilich vorgenommen, mich über alles das hinauszusetzen, aber wie wird es möglich sein? Ja, Amenda, wenn nach einem halben Jahre mein Übel unheilbar wird, dann mache ich Anspruch auf Dich, dann mußt Du alles verlassen und zu mir kommen, ich reise dann (bei meinem Spiel und Komposition macht mir mein Übel noch am wenigsten, nur am meisten im Umgang) und Du mußt mein Begleiter sein; ich bin überzeugt, mein Glück wird nicht fehlen, womit könnte ich mich jetzt nicht messen, ich habe, seit der Zeit Du fort bist, alles geschrieben bis auf Opern und Kirchensachen. Ja, Du schlägst mir's nicht ab, Du hilfst Deinem Freund seine Sorgen, seine Übel tragen. Auch mein

Klavierspielen habe ich sehr vervollkommnet, und ich hoffe, diese Reise soll auch Dein Glück vielleicht noch machen, Du bleibst hernach ewig bei mir. — Ich habe alle Deine Briefe richtig erhalten; so wenig ich Dir auch antwortete, so warst Du doch immer mir gegenwärtig, und mein Herz schlägt so zärtlich wie immer für Dich. — Die Sache meines Gehörs bitte ich Dich als ein großes Geheimnis aufzubewahren und niemand, wer es auch sei, anzuvertrauen. — Schreibe mir recht oft, Deine Briefe, wenn sie auch noch so kurz sind, trösten mich, tun mir wohl, und ich erwarte bald wieder von Dir, mein Lieber, einen Brief. — Dein Quartett gib ja nicht weiter, weil ich es sehr umgeändert habe, indem ich erst jetzt recht Quartette zu schreiben weiß, was Du schon sehen wirst, wenn Du sie erhalten wirst. — Jetzt leb' wohl! lieber Guter; glaubst Du vielleicht, daß ich Dir hier etwas Angenehmes erzeigen kann, so versteht sich's wohl von selbst, daß Du zuerst davon Nachricht gibst

Deinem treuen Dich wahrhaft liebenden
L. v. Beethoven.

21.

An Dr. F. Wegeler in Bonn.

Wien den 29. Juni [1800].

Mein guter lieber Wegeler, wie sehr danke ich Dir für Dein Andenken an mich; ich habe es so wenig verdient und um Dich zu verdienen gesucht, und doch bist Du so sehr gut und läßt Dich durch nichts, selbst durch meine unverzeihliche Nachlässigkeit nicht abhalten, bleibst immer der treue gute biedere Freund. — Daß ich Dich und überhaupt Euch, die Ihr mir einst alle so lieb und teuer wart, vergessen könnte, nein, das glaub nicht; es gibt Augenblicke, wo ich mich selbst nach Euch sehne, ja bei Euch einige Zeit zu verweilen. — Mein Vaterland, die schöne Gegend, in der ich das Licht der Welt erblickte, ist mir noch immer so schön und deutlich vor meinen Augen, als da ich Euch verließ, kurz ich werde diese Zeit als eine der glücklichsten Begebenheiten meines Lebens betrachten, wo ich Euch wiedersehen, und unsern Vater Rhein begrüßen kann. — Wann das sein wird, das kann ich Dir noch nicht bestimmen, so viel will ich Euch sagen, daß Ihr mich nur recht groß wiedersehen werdet; nicht als Künstler sollt Ihr mich größer, sondern auch als Mensch sollt Ihr mich besser, vollkommener finden, und ist dann der Wohlstand etwas besser in unserem Vaterlande, dann soll meine Kunst sich nur zum Besten der Armen zeigen. O glückseliger Augenblick, wie glücklich halte ich mich, daß ich dich herbeischaffen, dich selbst schaffen kann —. Von meiner Lage willst Du was wissen. Nun, sie wäre eben so schlecht nicht; seit vorigem Jahr hat mir Lichnowski, der, so unglaublich es Dir auch ist, wenn ich Dir sage, immer mein wärmster Freund war und geblieben (kleine Mißhelligkeiten gab's ja auch unter uns) (und haben nicht ebendiese unsere Freundschaft mehr befestigt? —), eine sichere Summe von 600 fl. ausgeworfen, die ich, solang ich keine für mich passende Anstellung finde, ziehen kann; meine Kompositionen tragen mir viel ein, und ich kann sagen, daß ich mehr Bestellungen habe, als es fast möglich ist, daß ich machen kann. Auch habe ich auf jede Sache 6, 7 Verleger und noch mehr, wenn ich mir's angelegen sein lassen will; man akkordiert nicht mehr mit mir, ich fordere und man zahlt. Du siehst, daß es eine hübsche Lage ist, z. B. ich sehe einen Freund in Not, und mein Beutel leidet eben nicht, ihm gleich zu helfen, so darf ich mich nur hinsetzen, und in kurzer Zeit ist ihm geholfen. — Auch bin ich ökonomischer als sonst; sollte ich immer hierbleiben, so bringe ich's auch sicher dahin, daß ich jährlich immer einen Tag zur Akademie erhalte, deren ich einige gegeben. Nur hat der neidische Dämon, meine schlimme Gesundheit, mir einen schlechten Stein ins Brett geworfen, nämlich: mein Gehör ist seit drei Jahren immer schwächer geworden, und das soll sich durch meinen Unterleib, der schon damals, wie Du weißt, elend war, hier aber sich verschlimmert hat, indem ich beständig mit einem Durchfall behaftet war, und mit einer dadurch außerordentlichen Schwäche, ereignet haben. Frank wollte meinem Leib den Ton wiedergeben durch stärkende Medizinen, und mein Gehör durch Mandelöl, aber prosit, daraus ward nichts, mein Gehör ward immer schlechter, und mein Unterleib blieb immer in seiner vorigen Verfassung; das dauerte bis voriges Jahr Herbst, wo ich manchmal in Verzweiflung war. Da riet mir ein medizinischer Asinus das kalte Bad für meinen Zustand, ein Gescheiterer das gewöhnliche lauwarme Donaubad; das tat Wunder, mein Bauch ward besser, mein Gehör blieb oder ward noch schlechter. Diesen Winter ging's mir wirklich elend, da hatte ich wirkliche schreckliche Koliken, und ich sank wieder ganz in meinen vorigen Zustand zurück, und so blieb's bis ohngefähr vier Wochen, wo ich zu Vering ging, indem ich dachte, daß dieser Zustand zugleich auch einen Wundarzt erfordere, und ohnedem hatte ich immer Vertrauen zu ihm. Ihm gelang es nun fast gänzlich, diesen heftigen Durchfall zu hemmen, er verordnete mir das laue Donaubad, wo ich jedesmal noch ein Fläschchen stärkende Sachen hineingießen mußte, gab mir gar keine Medizin, bis vor ohngefähr vier Tagen Pillen für den Magen und einen Tee fürs Ohr, und darauf, kann ich sagen, befand ich mich stärker und besser; nur meine Ohren, die sausen und brausen Tag und Nacht fort. Ich kann sagen, ich bringe mein Leben elend zu, seit zwei Jahren fast meide ich alle Gesellschaften, weils mir nun nicht möglich ist, den Leuten zu sagen, ich bin taub. Hätte ich irgendein anderes Fach, so ging's noch eher, aber in meinem Fach ist das ein schrecklicher Zustand; dabei meine Feinde, deren Zahl nicht geringe ist, was würden diese hierzu sagen! — Um Dir einen Begriff von dieser wunderbaren Taubheit zu geben, so sage ich Dir, daß ich mich im Theater ganz dicht am Orchester anlehnen muß, um den Schauspieler zu verstehen. Die hohen Töne von Instrumenten, Singstimme, wenn ich etwas weit weg bin, höre ich nicht; im Sprechen ist es zu verwundern, daß es Leute gibt, die es niemals merkten; da ich meistens Zerstreuungen hatte, so hält man es dafür. Manchmal auch hör' ich den Redenden, der leise spricht, kaum, ja die Töne wohl, aber die Worte nicht; und doch sobald jemand schreit, ist es mir unausstehlich. Was es nun werden wird, das weiß der liebe Himmel. Vering sagt, daß es gewiß besser werden wird, wenn auch nicht ganz. — Ich habe schon oft den Schöpfer und mein Dasein verflucht; Plutarch hat mich zu der Resignation geführt; ich will, wenn's anders möglich ist, meinem Schicksal trotzen, obschon es Augenblicke meines Lebens geben wird, wo ich das unglücklichste Geschöpf Gottes sein werde. — Ich bitte Dich, von diesem meinem Zustand niemanden, auch nicht einmal der Lorchen, etwas zu sagen, nur als Geheimnis vertrau ich Dir's an; lieb wär mir's, wenn Du einmal mit Vering darüber briefwechseltest. Sollte mein Zustand fortdauern, so komme ich künftiges Frühjahr zu Dir, Du mietest mir irgendwo in einer schönen Gegend ein Haus auf dem Lande, und dann will ich ein halbes Jahr ein Bauer werden, vielleicht wird's dadurch geändert. Resignation! welches elende Zufluchtsmittel, und mir bleibt es doch das einzige übrige.—

Du verzeihst mir doch, daß ich Dir in Deiner ohnedem trüben Lage noch auch diese freundschaftliche Sorge aufbinde. — Steffen Breuning ist nun hier und wir sind fast täglich zusammen; es tut mir so wohl, die alten Gefühle wieder hervorzurufen, er ist wirklich ein guter herrlicher Junge geworden, der was weiß, und das Herz, wie wir alle mehr oder weniger, auf dem rechten Flecke hat. Ich habe eine sehr schöne Wohnung jetzt, welche auf die Bastei geht und für meine Gesundheit doppelten Wert hat. Ich glaube wohl, daß ich es werde möglich machen können, daß B[reuning] zu mir komme. — Deinen Antiochum sollst Du haben, und auch noch recht viele Musikalien von mir, wenn Du anders nicht glaubst, daß es Dich zuviel kostet. Aufrichtig, Deine Kunstliebe freut mich doch noch sehr. Schreibe mir nur, wie es zu machen ist, so will ich Dir alle meine Werke schicken, das nun freilich eine hübsche Anzahl ist, und die sich täglich vermehrt. — Statt dem Porträt meines Großvaters, welches ich Dich bitte mir sobald als möglich mit dem Postwagen zu schicken, schicke ich Dir das seines Enkels, Deines Dir immer guten und herzlichen Beethovens, welches hier bei Artaria, die mich hier darum oft ersuchten, so wie viele andere, auch auswärtige Kunsthandlungen, herauskommt. — Stoffel will ich nächstens schreiben und ihm ein wenig den Text lesen über seine störrische Laune; ich will ihm die alte Freundschaft recht ins Ohr schreien, er soll mir heilig versprechen, Euch in Euren ohnedem trüben Umständen nicht noch mehr zu kränken. — Auch der guten Lorchen will ich schreiben; nie habe ich auch einen unter Euch Lieben, Guten vergessen, wenn ich Euch auch gar nichts von mir hören ließ; aber Schreiben, das weißt Du, war nie meine Sache, auch die besten Freunde haben jahrelang keine Briefe von mir erhalten. Ich lebe nur in meinen Noten, und ist das eine kaum da, so ist das andere schon angefangen; so wie ich jetzt schreibe, mache ich oft drei, vier Sachen zugleich. — Schreibe mir jetzt öfter, ich will schon Sorge tragen, daß ich Zeit finde, Dir zuweilen zu schreiben. Grüße mir alle, auch die gute Frau Hofrätin, und sag' ihr, „daß ich noch zuweilen einen raptus han". Was Kochs angeht, so wundere ich mich gar nicht über deren Veränderung; das Glück ist kugelrund und fällt daher natürlich nicht immer auf das Edelste, das Beste. — Wegen Rieß, den mir herzlichst grüße: was seinen Sohn anbelangt, will ich Dir näher schreiben, obschon ich glaube, daß, um sein Glück zu machen, Paris besser als Wien sei; Wien ist überschüttet mit Leuten, und selbst dem besseren Verdienst fällt es dadurch hart, sich zu halten; — bis den Herbst oder bis zum Winter werde ich sehen, was ich für ihn tun kann, weil dann alles wieder in die Stadt eilt. — Leb' wohl, guter treuer Wegeler! Sei versichert von der Liebe und Freundschaft

Deines

Beethoven.

22.

An denselben.

Wien am 16. November 1801.

Mein guter Wegeler! ich danke Dir für den neuen Beweis Deiner Sorgfalt um mich, um so mehr, da ich es so wenig um Dich verdiene. — Du willst wissen, wie es mir geht, was ich brauche; so ungerne ich mich von dem Gegenstande überhaupt unterhalte, so tue ich es doch noch am liebsten mit Dir. — Vering läßt mich nun schon seit einigen Monaten immer Fisikaturen [?] auf beide Arme legen, welche aus einer gewissen Rinde, wie Du wissen wirst, bestehen; das ist nun eine höchst unangenehme Kur, indem ich immer ein paar Täge des freien Gebrauchs (ehe die Rinde genug gezogen hat) meiner Arme beraubt bin, ohne der Schmerzen zu gedenken; es ist nun wahr, ich kann es nicht leugnen, das Sausen und Brausen ist etwas schwächer als sonst, besonders am linken Ohre, mit welchem eigentlich meine Gehörkrankheit angefangen hat, aber mein Gehör ist gewiß um nichts noch gebessert; ich wage es nicht zu bestimmen, ob es nicht eher schwächer geworden? — Mit meinem Unterleib geht's besser; besonders wenn ich einige Täge das lauwarme Bad brauche, befinde ich mich 8 auch 10 Täge ziemlich wohl, sehr selten einmal etwas Stärkendes für den Magen; mit den Kräutern auf den Bauch fange ich jetzt auch nach Deinem Rat an. — Von Sturzbädern will V[ering] nichts wissen; überhaupt aber bin ich mit ihm sehr unzufrieden, er hat gar zu wenig Sorge und Nachsicht für so eine Krankheit; komme ich nicht einmal zu ihm, und das geschieht auch mit viel Mühe, so würde ich ihn nie sehen. — Was hältst Du von Schmidt? Ich wechsle zwar nicht gern, doch scheint mir, V[ering] ist zu sehr Praktiker, als daß er sich viel neue Ideen durchs Lesen verschaffte; — S[chmidt] scheint mir hierin ein ganz anderer Mensch zu sein und würde vielleicht auch nicht gar so nachlässig sein? — Man spricht wieder vom Galvanism; was sagst Du dazu? Ein Mediziner sagte mir, er habe ein taubstummes Kind sehen sein Gehör wiedererlangen in Berlin, und einen Mann, der ebenfalls sieben Jahr taub gewesen und sein Gehör wiedererlangt habe. — Ich höre eben, Dein Schmidt macht hiermit Versuche. — Etwas angenehmer lebe ich jetzt wieder, indem ich mich mehr unter Menschen gemacht. Du kannst es kaum glauben, wie öde, wie traurig ich mein Leben seit 2 Jahren zu gebracht; wie ein Gespenst ist mir mein schwaches Gehör überall erschienen, und ich floh — die Menschen, mußte Misanthrop scheinen, und bin's doch so wenig. Diese Veränderung hat ein liebes zauberisches Mädchen hervorgebracht, die mich liebt, und die ich liebe; es sind seit 2 Jahren wieder einige selige Augenblicke, und es ist das erstemal, daß ich fühle, daß — Heiraten glücklich machen könnte; leider ist sie nicht von meinem Stande — und jetzt — könnte ich nun freilich nicht heiraten — ich muß mich nun noch wacker herumtummeln. Wäre mein Gehör nicht, ich wäre nun schon lang die halbe Welt durchgereist, und das muß ich. — Für mich gibt's kein größeres Vergnügen, als meine Kunst zu treiben und zu zeigen. — Glaub' nicht, daß ich bei Euch glücklich sein würde; was sollte mich auch glücklicher machen? Selbst Eure Sorgfalt würde mir wehe tun, ich würde jeden Augenblick das Mitleiden auf Euren Gesichtern lesen, und würde mich nur noch unglücklicher finden. — Jene schöne vaterländische Gegenden, was war mir in ihnen beschieden? Nichts als die Hoffnung in einen bessern Zustand; er wäre mir nun geworden — ohne dieses Übel! O die Welt wollte ich umspannen von diesem frei! Meine Jugend, ja ich fühle es, sie fängt erst jetzt an; war ich nicht immer ein siecher Mensch? Meine körperliche Kraft — sie nimmt seit einiger Zeit mehr als jemals zu, und so meine Geisteskräfte; jeden Tag gelange ich mehr zu dem Ziel, was ich fühle, aber nicht beschreiben kann. Nur hierin kann Dein B. leben; nichts von Ruhe — ich weiß von keiner andern als dem Schlaf, und wehe genug tut mir's, daß ich ihm jetzt mehr schenken muß als sonst. Nur halbe Befreiung von meinem Übel, und dann — als vollendeter, reifer Mann komme ich zu Euch, erneure die alten Freundschaftsgefühle; so glücklich, als es mir hienieden beschieden ist, sollt Ihr mich sehen, nicht unglücklich — nein, das könnte ich nicht ertragen, — ich will dem Schicksal in den Rachen greifen, ganz niederbeugen soll es mich gewiß nicht. — O es ist so schön, das Leben tausendmal leben; — für ein stilles — Leben, nein, ich fühl's, ich bin nicht mehr dafür gemacht. — Du schreibst mir doch sobald als möglich. — Sorgt, daß der Steffen sich bestimmt, sich irgendwo im deutschen Orden anstellen zu lassen; das Leben hier ist für seine Gesundheit mit zuviel Strapazen verbunden, noch obendrein führt er so ein isoliertes Leben, daß ich gar nicht sehe, wie er so weiterkommen will. Du weißt, wie das hier ist; ich will nicht einmal sagen, daß Gesellschaft seine Abspannung vermindern würde; man kann ihn auch nirgends hinzugehen überreden. Ich habe einmal bei mir vor einiger Zeit Musik gehabt, wo ausgesuchte Gesellschaft war, unser Freund — St[effen] — blieb doch aus. — Empfehle ihm doch mehr Ruhe und Gelassenheit, ich habe schon auch alles angewendet; ohne das kann er nie weder glücklich noch gesund sein. — Schreib mir nun im nächsten Briefe, ob's nichts macht, wenn's recht viel ist, was ich Dir von meiner Musik schicke; Du kannst zwar das, was Du nicht brauchst, wieder verkaufen, und so hast Du Dein Postgeld — mein Porträt — auch. — Alles mögliche Schöne und Verbindliche an die L[orchen] — auch die Mama — auch Kristoph. — Du liebst mich doch ein wenig, sei sowohl von dieser, als auch von der Freundschaft überzeugt

Deines

Bthven.

23.

An Herrn Kapellmeister Hofmeister in Leipzig.

Wien, am 15. Dezember [1800].

Geliebtester Hr. Bruder!

Ich habe dero Anfragen schon mehrmalen beantworten wollen, bin aber in der Briefstellerei erschrecklich faul, und da steht's lange an, bis ich einmal statt Noten trockne Buchstaben schreibe; nun habe ich mich endlich einmal bezwungen, Dero Begehren Genüge zu leisten. —

Pro primo ist zu wissen, daß es mir sehr leid ist, [daß] Sie, mein geliebter Hr. Bruder in der Tonkunst, mir nicht eher etwas zu wissen gemacht haben, damit ich Ihnen meine Quartetten hätte zu Markt bringen können, sowie auch viele andre Sachen, die ich nun schon verhandelt; doch wenn der Hr. Bruder ebenso gewissenhaft sind, als manche andre ehrliche Stecher, die uns arme Komponisten zu Tod stechen, so werden Sie schon auch wissen, wenn sie herauskommen, Nutzen davon zu ziehen. — Ich will in der Kürze also hersetzen, was der Hr. B[ruder] von mir haben können. 1. ein Septett per il violino, viola, violoncello, contra basso, clarinett, corno, fagotto, — tutti obligati (ich kann gar nichts Unobligates schreiben, weil ich schon mit einem obligaten Accompagnement auf die Welt gekommen bin). Dieses Septett hat sehr gefallen, zum häufigern Gebrauch könnte man die drei Blasinstrumente, nämlich: fagotto, clarinetto und corno, in noch eine Violine, noch eine Viole und noch ein Violoncello übersetzen. — 2. eine große Symphonie mit vollständigem Orchester. — 3. ein Konzert fürs Klavier, welches ich zwar für keins von meinen besten ausgebe, sowie ein andres, was hier bei Mollo herauskommen wird, (zur Nachricht an die Leipziger Rezensenten), weil ich die bessern noch für mich behalte, bis ich selbst eine Reise mache; doch dörfte es Ihnen keine Schande machen es zu stechen. — 4. eine große Solo Sonate. Das ist alles, was ich in diesem Augenblicke hergeben kann, ein wenig später können Sie ein Quintett für Geigeninstrumente haben, wie auch vielleicht Quartetten und auch andre Sachen, die ich jetzt nicht bei mir habe. — Bei Ihrer Antwort können Sie mir selbst auch Preise festsetzen, und da Sie weder Jud' noch Italiener, und ich auch keins von beiden bin, so werden wir schon zusammenkommen. Geliebtester Hr. Bruder, gehaben Sie sich wohl und sein Sie versichert von der Achtung

Ihres Bruders

L. v. Beethoven.

24.

An denselben.

Wien, am 15ten (oder so was dergleichen Jänner) 1801.

Mit vielem Vergnügen, mein geliebtester Hr. Bruder und Freund, habe ich Ihren Brief gelesen, ich danke Ihnen recht herzlich für die gute Meinung, die Sie für mich und meine Werke gefaßt haben, und wünsche es mir recht verdienen zu können; auch dem Herrn K[ühnel] bitte ich meinen pflichtschuldigen Dank für seine gegen mich geäußerte Höflichkeit und Freundschaft abzustatten. —

Ihre Unternehmungen freuen mich ebenfalls und ich wünsche, daß, wenn die Werke der Kunst Gewinn schaffen können, dieser doch viel lieber echten wahren Künstlern, als bloßen Krämern zuteil werde. — Daß Sie Sebastian Bachs Werke herausgeben wollen, ist etwas, was meinem Herzen, das ganz für die hohe große Kunst dieses Urvaters der Harmonie schlägt, recht wohltut und ich bald in vollem Laufe zu sehen wünsche; ich hoffe von hier aus, sobald wir den goldenen Frieden verkündigt werden hören, selbst manches dazu beizutragen, sobald Sie darauf Pränumeration nehmen. — Was nun unsere eigentlichen Geschäfte anbelangt, weil Sie es nun so wollen, so sei Ihnen hiermit gedient; für jetzt trage ich Ihnen folgende Sachen an: Septett (wovon ich Ihnen schon geschrieben; zu mehrerer Verbreitung und Gewinst ließ es sich auch auf das Klavier arrangieren) 20 # [Dukaten], Sinfonie 20 #, Concert 10 #, Große Solo Sonate (allegro, adagio, Minuetto, Rondo) 20 #. Diese Sonate hat sich gewaschen, geliebtester Herr Bruder! Nun zur Erläuterung: Sie werden sich vielleicht wundern, daß ich hier keinen Unterschied zwischen

Sonate, Septett, Sinfonie mache; weil ich finde, daß ein Septett oder Sinfonie nicht so viel Abgang findet als eine Sonate, deswegen tue ich das, obschon eine Sinfonie unstreitig mehr gelten soll. (nb. das Septett besteht aus einem kurzen Eingangsadagio, dann Allegro, Adagio, Minuetto, Andante mit Variationen, Minuetto, wieder kurzes Eingangsadagio und dann presto). — Das Concert schlage nur zu 10 # an, weil, wie schon geschrieben, ich's nicht für eins von meinen besten ausgebe. — Ich glaube nicht, daß Ihnen dieses übertrieben scheint alles zusammen genommen, wenigstens habe ich mich bemüht, Ihnen so mäßig als möglich die Preise zu machen. — Was die Anweisung betrifft, so können, da Sie mir es frei stellen, selbe an Geimüller oder Schüller ergehen lassen. — Die ganze Summe wäre also 70 # für alle 4 Werke, ich verstehe mich auf kein anderes Geld als Wiener #; wieviel das bei Ihnen Taler und Gldn. macht, das geht mich alles nichts an, weil ich wirklich ein schlechter Negociant und Rechner bin. —

Nun wäre das saure Geschäft vollendet, ich nenne das so, weil ich wünschte, daß es anders in der Welt sein könnte. Es sollte nur ein Magazin der Kunst in der Welt sein, wo der Künstler seine Kunstwerke nur hinzugeben hätte, um zu nehmen, was er brauchte; so muß man noch ein halber Handelsmann dabei sein, und wie findet man sich darin — du lieber Gott — das nenne ich noch einmal sauer. — Was die Leipziger R[indviehe] betrifft, so lasse man sie doch nur reden; sie werden gewiß niemand durch ihr Geschwätz unsterblich machen, so wie sie auch niemand die Unsterblichkeit nehmen werden, dem sie vom Apoll bestimmt ist. — Jetzt behüte Sie und Ihren Mitverbundenen der Himmel; ich bin schon einige Zeit nicht wohl, und da wird es mir jetzt sogar ein wenig schwer, Noten zu schreiben, viel weniger Buchstaben; ich hoffe, daß wir oft Gelegenheit haben werden, uns zuzusichern, wie sehr Sie meine Freunde und wie sehr ich bin

Ihr

Bruder und Freund

L. v. Beethoven.

Auf eine baldige Antwort — adieu

25.

An ?

Juli [1801?!]
Am 6. Juli morgens

Mein Engel, mein Alles, mein Ich. — Nur einige Worte heute, und zwar mit Bleistift — (mit Deinem). Erst bis morgen ist meine Wohnung sicher bestimmt, welcher nichtswürdige Zeitverderb in d. g. — warum dieser tiefe Gram, wo die Notwendigkeit spricht. — Kann unsre Liebe anders bestehn als durch Aufopferungen, durch nicht alles verlangen. Kannst Du es ändern, daß Du nicht ganz mein, ich nicht ganz Dein bin? — Ach Gott, blick in die schöne Natur und beruhige Dein Gemüt über das Müssende — die Liebe fordert alles und ganz mit Recht, so ist es mir mit Dir, Dir mit mir — nur vergißt Du so leicht, daß ich für mich und für Dich leben muß — wären wir ganz vereinigt, Du würdest dieses Schmerzliche ebensowenig als ich empfinden. — Meine Reise war schrecklich — ich kam erst morgens 4 Uhr gestern hier an; da es an Pferden mangelte, wählte die Post eine andere Reiseroute, aber welch schrecklicher Weg. Auf der vorletzten Station warnte man mich, bei Nacht zu fahren, machte mich einen Wald fürchten, aber das reizte mich nur — und ich hatte unrecht, der Wagen mußte bei dem schrecklichen Wege brechen, grundlos, bloßer Landweg; ohne solche Postillione, wie ich hatte, wäre ich liegen geblieben unterwegs — Esterhazi hatte auf dem andern gewöhnlichen Wege hierhin dasselbe Schicksal mit 8 Pferden, was ich mit vier —, jedoch hatte ich zum Teil wieder Vergnügen, wie immer, wenn ich was glücklich überstehe. — Nun geschwind zum Innern vom Äußern; wir werden uns wohl bald sehn, auch heute kann ich Dir meine Bemerkungen nicht mitteilen, welche ich während dieser einigen Tage über mein Leben machte — wären unsre Herzen immer dicht aneinander, ich machte wohl keine d. g. Die Brust ist voll, Dir viel zu sagen; — ach! — Es gibt Momente, wo ich finde daß die Sprache noch gar nichts ist — erheitere Dich — bleibe mein treuer, einziger Schatz, mein alles, wie ich Dir; das übrige müssen die Götter schicken, was für uns sein muß und sein soll. —

Dein treuer
Ludwig. —

Abends Montags am 6ten Juli.

Du leidest, Du mein teuerstes Wesen — eben jetzt nehme ich wahr, daß die Briefe in aller Frühe aufgegeben werden müssen. Montags — Donnerstags — die einzigen Täge, wo die Post von hier nach K. geht — Du leidest — ach, wo ich bin, bist auch Du mit mir, mit mir und Dir werde ich machen, daß ich mit Dir leben kann, welches Leben!!!! so!!!! ohne Dich — verfolgt von der Güte der Menschen hier und da, die ich meine — ebensowenig verdienen zu wollen, als sie zu verdienen — Demut des Menschen gegen den Menschen — sie schmerzt mich — und wenn ich mich im Zusammenhang des Universums betrachte, was bin ich und was ist der — den man den Größten nennt — und doch — ist wieder hierin das Göttliche des Menschen. — Ich weine, wenn ich denke, daß Du erst wahrscheinlich Sonnabends die erste Nachricht von mir erhältst — wie Du mich auch liebst — stärker liebe ich Dich doch — doch nie verberge Dich vor mir — gute Nacht — als Badender muß ich schlafen gehen [folgen zwei ausgestrichene Worte]. Ach Gott — so nah! so weit! ist es nicht ein wahres Himmelsgebäude, unsere Liebe — aber auch so fest, wie die Feste des Himmels. —

guten Morgen am 7. Juli —

schon im Bette drängen sich die Ideen zu Dir, meine unsterbliche Geliebte, hier und da freudig, dann wieder traurig, vom Schicksal abwartend, ob es uns erhört — leben kann ich entweder nur ganz mit Dir oder gar nicht, ja ich habe beschlossen, in der Ferne so lange herumzuirren, bis ich in Deine Arme fliegen kann, und mich ganz heimatlich bei Dir nennen kann, meine Seele von Dir umgeben ins Reich der Geister schicken kann — ja leider muß es sein — Du wirst Dich fassen, um so mehr da Du meine Treue gegen Dich kennst, nie eine andre kann mein Herz besitzen, nie — nie — o Gott, warum sich entfernen müssen, was man so liebt, und doch ist mein Leben in V. [Wien] so wie jetzt ein kümmerliches Leben — Deine Liebe machte mich zum Glücklichsten und zum Unglücklichsten zugleich — in meinen Jahren jetzt bedürfte ich einiger Einförmigkeit, Gleichheit des Lebens — kann diese bei unserm Verhältnisse bestehn? — Engel, eben erfahre ich, daß die Post alle Tage abgeht — und ich muß daher schließen, damit Du den B[rief] gleich erhältst — sei ruhig, nur durch ruhiges Beschauen unsres Daseins können wir unsern Zweck zusammenzuleben erreichen — sei ruhig — liebe mich — heute — gestern — welche Sehnsucht mit Tränen nach Dir — Dir — Dir — mein Leben — mein alles — leb' wohl — o liebe mich fort — verken[ne] nie das treuste Herz

Deines Geliebten

L.

ewig Dein
ewig mein
ewig uns.

26.

An Ferdinand Ries.

Hier, lieber Ries! Nehmen Sie gleich die vier von mir korrigierten Stimmen, und sehen Sie die anderen abgeschriebenen danach durch — und wenn Sie versichert sind, daß 4 von den abgeschriebenen Stimmen recht richtig und genau korrigiert sind, so will ich übermorgen nun die 4 mit N: I bezeichneten Stimmen schicken, dann können Sie die anderen nach den von Ihnen durchgesehenen korrigieren. — Hier der Brief an Gr. Browne; es steht darin, daß er Ihnen die 50 # [Dukaten] vorausgeben muß, weil Sie sich equipieren müssen. Das ist eine Notwendigkeit, die ihn nicht beleidigen kann; denn, nachdem das geschehen, sollen Sie künftige Woche schon am Montag mit ihm nach Baden gehen. Vorwürfe muß ich Ihnen denn doch machen, daß Sie sich nicht schon lange an mich gewendet; bin ich nicht Ihr wahrer Freund? Warum verbargen Sie mir Ihre Not? Keiner meiner Freunde darf darben, solange ich etwas hab'; ich hätte Ihnen heute schon eine kleine Summe geschickt, wenn ich nicht auf Browne hoffte; geschieht das nicht, so wenden Sie sich gleich an Ihren Freund

Beethoven.

27.

An Kapellmeister Hofmeister in Leipzig.

Wien am 8. April 1802.

Reit't Euch denn der Teufel insgesamt, meine Herren? — mir vorzuschlagen, eine solche Sonate zu machen? — Zur Zeit des Revolutionsfiebers, nun da — wäre das so was gewesen, aber jetzt, da sich alles wieder ins alte Gleis zu schieben sucht, Buonaparte mit dem Papste das Concordat geschlossen — so eine Sonate? — Wär's noch eine Missa pro Sancta Maria à tre voci, oder eine Vesper etc. — nun da wollt ich gleich den Pinsel in die Hand nehmen — und mit großen Pfundnoten ein Credo in unum hinschreiben; aber du lieber Gott, eine solche Sonate — zu diesen neu angehenden christlichen Zeiten — hoho, — da laßt mich aus — da wird nichts draus! — Nun im geschwindesten Tempo meine Antwort. — Die Dame kann eine Sonate von mir haben, auch will ich in ästhetischer Hinsicht im allgemeinen ihren Plan befolgen — und ohne die Tonarten — zu befolgen — den Preis um 5 # [Dukaten]; — dafür kann sie dieselbe ein Jahr für sich zu ihrem Genusse behalten, ohne daß weder ich noch sie dieselbe herausgeben darf. — Nach dem Verlauf dieses Jahres ist die Sonate nur mein zu — d. h. — ich kann und werde sie herausgeben, und sie kann sich allenfalls — wenn sie glaubt darin eine Ehre zu finden — sich ausbitten, daß ich ihr dieselbe widme — jetzt behüt' euch Gott, ihr Herren. —

Meine Sonate ist schön gestochen, doch hat's hübsch lange gedauert; mein Septett schickt ein wenig geschwinder in die Welt — weil der Pöbel drauf harrt, und Ihr wißt's, die Kaiserin hat's — und Lumpe gibt's in der Kaiserlichen Stadt wie am Kaiserlichen Hof — ich stehe Euch darin für nichts gut — darum sputet Euch. Hr. Mollo hat wieder neuerdings meine Quartetten sage voller Fehler und Errata — in großer und kleiner Manier herausgegeben, sie wimmeln wie die kleinen Fische im Wasser d. h. ins unendliche. — Questo è un piacere per un autore — das heiß' ich stechen, in Wahrheit, meine Haut ist ganz voller Stiche und Risse über die schönen Auflagen meiner Quartetten. — Jetzt lebt wohl — und gedenkt meiner wie ich Eurer. Bis in den Tod Euer treuer —

Bthvn.

28.

An den Musikverlag von Breitkopf & Härtel in Leipzig.

(Fragment.)

Wien, 13. Juli 1802.

— — — in Ansehung der arrangierten Sachen bin ich jetzt herzlich froh, daß Sie dieselben von sich gewiesen; die unnatürliche Wut, die man hat, sogar Klavier-Sachen auf Geigeninstrumente überpflanzen zu wollen, Instrumente, die so einander in allem entgegengesetzt sind, möchte wohl aufhören können; ich behaupte fest, nur Mozart könnte sich selbst vom Klavier auf andere Instrumente übersetzen, sowie Haydn auch — und ohne mich an beide große Männer anschließen zu wollen, behaupte ich es von meinen Klaviersonaten auch; da nicht allein ganze Stellen gänzlich wegbleiben und umgeändert werden müssen, so muß man — noch hinzutun, und hier steckt der mißliche Stein des Anstoßes, den um zu überwinden man entweder selbst der Meister sein muß, oder wenigstens dieselbe Gewandtheit und Erfindung haben muß. — Ich habe eine einzige Sonate von mir in ein Quartett für G. J. [Geigeninstr.] verwandelt, worum man mich so sehr bat, und ich weiß gewiß, das macht mir so leicht nicht ein anderer nach. —

29.

[6. Oktober 1802]

Für meine Brüder Carl und Beethoven.

O ihr Menschen, die ihr mich für feindselig, störrisch oder misanthropisch haltet oder erkläret, wie unrecht tut ihr mir, ihr wißt nicht die geheime Ursache von dem, was euch so scheinet. Mein Herz und mein Sinn waren von Kindheit an für das zarte Gefühl des Wohlwollens; selbst große Handlungen zu verrichten, dazu war ich immer aufgelegt. Aber bedenket nur, daß seit 6 Jahren ein heilloser Zustand mich befallen, durch unvernünftige Ärzte verschlimmert, von Jahr zu Jahr in der Hoffnung gebessert zu werden, betrogen, endlich zu dem Überblick eines dauernden

Übels (dessen Heilung vielleicht Jahre dauern oder gar unmöglich ist) gezwungen; mit einem feurigen lebhaften Temperamente geboren, selbst empfänglich für die Zerstreuungen der Gesellschaft, mußte ich früh mich absondern, einsam mein Leben zubringen; wollte ich auch zuweilen mich einmal über alles das hinaussetzen, o wie hart wurde ich durch die verdoppelte traurige Erfahrung meines schlechten Gehörs dann zurückgestoßen, und doch war's mir noch nicht möglich, den Menschen zu sagen: sprecht lauter, schreit, denn ich bin taub. Ach wie wär's möglich, daß ich die Schwäche eines Sinnes angeben sollte, der bei mir in einem vollkommenern Grade als bei andern sein sollte, einen Sinn, den ich einst in der größten Vollkommenheit besaß, in einer Vollkommenheit, wie ihn wenige von meinem Fache gewiß haben noch gehabt haben — o ich kann es nicht; drum verzeiht, wenn ihr mich da zurückweichen sehen werdet, wo ich mich gern unter euch mischte; doppelt wehe tut mir mein Unglück, indem ich dabei verkannt werden muß, für mich darf Erholung in menschlicher Gesellschaft, feinern Unterredungen, wechselseitigen Ergießungen nicht statthaben; ganz allein fast und so viel als es die höchste Notwendigkeit fordert, darf ich mich in Gesellschaft einlassen, wie ein Verbannter muß ich leben; nahe ich mich einer Gesellschaft, so überfällt mich eine heiße Ängstlichkeit, indem ich befürchte, in Gefahr gesetzt zu werden, meinen Zustand merken zu lassen — so war es denn auch dieses halbe Jahr, was ich auf dem Lande zubrachte; von meinem vernünftigen Arzte aufgefordert, soviel als möglich mein Gehör zu schonen, kam er fast meiner jetzigen Disposition entgegen, obschon, vom Triebe zur Gesellschaft manchmal hingerissen, ich mich dazu verleiten ließ; aber welche Demütigung, wenn jemand neben mir stand, und von weitem eine Flöte hörte und ich nichts hörte, oder jemand den Hirten singen hörte, und ich auch nichts hörte; solche Ereignisse brachten mich nahe an Verzweiflung, es fehlte wenig, und ich endigte selbst mein Leben — nur sie, die Kunst, sie hielt mich zurück. Ach es dünkte mir unmöglich, die Welt eher zu verlassen, bis ich das alles hervorgebracht, wozu ich mich aufgelegt fühlte, und so fristete ich dieses elende Leben — wahrhaft elend, einen so reizbaren Körper, daß eine etwas schnelle Veränderung mich aus dem besten Zustande in den schlechtesten versetzen kann. — Geduld — so heißt es, sie muß ich nun zur Führerin wählen, ich habe es — dauernd hoffe ich, soll mein Entschluß sein, auszuharren, bis es den unerbittlichen Parzen gefällt, den Faden zu brechen, vielleicht geht's besser, vielleicht nicht, ich bin gefaßt. — Schon in meinem 28. Jahre gezwungen, Philosoph zu werden! Es ist nicht leicht, für den Künstler schwerer als für irgend jemand. — Gottheit, du siehst herab auf mein Inneres, du kennst es, du weißt, daß Menschenliebe und Neigung zum Wohltun drin hausen; o Menschen, wenn ihr einst dieses leset, so denkt, daß ihr mir unrecht getan, und der Unglückliche, er tröste sich, einen seinesgleichen zu finden, der trotz allen Hindernissen der Natur doch noch alles getan, was in seinem Vermögen stand, um in die Reihe würdiger Künstler und Menschen aufgenommen zu werden. — Ihr meine Brüder Carl und   , sobald ich tot bin und Professor Schmid[t] lebt noch, so bittet ihn in meinem Namen, daß er meine Krankheit beschreibe, und dieses hier geschriebene Blatt füget Ihr dieser meiner Krankengeschichte bei, damit wenigstens soviel als möglich die Welt nach meinem Tode mit mir versöhnt werde. — Zugleich erkläre ich Euch beide hier für die Erben des kleinen Vermögens (wenn man es so nennen kann) von mir. Teilt es redlich und vertragt und helft Euch einander; was Ihr mir zuwider getan, das, wißt Ihr, war Euch schon längst verziehen; Dir, Bruder Carl, danke ich noch insbesondere für Deine in dieser letzten spätern Zeit mir bewiesene Anhänglichkeit. Mein Wunsch ist, daß Euch ein besseres sorgenloseres Leben, als mir, werde; empfehlt Euren Kindern Tugend, sie nur allein kann glücklich machen, nicht Geld, ich spreche aus Erfahrung; sie war es. die mich selbst im Elend gehoben, ihr danke ich, nebst meiner Kunst, daß ich durch keinen Selbstmord mein Leben endigte, — lebt wohl und liebt euch, — allen Freunden danke ich, besonders Fürst Lichnowski und Professor Schmidt. — Die Instrumente von Fürst L. wünsche ich, daß sie doch mögen aufbewahrt werden bei einem von Euch, doch entstehe deswegen kein Streit unter Euch; sobald sie Euch aber zu was Nützlicherm dienen können, so verkauft sie nur; wie froh bin ich, wenn ich auch noch unter meinem Grabe Euch nützen kann —

So wär's geschehen: — mit Freuden eile ich dem Tode entgegen. — Kömmt er früher als ich Gelegenheit gehabt habe, noch alle meine Kunstfähigkeiten zu entfalten, so wird er mir trotz meinem harten Schicksal doch zu frühe kommen, und ich würde ihn wohl später wünschen. — Doch auch dann bin ich zufrieden, befreit er mich nicht von einem endlosen leidenden Zustande? — Komm wann du willst, ich gehe dir mutig entgegen. — Lebt wohl und vergeßt mich nicht ganz im Tode, ich habe es um Euch verdient, indem ich in meinem Leben oft an Euch gedacht, Euch glücklich zu machen, seid es —

Heiglnstadt [Heiligenstadt]
am 6ten Oktober
1802

Ludwig van Beethoven.

(Schwarzes Siegel)

[Auf der 4. Seite des großen Testamentsbogens]

für meine Brüder Carl und nach meinem Tode zu vollziehen

Heiglnstadt am 10ten Oktober 1802. So nehme ich denn Abschied von dir — und zwar traurig; — ja die geliebte Hoffnung — die ich mit hieher nahm, wenigstens bis zu einem gewissen Punkte geheilet zu sein, sie muß mich nun gänzlich verlassen; wie die Blätter des Herbstes herabfallen, gewelkt sind, so ist — auch sie für mich dürr geworden; fast wie ich hieher kam, gehe ich fort — selbst der hohe Mut, der mich oft in den schönen Sommertägen beseelte, — er ist verschwunden. — O Vorsehung, — laß einmal einen reinen Tag der Freude mir erscheinen — so lange schon ist der wahren Freude inniger Widerhall mir fremd! — O wann, o wann, o Gottheit — kann ich im Tempel der Natur und der Menschen ihn wiederfühlen — Nie — nein — es wäre zu hart —

30.

An Nikolaus von Zmeskall.

[Nov. 1802]

Sie können, mein lieber Z., dem Walter meine Sache immerhin in einer starken Dosis geben, indem er's erstens ohnedem verdient, dann aber drängt sich seit den Tägen, wo man glaubt, ich bin mit Walter gespannt, der ganze Klaviermacherschwarm, und will mich bedienen — und das umsonst; jeder von ihnen will mir ein Klavier machen, wie ich es will. So ist Reicha von demjenigen, von dem er sein Klavier hat, innigst gebeten worden, mich zu bereden, daß er mir dürfe ein Pianoforte machen, und das ist doch einer von den Bravern, wobei ich schon gute Instrumente gesehen. — Sie geben ihm also zu verstehen, daß ich ihm 30 # [Dukaten] bezahle, wo ich es von allen anderen umsonst haben kann; doch gebe ich nur 30 # mit der Bedingung, daß es von Mahagoni sei, und den Zug mit einer Saite will ich auch dabei haben. — Geht er dieses nicht ein, so geben Sie ihm unter den Fuß, daß ich einen unter den andern aussuche, dem ich dieses angebe und den ich derweil auch zum Haydn führe, um ihn dieses sehen zu machen. — Heute kömmt ein fremder Franzose zu mir gegen zwölf Uhr volti

subito

da hat Herr R[eicha] und ich das Vergnügen, daß ich auf dem Piano von Jockesch meine Kunst zeigen muß — ad notam — wenn Sie auch kommen wollen, so würden wir uns gut unterhalten, weil wir hernach, Reicha, unser miserabler Reichsbaron auch, und der Franzose zusammen speisen — Sie brauchen keinen schwarzen Rock anzuziehen, da wir nur unter Männern sind —

Ihr

Beeth.

31.

An Hofmeister & Kühnel in Leipzig.

[Wien am 22. September 1803]

P. S. Hiermit erkläre ich also alle Werke, um die Sie geschrieben, als Ihr Eigentum, das Verzeichnis davon wird Ihnen noch einmal abgeschrieben und mit meiner Unterschrift als Ihr erklärtes Eigentum geschickt werden — auch den Preis von 50 # [Dukaten] gehe ich ein — sind Sie damit zufrieden? — Vielleicht kann ich Ihnen statt der Variationen mit Violoncell und Violine vierhändige V. über ein Lied von mir, wo die Poesie von Goethe wird ebenfalls dabei müssen gestochen werden, da ich diese V. als Andenken in ein Stammbuch geschrieben und sie für besser wie die andern halte; sind Sie zufrieden? — Die Übersetzungen sind nicht von mir, doch sind sie von mir durchgesehen und stellenweise ganz verbessert worden; also kommt mir ja nicht, daß Ihr da schreibt, daß ich's übersetzt habe, weil Ihr sonst lügt und ich auch gar nicht die Zeit und Geduld dazu zu finden wüßte. — Seid Ihr zufrieden? —

Jetzt lebt wohl, ich kann Euch nichts anderes wünschen, als daß es Euch herzlich wohlgehe, und ich wollt Euch alles schenken, wenn ich damit durch die Welt kommen könnte; aber — bedenkt nur, alles um mich her ist angestellt und weiß sicher, wovon's lebt, aber du lieber Gott, wo stellt man so ein parvum talentum com[=quam] ego an den Kaiserlichen Hof? — — — — —

Euer Freund

L. v. Beethoven.

32.

An den Maler Alexander Macco.

Wien den 2ten November 1803.

Lieber Macco! Wenn ich Ihnen sage, daß mir Ihr Schreiben lieber ist als das jedes Königs oder Ministers, so ist's Wahrheit, und dabei muß ich noch hinterdrein gestehen, daß Sie mich durch Ihre Großmut wirklich etwas demütigen, indem ich Ihr Zuvorkommen bei meiner Zurückhaltung gegen Sie gar nicht verdiene; überhaupt hat mir's wehe getan, daß ich in Wien nicht mehr mit Ihnen sein konnte, allein es gibt Perioden im menschlichen Leben, die wollen überstanden sein, und oft von der unrechten Seite betrachtet werden; es scheint, daß Sie selbst als großer Künstler nicht ganz unbekannt mit dergleichen sind, und so — habe ich denn, wie ich sehe, Ihre Zuneigung nicht verloren, und das ist mir sehr lieb, weil ich Sie sehr schätze, und wünsche nur, einen solchen Künstler in meinem Fache um mich haben zu können.

Der Antrag von Meißner ist mir sehr willkommen; mir könnte nichts erwünschter sein, als von ihm, der als Schriftsteller so sehr geehrt und dabei die musikalische Poesie besser als einer unserer Schriftsteller Deutschlands versteht, ein solches Gedicht zu erhalten; nur ist es mir in diesem Augenblick ohnmöglich, dieses Oratorium gleich zu schreiben, weil ich jetzt erst an meiner Oper anfange, und das wohl immer mit der Aufführung bis Ostern dauern kann. — Wenn also Meißner mit der Herausgabe des Gedichts übrigens nicht so sehr eilte, so würde mir's lieb sein, wenn er mir die Komposition davon überlassen wollte, und wenn das Gedicht noch nicht ganz fertig, so wünschte ich selbst, daß M. damit nicht zu sehr eilte, indem ich gleich vor oder nach Ostern nach Prag kommen würde, wo ich sodann einige meiner neueren Kompositionen ihm würde hören machen, die ihn mit meiner Schreibart bekannter machen würden, und entweder — weiter begeistern — oder gar machen würden, daß er aufhörte 2c. — Malen Sie das dem Meißner aus, lieber Macco — hier schweigen wir — eine Antwort von Ihnen hierüber wird mir immer sehr lieb sein; an Meißner bitte ich Sie meine Ergebenheit und Hochachtung zu melden; — noch einmal herzlichen Dank, lieber Macco, für Ihr Andenken an mich, — malen Sie — und ich mache Noten, und so werden wir — ewig? — ja vielleicht ewig fortleben.

Ihr innigster

Beethoven.

33.

An Ferdinand Ries.

Baden, den 24. Juli 1804.

— — — Mit der Sache von Breuning werden Sie sich wohl gewundert haben; glauben Sie mir, Lieber! daß mein Aufbrausen nur ein Ausbruch von manchen unangenehmen vorhergegangenen Zufällen mit ihm gewesen ist. Ich habe die Gabe, daß ich über eine Menge Sachen meine Empfindlichkeit verbergen und zurückhalten kann; werde ich aber auch einmal gereizt zu einer Zeit, wo ich empfänglicher für den Zorn bin, so platze ich auch stärker aus, als jeder andere. Breuning hat gewiß vortreffliche Eigenschaften, aber er glaubt sich von allen Fehlern frei, und hat meistens die am stärksten, welche er an andern Menschen zu finden glaubt. Er hat einen Geist der Kleinlichkeit, den ich von Kindheit an verachtet habe. Meine Beurteilungskraft hat mir fast vorher den Gang mit Breuning prophezeit, indem unsere Denkungs-, Handlungs- und Empfindungsweise zu verschieden ist, doch habe ich geglaubt, daß sich auch diese Schwierigkeiten überwinden ließen; — die Erfahrung hat mich widerlegt. Und nun auch keine Freundschaft mehr! Ich habe nur zwei Freunde in der

Welt gefunden, mit denen ich auch nie in ein Mißverhältnis gekommen, aber welche Menschen! Der eine ist tot, der andere lebt noch. Obschon wir fast sechs Jahre hindurch keiner von dem andern etwas wissen, so weiß ich doch, daß in seinem Herzen ich die erste Stelle, so wie er in dem meinigen einnimmt. Der Grund der Freundschaft heischt die größte Ähnlichkeit der Seelen und Herzen der Menschen. Ich wünsche nichts, als daß Sie meinen Brief läsen, den ich an Breuning geschrieben habe, und den seinigen an mich. Nein, nie mehr wird er in meinem Herzen den Platz behaupten, den er hatte. Wer seinem Freunde eine so niedrige Denkungsart beimessen kann, und sich ebenfalls eine solche niedrige Handlungsart wider denselben erlauben, der ist nicht wert der Freundschaft von mir. — Vergessen Sie nicht die Angelegenheit meines Quartiers. Leben Sie wohl; schneidern Sie nicht zu viel, empfehlen Sie mich der Schönsten der Schönen; schicken Sie mir ein halbes Dutzend Nähnadeln. — Ich hätte mein Leben nicht geglaubt, daß ich so faul sein könnte, wie ich hier bin. Wenn darauf ein Ausbruch des Fleißes folgt, so kann wirklich was Rechtes zustande kommen.

Vale. Beethoven.

34.

An den Musikverleger N. Simrock in Bonn.

Wien am 4ten Oktober 1804.

Lieber bester Herr Simrock, immer habe ich schon die Ihnen von mir gegebene Sonate mit Sehnsucht erwartet — aber vergeblich. — Schreiben Sie mir doch gefälligst, was es denn für einen Anstand mit derselben hat — ob Sie solche bloß, um den Motten zur Speise zu geben, von mir gewonnen? — oder wollen Sie sich ein besonderes Kaiserliches privilegium darüber erteilen lassen? — nun das, dächte ich, hätte wohl lange geschehen können. — Wo steckt dieser langsame Teufel — der die Sonate heraus treiben soll — Sie sind sonst der geschwinde Teufel, sind dafür bekannt, daß Sie, wie Faust ehemals, mit dem Schwarzen im Bunde stehen und sind dafür eben so geliebt von Ihren Kameraden; noch einmal — wo steckt Ihr Teufel — oder was ist es für ein Teufel — der mir auf der Sonate sitzt, und mit dem Sie sich nicht verstehen? — Eilen Sie also und geben Sie mir Nachricht, wann ich die S. ans Tageslicht gebracht sehen werde. — Indem Sie mir dann die Zeit bestimmen werden, werde ich Ihnen sogleich alsdann ein Blättchen an Kreutzer schicken, welches Sie ihm bei Übersendung eines Exemplares (da Sie ja ohnehin Ihre Exemplare nach Paris schicken oder selbe gar da gestochen werden) so gütig sein werden, beizulegen. — Dieser Kreutzer ist ein guter lieber Mensch, der mir bei seinem hiesigen Aufenthalte sehr viel Vergnügen gemacht, seine Anspruchslosigkeit und Natürlichkeit ist mir lieber als alles Extérieur oder intérieur der meisten Virtuosen; — da die Sonate für einen tüchtigen Geiger geschrieben ist, um so passender ist die Dedikation an ihn. — Ohneracht wir zusammen korrespondieren (d. h. alle Jahr einen Brief von mir), so — hoffe ich, wird er noch nichts davon wissen. — Ich höre immer, daß Sie Ihr Glück machen und mehr befestigen, das freut mich von Herzen; grüßen Sie alle von Ihrer Familie, und alle anderen, denen Sie glauben daß ein Gruß von mir angenehm ist. — Bitte um baldige Antwort.

Ihr

Beethoven.

35.

An den Maler Willibrord Joseph Mähler.

[1804?]

Lieber Mähler,

Ich bitte Sie recht sehr, sobald als Sie mein Porträt genug gebraucht haben, mir es sodann wieder zuzustellen; — ist es, daß Sie dessen noch bedürfen, so bitte ich Sie wenigstens um Beschleunigung hierin. — Ich habe das Porträt einer fremden Dame, die dasselbe bei mir sah, versprochen, während ihres Aufenthalts von einigen Wochen hier in ihr Zimmer zu geben. Wer kann solchen reizenden Anforderungen widerstehen, — versteht sich, daß ein Teil von allen den schönen Gnaden, die dadurch auf mich herabfallen, auch Ihrer nicht vergessen wird. —

Ganz Ihr

Bthvn.

36.

An Stephan von Breuning in Wien.

[1804?]

Hinter diesem Gemälde, mein guter, lieber Steffen, sei auf ewig verborgen, was eine Zeitlang zwischen uns vorgegangen. Ich weiß es, ich habe Dein Herz zerrissen. Die Bewegung in mir, die Du gewiß bemerken mußtest, hatte mich genug dafür gestraft. Bosheit war's nicht, was in mir gegen Dich vorging, nein, ich wäre Deiner Freundschaft nie mehr würdig; Leidenschaft bei Dir und bei mir — aber Mißtrauen gegen Dich ward in mir rege. — Es stellten sich Menschen zwischen uns, die Deiner und meiner nie würdig sind. — Mein Porträt war Dir schon lange bestimmt, Du weißt es ja, daß ich es immer jemand bestimmt hatte; wem könnte ich es wohl mit dem wärmsten Herzen geben, als Dir, treuer, guter, edler Steffen. — Verzeih mir, wenn ich Dir wehe tat, ich litt selbst nicht weniger; als ich Dich so lange nicht um mich sah, empfand ich es erst recht lebhaft, wie teuer Du meinem Herzen bist und ewig sein wirst.

Dein

[ohne Unterschrift.]

Du wirst wohl auch wieder in meine Arme fliehen, wie sonst.

37.

An die Fürstin Josephine von Liechtenstein.

[November 1805.]

[Ohne Datum. Geschrieben einige Tage vor dem Einzuge der Franzosen 1805.]

Verzeihen Sie, Durchlauchtigste Fürstin! wenn Sie durch den Überbringer dieses vielleicht in ein unangenehmes Erstaunen geraten. Der arme Ries, mein Schüler, muß in diesem unglückseligen Kriege die Muskete auf die Schultern nehmen und — muß zugleich schon als Fremder in einigen Tagen von hier fort. — Er hat nichts, gar nichts, muß eine weite Reise machen. Die Gelegenheit zu einer Akademie ist ihm in diesen Umständen gänzlich abgeschnitten. — Er muß seine Zuflucht zur Wohltätigkeit nehmen. Ich empfehle Ihnen denselben. Ich weiß es, Sie verzeihen mir diesen Schritt. Nur in der äußersten Not kann ein edler Mensch zu solchen Mitteln seine Zuflucht nehmen.

In dieser Zuversicht schickte ich Ihnen den Armen, um nur seine Umstände in etwas zu erleichtern; er muß zu allen, die ihn kennen, seine Zuflucht nehmen.

Mit der tiefsten Ehrfurcht

L. van Beethoven.

38.

An den Opernsänger Friedr. Sebastian Mayer.

[April 1806.]

Lieber Mayer!

Ich bitte Dich, den Hrn. v. Seyfried zu ersuchen, daß er heute meine Oper dirigiert, ich will sie heute selbst in der Ferne ansehn und anhören; wenigstens wird dadurch meine Geduld nicht so auf die Probe gesetzt, als so nahebei meine Musik verhunzen zu hören! Ich kann nicht anders glauben, als daß es mir zu Fleiß geschieht. Von den blasenden Instrumenten will ich nichts sagen, aber — — daß alle pp. crescendo, alle decresc. und alle forte ff. aus meiner Oper ausgestrichen; sie werden doch alle nicht gemacht. Es vergeht alle Lust, weiter etwas zu schreiben, wenn ich's so hören soll! Morgen oder übermorgen hole ich Dich ab zum Essen. Ich bin heute wieder übel auf.

Dein Freund

Beethoven.

P. S. Wenn die Oper übermorgen sollte
gemacht werden, so muß morgen wieder —
Probe im Zimmer sein, — sonst geht es alle Tage schlechter!

39.

An den Grafen Franz von Brunswick in Ungarn.

[Mai 1806?]

Am 11. Mai 1806.

Wien an einem Maitage

Lieber, lieber B.! Ich sage Dir nur, daß ich mit Clementi recht gut zurecht gekommen bin — 200 Pf. Sterling erhalte ich, und noch obendrein kann ich dieselben Werke in Deutschland und Frankreich verkaufen. — Er hat mir noch obendrein andere Bestellungen gemacht — so, daß ich dadurch hoffen kann, die Würde eines wahren Künstlers noch in frühern Jahren zu erhalten. Ich brauche, lieber B., die **Quartetten**; ich habe schon Deine Schwester deswegen gebeten, Dir deshalb zu schreiben. Es dauert zu lang, bis sie aus meiner Partitur kopiert; — eile aber und schicke sie mir nur gerade mit der **Briefpost** — Du erhältst sie in höchstens 4 oder 5 Tagen zurück. Ich bitte Dich dringend darum, weil ich sonst sehr viel dadurch verlieren kann. Wenn Du machen kannst, daß mich die Ungarn kommen lassen, um ein paar Konzerte zu geben, so tue es — für 200 # [Dukaten] in Gold könnt Ihr mich haben — ich bringe meine Oper alsdann auch mit; — mit dem fürstlichen Theatergesindel werde ich nicht zurechtkommen. — So oft **wir** (mehrere amici) Deinen Wein trinken, betrinken wir Dich, d. h. wir trinken Deine Gesundheit. — Leb' wohl, eile — eile — eile, mir die Quartetten zu schicken — sonst kannst Du mich dadurch in die größte Verlegenheit bringen. — Schuppanzigh hat geheiratet — man sagt, mit **einer ihm sehr ähnlichen** — welche Familie???? Küsse Deine Schwester Therese, sage ihr, ich fürchte, ich werde groß, ohne daß ein Denkmal von ihr dazu beiträgt, werden müssen. Schicke morgen gleich die Quartetten — Quar — tetten — t — e — t — t — e — n.

Dein Freund

Beethoven.

40.

An Breitkopf & Härtel in Leipzig.

Wien am 5ten Juli 1806.

P. S.

Ich benachrichtige Sie, daß mein Bruder in Geschäften seiner Kanzlei nach Leipzig reist, und ich habe ihm die Ouvertüre von meiner Oper im Klavierauszug, mein Oratorium und ein neues Klavierkonzert mitgegeben. — Auch können Sie sich mit demselben auf neue Violinquartetten einlassen, wovon ich eins schon vollendet und jetzt fast meistens mich gedenke mit dieser Arbeit zu beschäftigen. — Sobald Sie einig mit meinem Bruder werden, schicke ich Ihnen den ganzen Klavierauszug der Oper — auch können Sie die Partitur davon haben. — Ich höre, daß man in der Musikalischen Zeitung über die Sinfonie, die ich Ihnen voriges Jahr geschickt, und die Sie mir wieder zurückgeschickt, so losgezogen hat; gelesen habe ich's nicht. Wenn sie glauben, daß sie mir damit schaden, so irren sie sich, vielmehr bringen sie ihre Zeitung durch so etwas in Mißkredit — um so mehr, da ich auch gar kein Geheimnis draus gemacht habe, daß Sie mir diese Sinfonie mit andern Kompositionen zurückgeschickt hätten. — Empfehlen Sie mich gütigst Hrn. v. Rochlitz, ich hoffe, sein böses Blut gegen mich wird sich etwas verdünnt haben; sagen Sie ihm, **daß ich gar nicht so unwissend** in der ausländischen Literatur wäre, daß ich nicht wüßte, Hr. v. Rochlitz habe recht sehr schöne Sachen geschrieben, und sollte ich einmal nach Leipzig kommen, so bin ich überzeugt, daß wir gewiß recht gute Freunde, seiner Kritik unbeschadet und ohne Eintragtun, werden; — auch Hrn. Kantor Müller, für den ich viel Achtung habe — bitte ich mich zu empfehlen. — Leben Sie wohl.

Mit Achtung

Ihr ergebenster

Ludwig van Beethoven.

(Obendrein wenn aus dem Handel mit meinem Bruder etwas richtig wird, so möchte ich die gedruckten Haydnischen und Mozartischen Partituren von Ihnen.)

41.

An die K. K. Theaterdirektion in Wien.

[Dezember 1806?]

Löbliche k. k. Hof-Theatral-Direktion!

Unterzeichneter darf sich zwar schmeicheln, während der Zeit seines bisherigen Aufenthaltes in Wien sich sowohl bei dem hohen Adel als auch bei dem übrigen Publikum einige Gunst und Beifall erworben, wie auch eine ehrenvolle Aufnahme seiner Werke im In- und Auslande gefunden zu haben.

Bei all dem hatte er mit Schwierigkeiten aller Art zu kämpfen und war bisher nicht so glücklich, sich hier eine Lage zu begründen, die seinem Wunsche, ganz der Kunst zu leben, seine Talente zu noch höherem Grade der Vollkommenheit, die das Ziel eines jeden wahren Künstlers sein muß, zu entwickeln und die bisher bloß zufälligen Vorteile für eine unabhängige Zukunft zu sichern, entsprochen hätte.

Da überhaupt dem Unterzeichneten von jeher nicht so sehr Broterwerb, als vielmehr das Interesse der Kunst, die Veredlung des Geschmacks und der Schwung seines Genius nach höheren Idealen und nach Vollendung zum Leitfaden auf seiner Bahn diente, so konnte es nicht fehlen, daß er oft den Gewinn und seine Vorteile der Muse zum Opfer brachte. Nichtsdestoweniger erwarben ihm Werke dieser Art einen Ruf im fernen Auslande, der ihm an mehreren ansehnlichen Orten die günstigste Aufnahme und ein seinen Talenten und Kenntnissen angemessenes Los verbürgt.

Demungeachtet kann Unterzeichneter nicht verhehlen, daß die vielen hier vollbrachten Jahre, die unter Hohen und Niederen genossene Gunst und Beifall, der Wunsch, jene Erwartungen, die er bisher zu erregen das Glück hatte, ganz in Erfüllung zu bringen, und er darf es sagen, auch der Patriotismus eines Deutschen ihm den hiesigen Ort gegen jeden andern schätzungs- und wünschenswerter machen.

Er kann daher nicht umhin, ehe er seinen Entschluß, diesen ihm werten Aufenthalt zu verlassen, in Erfüllung setzt, dem Winke zu folgen, den ihm Se. Durchlaucht, der regierende Herr Fürst von Lobkowitz, zu geben die Güte hatte, indem er äußerte, eine löbliche Theatraldirektion wäre nicht abgeneigt, den Unterzeichneten unter angemessenen Bedingungen für den Dienst der ihr unterstehenden Theater zu engagieren und dessen ferneren Aufenthalt mit einer anständigen, der Ausübung seiner Talente günstigeren Existenz zu fixieren. Da die Äußerung mit des Unterzeichneten Wünschen vollkommen übereinstimmt, so nimmt sich derselbe die Freiheit, sowohl seine Bereitwilligkeit zu diesem Engagement, als auch folgende Bedingungen zur beliebigen Annahme der löblichen Direktion geziemendst vorzulegen:

1. Macht sich derselbe anheischig und verbindlich, jährlich wenigstens eine große Oper, die gemeinschaftlich durch die löbliche Direktion und durch den Unterzeichneten gewählt würde, zu komponieren; dagegen verlangt er eine fixe Besoldung von jährlich 2400 fl. nebst der freien Einnahme zu seinem Vorteile bei der dritten Vorstellung jeder solcher Oper.

2. Macht sich derselbe anheischig, jährlich eine kleine Operette oder ein Divertissement, Chöre oder Gelegenheitsstücke nach Verlangen und Bedarf der löblichen Direktion unentgeltlich zu liefern; doch hegt er das Zutrauen, daß die löbl. Direktion keinen Anstand nehmen werde, ihm für derlei besondere Arbeiten allenfalls einen Tag im Jahre zu einer Benefizakademie in einem der Theatergebäude zu gewähren.

Wenn man bedenkt, welchen Kraft- und Zeitaufwand die Verfertigung einer Oper fordert, da sie jede andere Geistesanstrengung schlechterdings ausschließt, wenn man ferner bedenkt, wie in andern Orten, wo dem Autor und seiner Familie ein Anteil an der jedesmaligen Einnahme jeder Vorstellung zugestanden wird, ein einziges gelungenes Werk das ganze Glück des Autors auf einmal begründet; wenn man ferner bedenkt, wie wenig Vorteil der nachteilige Geldkurs und die hohen Preise aller Bedürfnisse dem hiesigen Künstler, dem übrigens auch das Ausland offensteht, gewährt, so kann man obige Bedingungen gewiß nicht übertrieben oder unmäßig finden.

Für jeden Fall aber, die löbliche Direktion mag den gegenwärtigen Antrag bestätigen und annehmen oder nicht: so füget Unterzeichneter noch die Bitte bei, ihm einen Tag zur musikalischen Akademie in einem der Theatergebäude zu gestatten; denn im Falle der Annahme seines Antrages hätte Unterzeichneter seine Zeit und Kräfte sogleich zur Verfertigung der Oper nötig und könnte also nicht für anderweitigen Gewinn arbeiten. Im Falle der Nichtannahme des gegenwärtigen Antrages aber würde derselbe, da ohnehin die im vorigen Jahre ihm bewilligte Akademie wegen verschiedenen eingetretenen Hindernissen nicht zustande kam, die nunmehrige Erfüllung des vorjährigen Versprechens als das letzte Merkmal der bisherigen hohen Gunst ansehen, und bittet im ersten Fall den Tag an Mariä Verkündigung, in dem zweiten Falle aber einen Tag in den bevorstehenden Weihnachtsferien dazu zu bestimmen.

Wien 1807.

Ludwig van Beethoven. m. p.

42.

An Camille Pleyel in Paris.

[Wien, 26. April 1807.]

Mein lieber verehrter Pleyel — was machen Sie, was Ihre Familie? Ich habe schon oft gewünscht, bei Ihnen zu sein, bis hieher war's nicht möglich, zum Teil war auch der Krieg dran schuld; ob man sich ferner davon müsse abhalten lassen — oder länger? — — so müßte man Paris wohl nie sehen.

Mein lieber Camillus, so hieß, wenn ich nicht irre, der Römer, der die bösen Gallier von Rom wegjagte, um diesen Preis möchte ich auch so heißen, wenn ich sie allenthalben vertreiben könnte, wo sie nicht hingehören — was machen Sie mit Ihrem Talent, lieber Camill — ich hoffe, Sie lassen es nicht allein bloß für sich wirken — Sie tun wohl etwas dazu — ich umarme Sie beide, Vater und Sohn, von Herzen, und wünsche neben dem Kaufmännischen, was Sie mir zu schreiben haben, auch vieles von dem, was Sie selbst und Ihre Familie angeht, zu wissen — leben Sie wohl und vergessen Sie nicht Ihren

wahren Freund

Beethoven.

43.

An Freiherrn Ignatz von Gleichenstein.

[1807.]

Lieber, guter Gleichenstein.

Ich schicke Dir hier 300 fl., mache mir nur zu wissen, ob Du mehr brauchst und wieviel?? so schicke ich's gleich — — und bitte Dich, mir, da ich ebensowenig davon verstehe als sehr zuwider mir alles d. g. ist, Leinwand oder Bengalen für Hemden, auch wenigstens ein halb Dutzend Halstücher zu kaufen — handle nach Deinem Gutdünken hierin, nur laß es nicht anstehen, Du weißt, ich brauch's. — Dem Lind habe ich 300 fl. heute vorausgegeben und habe hierin ganz nach Deiner Maxime gehandelt —

Joseph Henickstein hat mir heute das Pfund Sterling zu 27 fl. und einen halben ausgezahlt, und ladet Dich und mich samt Clementi auf morgen zu Mittage ein; schlag es ja nicht ab, Du weißt, wie gern ich mit Dir bin, laß mir jedoch sagen, ob ich dem Henickstein darf ankündigen, daß man sicher auf Dich rechnet — nicht wahr, Du schlägst nicht aus. — Grüße mir alles, was Dir und mir lieb ist; wie gerne würde ich noch hinzusetzen: und wem wir lieb sind???? Wenigstens gebührt mir dieses ? Zeichen. — Ich habe heute und morgen so viel zu tun, daß ich nicht, wie ich wünschte, zu Dir kommen kann; — leb' wohl, sei glücklich, ich bin's nicht —

Dein

Beethoven.

44.

An denselben.

[1807.]

Den Einschluß sandt' ich Dir gleich gestern nachmittags nach Deiner ersten abschlägigen Antwort. Man sagte, Du seist im Theater, und doch war's kaum halb 5 Uhr. — Aus dem Beigeschlossenen von Schweiger siehst Du, daß ich darauf rechnete, daß Dorner schon wisse, daß er kommen könnte, und so sagte ich Dir weder Stunde noch sonst was — ich selbst kündigte Dich vor dem Anfang der Probe beim Erzherzog an, und er nahm es sehr gütig auf. — Du hast viel verloren, nicht wegen Nichtanhörens meiner Musik, aber Du hättest einen liebenswürdigen talentvollen Prinzen gesehen, und Du würdest als der Freund Deines Freundes gewiß nicht die Höhe des Rangs gefühlt haben. — Verzeih mir diese kleine stolze Äußerung, sie gründet sich nur auf das Vergnügen, auch diejenigen, die ich liebe, gleich hervorgezogen zu wissen, als auf eine kleinliche Eitelkeit; — so hab' ich doch wie immer nur Empfindlichkeit und Wehe von Deiner Freundschaft. — Leb' wohl — diesen Abend komme ich zu den lieben M[alfattis].

Beethoven.

45.

An denselben.

[1807.]

P. S.

Ich verlange keine Besuche von Ihnen, Hochgeehrtester, kein Stelldichein, damit Sie nicht in Verlegenheit gesetzt werden, solches nicht halten zu können oder zu wollen, — kurzum gar nichts — als daß Sie die Gefälligkeit haben, erstens nach London zu schreiben, zweitens: mir einige tüchtige gesunde starke Federkiele zu besorgen. Das Geld, das solche kosten, bitte ich Sie der Rechnung einzuverleiben, die, wie Sie wissen, ich schon längstens von Ihnen wünschte — und jetzt wirklich dringend von Ihnen fordere. — Mein Bedienter wird sich morgen früh deshalb bei Ihnen erkundigen, kann es denn noch nicht sein, übermorgen — oder auch noch später — meine Freundschaft soll Ihrer Gemächlichkeit keine Schranken setzen.

Ihr Verehrer

L. v. Bthv.

46.

An denselben.

[1807.]

Ich bitte Dich, mir heute sagen zu lassen, wenn die M[alfattis] zu Hause abends bleiben. — Du wirst sicher einen angenehmen Schlaf gehabt haben — ich habe zwar wenig geschlafen, aber ein solches Erwachen ziehe ich allem Schlaf vor. — Leb' wohl.

Dein treuer
Beethoven.

47.
An denselben.

[1807.]

Da ich mit meiner Zeit nicht auslange diesen Morgen, so komme ich gegen Mittag zum Wilden Mann im Prater; ich vermute, daß ich dort keine wilden Männer, sondern schöne Grazien finden werde, und dafür muß ich mich auch noch erst harnischen. — Daß Du mich, weil ich gerade nur zum Mittage kommen kann, für keinen Schmarutzer hältst, weiß ich, und so komme ich gerade; find' ich Euch noch zu Hause, so ist's gut, wo nicht, so eile ich zum Prater, um Euch zu umarmen.

Freund
Beethoven.

48.
An den Dichter und Hofsekretär Heinrich von Collin.

[1807.]

Für Herrn von Kollin.

Dieser Brief ist seit 8 Tägen geschrieben, aber liegen geblieben.

Großer erzürnter Poet, lassen Sie den Reichardt fahren — nehmen Sie zu Ihrer Poesie meine Noten, ich verspreche Ihnen, daß Sie nicht in Nöten dadurch kommen sollen. — Sobald meine Akademie, die mir wirklich, wenn sie dem Zweck, mir etwas einzutragen, entsprechen soll, viel Zeit raubt, vorbei ist, komme ich zu Ihnen, und dann wollen wir die Oper gleich vornehmen — und sie soll bald klingen. — Übrigens über das, worüber Sie recht haben Ihre Klagen über mich erschallen zu lassen, mündlich. — Sollten Sie aber wirklich im Ernst gesonnen sein, Ihre Oper von R[eichardt] schreiben zu lassen, so bitte ich Sie, mir gleich solches zu wissen machen.

Mit Hochachtung
Ihr ergebenster
Beethoven.

Meine Wohnung ist 1074 in der Krügerstraße im ersten Stock bei der Gräfin Erdödy.

49.

An J. von Gleichenstein.

[1807.]

Hier die S[onate], die ich der Therese versprochen. — Da ich sie heute nicht sehen kann, so übergib sie ihr — empfehl mich ihnen allen, mir ist so wohl bei ihnen allen, es ist, als könnten die Wunden, wodurch mir böse Menschen die Seele zerrissen haben, wieder durch sie geheilt werden; ich danke Dir, guter G., daß Du mich dorthin gebracht hast. — Hier noch 50 fl. für die Halstücher, brauchst Du mehr, laß mich's wissen. Du irrst, wenn Du glaubst, daß Gigons Dich allein nur suche; nein auch ich habe das Glück gehabt, ihn gar nicht von meiner Seite kommen zu sehen, er speiste an meiner Seite zu Nacht, er begleitete mich noch nach Hause, kurzum er verschaffte mir eine sehr gute **Un**terhaltung, wenigstens konnte ich niemals oben sein, aber ziemlich tief unten — leb' wohl, lieb' mich.

Dein Beethoven.

50.

An Therese von Malfatti.

[1807.]

Sie erhalten hier, verehrte Therese, das Versprochene, und wären nicht die triftigsten Hindernisse gewesen, so erhielten Sie noch mehr, um Ihnen zu zeigen, daß ich immer mehr meinen Freunden leiste als ich verspreche. — Ich hoffe und zweifle nicht daran, daß Sie sich ebenso schön beschäftigen als angenehm unterhalten — letzteres doch nicht zu sehr, damit man auch noch unser gedenke. — Es wäre wohl zuviel gebaut auf Sie, oder meinen Wert zu hoch angesetzt, wenn ich Ihnen zuschriebe: „die Menschen sind nicht nur zusammen, wenn sie beisammen sind, auch der Entfernte, der Abgeschiedene lebt uns“. Wer wollte der flüchtigen, alles im Leben leicht behandelnden T[herese] so etwas zuschreiben? —

Vergessen Sie doch ja nicht in Ansehung Ihrer Beschäftigung das Klavier oder überhaupt die Musik im ganzen genommen. Sie haben so schönes Talent dazu, warum es nicht ganz kultivieren; Sie, die für alles Schöne und Gute so viel Gefühl haben, warum wollen Sie dieses nicht anwenden, um in einer so schönen Kunst auch das Vollkommenere zu erkennen, das selbst auf uns immer wieder zurückstrahlt. — Ich lebe sehr einsam und still; obschon hier oder da mich Lichter aufwecken möchten, so ist doch eine unausfüllbare Lücke, seit Sie alle fort von hier sind, in mir entstanden, worüber selbst meine Kunst, die mir sonst so getreu ist, noch keinen Triumph hat erhalten können. — Ihr Klavier ist bestellt und Sie werden es bald haben. — Welchen Unterschied werden Sie gefunden haben in der Behandlung des an einem Abend erfundenen Themas und so, wie ich es Ihnen letztlich niedergeschrieben habe; erklären Sie sich das selbst, doch nehmen Sie ja den Punsch nicht zu Hilfe. — Wie glücklich sind Sie, daß Sie schon so früh aufs Land konnten, erst am 8ten kann ich diese Glückseligkeit genießen, kindlich freue ich mich darauf. Wie froh bin ich, einmal in Gebüschen, Wäldern, unter Bäumen, Kräutern, Felsen wandeln zu können; kein Mensch kann das Land so lieben wie ich — geben doch Wälder, Bäume, Felsen den Widerhall, den der Mensch wünscht. —

Bald erhalten Sie einige andere Kompositionen von mir, wobei Sie nicht zu sehr über Schwierigkeiten klagen sollen. — Haben Sie Goethes Wilhelm Meister gelesen, den von Schlegel übersetzten Shakespeare? Auf dem Lande hat man so viele Muße, es wird Ihnen vielleicht angenehm sein, wenn ich Ihnen diese Werke schicke. — Der Zufall fügt es, daß ich einen Bekannten in Ihrer Gegend habe, vielleicht sehn Sie mich an einem frühen Morgen auf eine halbe Stunde bei Ihnen, und wieder fort; Sie sehn, daß ich Ihnen die kürzeste Langeweile bereiten will. —

Empfehlen Sie mich dem Wohlwollen Ihres Vaters, Ihrer Mutter, obschon ich mit Recht noch keinen Anspruch drauf machen kann, — ebenfalls dem der Base Mm [Magdalene Gudenus]. Leben Sie nun wohl, verehrte T., ich wünsche Ihnen alles, was im Leben gut und schön ist. Erinnern Sie sich meiner und gern — vergessen Sie das Tolle — seien Sie überzeugt, niemand kann Ihr Leben froher, glücklicher wissen wollen als ich, und selbst dann, wenn Sie gar keinen Anteil nehmen

an Ihrem ergebensten Diener und Freund

Beethoven.

NB. Es wäre wohl sehr hübsch von Ihnen, in einigen Zeilen mir zu sagen, worin ich Ihnen hier dienen kann? —

51.

An Baron v. Gleichenstein.

[Juni oder Juli 1807.]

Lieber guter Gleichenstein — dieses sei so gut dem Kopisten morgen zu übergeben — es ist, wie Du siehst, wegen der Sinfonie; — übrigens falls er nicht fertig ist morgen mit dem Quartett, so nimmst Du's weg und gibst es sodann ins Industriekontor. — Meinem Bruder kannst Du sagen, daß ich ihm gewiß nicht mehr schreiben werde; — die Ursache warum, weiß ich schon, sie ist diese: weil er mir Geld geliehen hat, und sonst einiges ausgelegt, so ist er — ich kenne meine Brüder — jetzt schon besorgt, da ich's noch nicht wiedergeben kann, und wahrscheinlich jetzt [hetzt?] der andere, den der Rachegeist gegen mich beseelt, auch an ihm. — Das beste aber ist, daß ich die ganze 15 hundert Gulden aufnehme (vom Industriekontor) und damit ihn bezahle, dann ist die Geschichte am Ende. — Der Himmel bewahre mich, Wohltaten von meinen Brüdern empfangen zu müssen. — Gehab' Dich wohl — grüße West —

Dein

Beethoven.

NB. Die Sinfonie schickte ich von hier ans Industriekontor, sie werden sie wohl erhalten haben. — Wenn Du wieder herkömmst, bring' etwas von gutem Siegellack mit.

52.

An denselben.

[Frühjahr 1808.]

Pour mon ami Baron de Gleichenstein.

Du lebst auf stiller ruhiger See oder schon im sichern Hafen — des Freundes Not, der sich im Sturm befindet, fühlst Du nicht — oder darfst Du nicht fühlen. — Was wird man im Stern der Venus Urania von mir denken, wie wird man mich beurteilen, ohne mich zu sehen, — mein Stolz ist so gebeugt, auch unaufgefordert würde ich mit Dir reisen dahin. — Laß mich Dich sehen morgen früh bei mir, ich erwarte Dich gegen 9 Uhr zum Frühstücken — Dorner kann auch ein andermal mit Dir kommen. — Wenn Du nur aufrichtiger sein wolltest! Du verhehlst mir gewiß etwas, Du willst mich schonen und erregst mir mehr Wehe in dieser Ungewißheit, als in der noch so fatalen Gewißheit. — Leb' wohl, kannst Du nicht kommen, so laß mich es vorher wissen — denk' und handle für mich — dem Papier läßt sich nichts weiter von dem, was in mir vorgeht, anvertrauen.

53.

An denselben.

[Frühjahr 1808.]

Deine Nachricht stürzte mich aus den Regionen des höchsten Entzückens wieder tief herab. Wozu denn der Zusatz, Du wolltest mir es sagen lassen, wenn wieder Musik sei? Bin ich denn gar nichts als Dein Musikus oder der anderen? — so ist es wenigstens auszulegen. Ich kann also nur wieder in meinem eigenen Busen einen Anlehnungspunkt suchen, von außen gibt es also gar keinen für mich. — Nein, nichts als Wunden hat die Freundschaft und ihr ähnliche Gefühle für mich. — So sei es denn, für dich, armer B., gibt es kein Glück von außen, du mußt dir alles in dir selbst erschaffen, nur in der idealen Welt findest du Freunde. — Ich bitte Dich, mich zu beruhigen, ob ich selbst den gestrigen Tag verschuldet; oder wenn Du das nicht kannst, so sage mir die Wahrheit, ich höre sie ebensogerne als ich sie sage — jetzt ist es noch Zeit, noch können mir Wahrheiten nützen. — Leb' wohl — laß Deinen einzigen Freund Dorner nichts von alledem wissen.

54.

An das Bigotsche Ehepaar.

[Wahrscheinlich Sommer 1808.]

Liebe Marie, lieber Bigot!

Nichts anders als mit dem innigsten Bedauern muß ich wahrnehmen, daß die reinsten unschuldigsten Gefühle oft verkannt können werden. —

Wie Sie mir auch liebevoll begegnet sind, so habe ich nie daran gedacht, es anders auszulegen, als daß Sie mir Ihre Freundschaft schenken. — Sie müssen mich sehr eitel und kleinlich glauben, wenn Sie voraussetzen, daß das Zuvorkommen selbst einer so vortrefflichen Person, wie Sie sind, mich glauben machen sollte, daß — ich gleich Ihre Neigung gewonnen. — Ohnedem ist es einer meiner ersten Grundsätze, nie in einem anderen als freundschaftlichen Verhältnis mit der Gattin eines andern zu stehn; nicht möchte ich durch so ein Verhältnis meine Brust mit Mißtrauen gegen diejenige, welche vielleicht mein Geschick einst mit mir teilen wird, anfüllen — und so das schönste reinste Leben mir selbst verderben. — Es ist vielleicht möglich, daß ich einigemal nicht fein genug mit Bigot gescherzt habe, ich habe Ihnen ja selbst gesagt, daß ich zuweilen sehr ungezogen bin — ich bin mit allen meinen Freunden äußerst natürlich und hasse allen Zwang, Bigot zähle ich nun auch darunter; wenn ihn etwas verdrießt von mir, so fordert es die Freundschaft von ihm und Ihnen, daß Sie mir solches sagen — und ich werde mich gewiß hüten, ihm wieder wehe zu tun; — aber wie kann die gute Marie meinen Handlungen eine so böse Deutung geben. —

Was meine Einladung zum Spazierenfahren mit Ihnen und Caroline angeht, so war es natürlich, daß, da tags zuvor Bigot sich dagegen auflehnte, daß Sie allein mit mir fahren sollten, ich glauben mußte, Sie beide fänden es vielleicht nicht schicklich oder anstößig — und als ich Ihnen schrieb, wollte ich Ihnen nichts anders als begreiflich machen, daß ich nichts dabei fände; wenn ich nun noch erklärte, daß ich großen Wert darauf legte, daß Sie mir es nicht abschlagen sollten, so geschah dies nur, damit ich Sie bewegen möchte, des herrlichen schönen Tages zu genießen. Ich hatte Ihr und Karolinens Vergnügen immer mehr im Sinn, als das meinige, und ich glaubte Sie auf diese Art, wenn ich Mißtrauen von Ihrer Seite oder eine abschlägige Antwort als wahre Beleidigung für mich erklärte, fast zu zwingen, meinen Bitten nachzugeben. — Es verdient wohl, daß Sie darüber nachdenken, wie Sie mir es wieder gutmachen werden, daß Sie mir diesen heitern Tag sowohl meiner Gemütsstimmung wegen, als auch des heitern Wetters wegen — verdorben haben. — Wenn ich sagte, daß Sie mich verkennen, so zeigt

Ihre jetzige Beurteilung von mir, daß ich wohl recht hatte, auch ohne an das zu denken, was Sie sich dabei dachten; — wenn ich sagte, daß was Übles draus entstünde, indem ich zu Ihnen käme, so war das doch mehr Scherz, der nur darauf hinzielte, Ihnen zu zeigen, wie sehr mich immer alles bei Ihnen anzieht, daß ich keinen größern Wunsch habe, als immer bei Ihnen leben zu können; auch das ist Wahrheit. — Ich setze selbst den Fall, es läge noch ein geheimer Sinn darin, selbst die heiligste Freundschaft kann oft noch Geheimnisse haben, aber — deswegen das Geheimnis des Freundes — weil man es nicht gleich erraten kann, mißdeuten, — das sollten Sie nicht — lieber Bigot, liebe Marie; nie, nie werden Sie mich unedel finden, von Kindheit an lernte ich die Tugend lieben — und alles, was schön und gut ist; — Sie haben meinem Herzen sehr wehe getan. — Es soll nur dazu dienen, um unsere Freundschaft immer mehr zu befestigen. — Mir ist wirklich nicht wohl heute, und ich kann Sie schwerlich sehen; meine Empfindlichkeit und meine Einbildungskraft malten mir seit gestern nach den Quartetten immer vor, daß ich Sie leiden gemacht. Ich ging diese Nacht auf die Redoute, um mich zu zerstreuen, aber vergebens; überall verfolgte mich Ihr aller Bild, immer sagte es mir, Sie sind so gut, und leiden vielleicht durch dich. — Unmutsvoll eilte ich fort — schreiben Sie mir einige Zeilen. — Ihr wahrer

Freund Beethoven

umarmt Sie alle.

55.

An Breitkopf & Härtel in Leipzig.

[1808, nach dem 16. Juli geschrieben.]

Euer Hochwohlgeboren!

Auf den nochmaligen Antrag von Ihnen durch Wagener antworte ich Ihnen, daß ich also bereit bin, Sie von dem, was die Messe angeht, völlig zu entbinden — ich mache Ihnen also ein Geschenk damit, selbst die Kosten der Schreiberei sollen Sie nicht bezahlen, fest überzeugt, daß wenn Sie solche einmal in Leipzig in Ihren Winterkonzerten aufführen haben lassen, Sie solche gewiß mit einem deutschen Text werden versehen, und herausgeben. — Was auch damit geschehe, sie gehört einmal Ihnen an; sobald wir einig sind, schicke ich Ihnen die Partitur davon mit den andern Werken, und werde sie auch ins Schema eintragen, als hätten Sie solche gekauft. — Warum ich Sie vorzüglich verbinden wollte, diese Messe herauszugeben, ist weil sie mir erstens vorzüglich am Herzen liegt trotz aller Kälte unseres Zeitalters gegen d. g.; zweitens, weil ich glaubte, Sie würden solche leichter vermittels Ihrer Notentypen für gedruckte Noten als andere deutsche Verleger [sc. stechen], bei denen man meistens von Partituren nichts weiß —

Nun zum übrigen: da die Messe wegfällt, erhalten Sie nun zwei Sinfonien, eine Sonate mit obligatem Violoncell, zwei Trios für Klavier, Violin und Violoncell (da daran Mangel ist), oder statt dieser letzten zwei T[rios] eine Sinfonie für 600 fl. in Konventionsmünze nach dem Kurs, den ich Ihnen in meinen erstern zwei Briefen feststellte. — Sobald Sie dieses eingehen, woran ich nicht zweifle, so können Sie die Zahlung in zwei Fristen teilen, nämlich: sobald ich hier in Wien an Ihren Kommissionär die 2 Sinfonien, und die Sonate mit obligatem Violoncell, abgegeben, empfange ich einen Wechsel von 400 fl.; — in einigen Wochen darauf werde ich die 2 Trios oder nach Ihrem Belieben die Sinfonie abgeben, so können Sie mir alsdann die noch übrigen 200 fl. ebenfalls durch einen Wechsel zukommen lassen — so ist alles Zweifelhafte gehoben. — Die Partitur von der Messe wird, sobald ich Antwort erhalte, abgeschrieben, und Ihnen sicher bei der zweiten Lieferung mitgeschickt. — Ich müßte mich sehr irren, wenn Sie jetzt noch Anstand fänden, und Sie sehen doch gewiß, daß ich alles tue, um mit Ihnen einig zu werden. — Übrigens können Sie überzeugt sein, daß ich hier ebensoviel für meine Kompositionen erhalte und noch mehr, jedoch ein fataler Umstand ist, daß ein hiesiger Verleger nicht gleich, sondern sehr langsam bezahlt. — Hier haben Sie den Aufschluß hierüber, ich hoff' aber, Sie sind edel genug, diese meine Offenheit nicht zu mißbrauchen. — Sehe ich übrigens, daß Sie sich einmal in etwas Rechtes mit mir einlassen, so werden Sie an mir gewiß oft Uneigennützigkeit wahrnehmen, ich liebe meine Kunst zu sehr, als daß mich bloß Interesse leitete; allein ich habe seit 2 Jahren so manchen Unfall erlitten, und hier in W[ien] — doch nichts mehr davon. — Antworten Sie ja gleich, denn ich habe nun die ganze Zeit Ihretwegen zurückgehalten; wenn Sie glauben, daß ich hier nicht könnte dasselbige haben, irren Sie sich, es ist keine andere als die Ihnen eben angegebene Ursache. —

Mit Achtung

Ihr ergebenster
Ludwig van Beethoven.

Um alle Konfusionen zu vermeiden, adressieren Sie gefälligst Ihre Antwort an Wagener, dieser weiß schon, wie er mir den Brief zustellt, indem ich auf dem Lande bin —

56.

An den Grafen Franz von Oppersdorf.

Wien den 1. November 1808.

Bester Graf!

Sie werden mich in einem falschen Lichte betrachten, aber Not zwang mich, die Sinfonie, die für Sie geschrieben, und noch eine andere dazu an jemanden andern zu veräußern. Sein Sie aber versichert, daß Sie diejenige, welche für Sie bestimmt ist, bald erhalten werden. — Ich hoffe, Sie werden immer wohl gewesen sein, wie auch Ihre Frau Gemahlin, der ich bitte mich bestens zu empfehlen. — Ich wohne gerade unter dem Fürsten Lichnowsky, im Falle Sie einmal mir in Wien die Ehre Ihres Besuches [machen]; bei der Gräfin Erdödy. Meine Umstände bessern sich — ohne **Leute dazu nötig zu haben,** welche ihre **Freunde mit Flegeln** traktieren wollen. — Auch bin ich als Kapellmeister zum König von Westfalen berufen, und es könnte wohl sein, daß ich diesem Rufe folge.

Leben Sie wohl und denken Sie zuweilen an

Ihren ergebensten Freund
Beethoven.

57.

An den Tenoristen Röckel.

[Dezember 1808.]

Lieber Röckel! Machen Sie Ihre Sache nur recht gut bei der Milder. Sagen Sie ihr nur, daß Sie heute sie schon in meinem Namen voraus bitten, damit sie nirgends anders singen möge. Morgen komme ich aber selbst, um den Saum ihres Rockes zu küssen. Vergessen Sie doch auch nicht die **Marconi** und werden Sie nicht böse auf mich, daß ich Sie mit so vielem belästige.

Ganz Ihr

Beethoven.

58.

An Breitkopf & Härtel in Leipzig.

Wien am 7ten Jenner 1809.

Sie werden sagen, das ist dieser und jener und jener und dieser — das ist wahr, seltnern Briefschreiber kann's nicht geben. — Sie haben doch die Terzetten erhalten? — Eins, wissen Sie, war schon bei Ihrer Abreise fertig, ich wollte es aber erst mit dem zweiten schicken; dieses war auch schon ein paar Monate fertig, ohne daß ich weiter daran dachte, Ihnen solches zu schicken — endlich ist mir der C[opist?] über den Stock gestürmt. Eine sehr große Gefälligkeit werden Sie mir erzeigen, und ich bitte Sie innigst darum, daß Sie alle Sachen, die Sie von mir haben, nicht eher als bis Ostern herausgeben, indem ich die Fasten sicher bei Ihnen eintreffe; auch lassen Sie bis dahin keine von den neuen Sinfonien hören, denn komme ich nach Leipzig, so soll's ein wahres Fest sein, mit dem Leipziger mir bekannten Bravheit und guten Willen der Musiker diese aufzuführen; — auch werde ich gleich allda die Korrektur vornehmen. —

Endlich bin ich denn von Ränken und Kabalen und Niederträchtigkeiten aller Art gezwungen, das noch einzige deutsche Vaterland zu verlassen; auf einen Antrag Seiner Königlichen Majestät von Westfalen gehe ich als Kapellmeister mit einem jährlichen Gehalt von 600 Dukaten in Gold dahin ab — ich habe eben heute meine Zusicherung, daß ich komme, auf der Post abgeschickt, und erwarte nur noch mein Dekret, um hernach meine Anstalten zur Reise, welche über Leipzig gehen soll, zu treffen. — Deswegen, damit die Reise desto brillanter für mich sei, bitte ich Sie, wenn's eben nicht gar zu nachteilig für Sie ist, noch nichts bis Ostern von allen meinen Sachen bekanntzumachen. — Bei der Sonate, welche an den Baron Gleichenstein dediziert ist, lassen Sie gefälligst das K. K. Konzipisten weg, indem ihm solches nicht lieb ist. — Es werden vielleicht wieder von hier Schimpfschriften über meine letzte musikalische Akademie an die Musikalische Zeitung geraten; ich wünschte eben nicht, daß man alles unterdrücke, was gegen mich, jedoch soll man sich nur überzeugen, daß niemand mehr persönliche Feinde hier hat als ich. Dies ist um so begreiflicher, da der Zustand der Musik hier immer schlechter wird — wir haben Kapellmeister, die so wenig zu dirigieren wissen, als sie kaum selbst dirigieren können; — auf der Wieden ist es freilich noch am schlechtesten — da hatte ich meine Akademie zu geben, wobei mir von allen Seiten der Musik Hindernisse in den Weg gelegt wurden. — Das Witwenkonzert hatte den abscheulichen Streich gemacht, aus Haß gegen mich, worunter Herr Salieri der erste, daß es jeden Musiker, der bei mir spielte und in ihrer Gesellschaft war, bedrohte auszustoßen. — Ohnerachtet, daß verschiedene Fehler, für die ich nicht konnte, vorgefallen, nahm das Publikum doch alles enthusiastisch auf. — Trotzdem aber werden Skribler von hier gewiß nicht unterlassen, wieder elendes Zeug gegen mich in die Musikalische Zeitung zu schicken. — Hauptsächlich waren die Musiker aufgebracht, daß, indem aus Achtlosigkeit bei der einfachsten planſten Sache von der Welt gefehlt worden war, ich plötzlich stille ließ halten, und laut schrie: Noch einmal! — So was war ihnen noch nicht vorgekommen; das Publikum bezeugte hierbei sein Vergnügen. — Es wird aber täglich ärger. Tags zuvor meiner Akademie war im Theater in der Stadt in der kleinen leichten Oper Milton das Orchester so auseinandergekommen, daß Kapellmeister und Direktor und Orchester förmlich Schiffbruch litten — denn der Kapellmeister, statt vorzuschlagen, schlägt hinten nach, und dann kommt erst der Direktor. — Antworten Sie mir, mein Lieber, gleich!

Mit Hochachtung

Ihr ergebenster Diener

Beethoven.

Ich bitte Sie, von meiner Anstellung in Westfalen nichts mit Gewißheit öffentlich eher bekanntzumachen als bis ich Ihnen schreiben werde, daß ich mein Dekret erhalten. Leben Sie wohl und schreiben Sie mir bald. — Von meinen Werken sprechen wir in Leipzig. — Einige Winke könnte man immer in der Musikalischen Zeitung von meinem Weggehen von hier geben — und einige Stiche, indem man nie etwas Rechtes hier hat für mich tun wollen —

59.

An v. Zmeskall-Domanovecz.

[ca. Januar 1809.]

Verfluchter geladener Domanowetz — nicht Musikgraf sondern Freßgraf — Dineen-Graf, Supeen-Graf etc. — heute um halb elf oder 10 Uhr wird das Quartett bei Lobkowitz probiert; S[eine] D[urchlaucht], die zwar meistens mit ihrem Verstande abwesend, sind noch nicht da, — kommen Sie also — wenn Sie der Kanzlei-Gefängniswärter entwischen läßt. — Heute kommt der Herzog, der bei mir Bedienter werden will, zu Ihnen — auf 30 fl. mit seiner Frau obligat können Sie sich einlassen — Holz, Licht, kleine Livree. — Zum Kochen muß ich jemand haben; solange die Schlechtigkeit der Lebensmittel so fortdauert, werde ich immer krank. — Ich esse heute zu Hause, des bessern Weins halber; wenn Sie sich bestellen, was Sie haben wollen, so wär' mir's lieb, wenn Sie auch zu mir kommen wollten; den Wein bekommen Sie gratis, und zwar besser wie in der hundsföttischen Schwanen. —

Ihr
kleiner
Beethoven.

60.

An J. von Gleichenstein.

[März 1809.]

Du siehst, mein lieber guter Gleichenstein, aus Beigefügtem, wie ehrenvoll nun mein Hierbleiben für mich geworden — der Titel als Kaiserl. Kapellmeister kömmt auch nach — etc. — Schreibe mir nun sobald als möglich, ob Du glaubst, daß ich bei den jetzigen kriegerischen Umständen reisen soll, — und ob Du noch fest gesonnen bist mitzureisen. Mehrere raten mir davon ab, doch werde ich Dir hierin ganz folgen; daß Du mir und ich Dir eine Strecke entgegenreise — schreibe geschwind. — Nun kannst Du mir helfen eine Frau suchen; wenn Du dort in F[reiburg] eine schöne findest, die vielleicht meinen Harmonien einen Seufzer schenkt, doch müßte es keine Elise Bürger sein, so knüpf' im voraus an. — Schön muß sie aber sein, nichts nicht Schönes kann ich nicht lieben — sonst müßte ich mich selbst lieben. Leb' wohl und schreibe bald. Empfehle mich Deinen Eltern, Deinem Bruder. —

Ich umarme Dich von Herzen und bin

Dein treuer Freund
Beethoven.

61.

An die Gräfin Marie v. Erdödy.

[Frühjahr 1809.]

Meine liebe Gräfin, ich habe gefehlt, das ist wahr, verzeihen Sie mir; es ist gewiß nicht vorsätzliche Bosheit von mir, wenn ich Ihnen weh getan habe — erst seit gestern abend weiß ich recht, wie alles ist, und es tut mir sehr leid, daß ich so handelte. — Lesen Sie Ihr Billett kaltblütig und urteilen Sie selbst, ob ich das verdient habe, und ob Sie damit nicht alles sechsfach mir wiedergegeben haben, indem ich Sie beleidigte, ohne es zu wollen. Schicken Sie noch heute mir mein Billett zurück, und schreiben mir nur mit einem Worte, daß Sie wieder gut sind, ich leide unendlich dadurch, wenn Sie dieses nicht tun; ich kann nichts tun, wenn das so fortdauern soll — ich erwarte Ihre Vergebung.

62.

An den Bruder Johann van Beethoven in Linz.

[Wien, 28. März 1809.]

Lieber Bruder — der Brief liegt schon lange bereit für Dich — Gott gebe nur dem andern Herrn Bruder einmal statt seiner Gefühllosigkeit —

Gefühl; — ich leide unendlich durch ihn, mit meinem schlechten Gehör brauche ich doch immer jemanden, und wem soll ich mich vertrauen?

63.

An den Grafen Franz v. Brunswick.

[Sommer 1809?]

Lieber Freund! Bruder!

Eher hätte ich Dir schreiben sollen, in meinem Herzen geschah's 1000 mal. Weit früher hättest Du das T[rio] und die S[onate] erhalten müssen, ich begreife nicht, wie R [?] — Dir diese so lange vorenthalten hat. — Soviel ich mich erinnere, habe ich Dir ja gesagt, daß ich Dir beides, Sonate und Trio, schicken werde; mache es nach Deinem Belieben, behalte die Sonate oder schicke sie Forray, wie Du willst; das Quartett war Dir ja so früher zugedacht, bloß meine Unordnung war schuld daran, daß Du es eben erst bei diesem Ereignis erhalten; — und wenn von Unordnung die Rede ist, so muß ich Dir leider sagen, daß sie noch überall mich heimsucht, noch nichts Entschiedenes in meinen Sachen, der unglückselige Krieg dürfte das endliche Ende noch verzögern, oder meine Sache noch verschlimmern. — Bald fasse ich diesen, bald jenen Entschluß, leider muß ich doch nahe herum bleiben, bis diese Sache entschieden ist. — O unseliges Dekret, verführerisch wie eine Sirene, wofür ich mir hätte die Ohren mit Wachs verstopfen lassen sollen und mich festbinden, um nicht zu unterschreiben, wie Ulysses. — Wälzen sich die Wogen des Krieges näher hierher, so komme ich nach Ungarn, vielleicht auch so; habe ich doch für nichts als mein elendes Individuum zu sorgen, so werde ich mich wohl durchschlagen. Fort, edlere Plane! Unendlich unser Streben, endlich macht die Gemeinheit alles! Leb' wohl, teurer Bruder, sei es mir, ich habe keinen, den ich so nennen könnte; schaffe so viel Gutes um Dich herum, als die böse Zeit Dir's zuläßt. — Für künftige machst Du folgende Überschrift über den Umschlag Deiner Briefe an mich: An Hrn. B. v. Pasqualati. Der Lumpenkerl Oliva (jedoch kein edler L[umpen] K[er]l) kommt nach Ungarn; gib Dich nicht viel mit ihm ab, ich bin froh, daß dieses Verhältnis, welches bloß die Not herbeiführte, hierdurch gänzlich abgeschnitten wird. Mündlich mehr. Ich bin bald in Baden, bald hier — in Baden im Sauerhof zu erfragen. Leb' wohl, laß mich bald etwas von Dir hören.

Dein Freund Beethoven.

64.
An Breitkopf & Härtel.

Wien am 8ten August 1809.

Ich habe bei Hr. Kunz [?] und Kompagone [Kompagnie?] ein Sextett für 2 clarinetti, 2 fagotti, 2 Hörner, 2 deutsche Lieder oder Gesänge abgegeben, damit man Ihnen diese baldmöglichst übermache — sie bleiben Ihnen als Gegengeschenke für alle diese Sachen, die ich mir als Geschenke von Ihnen ausgebeten. — Die Musikalische Zeitung hatte ich auch vergessen, ich erinnere Sie daher freundschaftlich daran. — Vielleicht könnten Sie mir eine Ausgabe von Goethes und Schillers vollständigen Werken zukommen lassen, — von Ihrem literarischen Reichtum geht so was so bei Ihnen ein, und ich schicke Ihnen demfür mancherlei, d. h. etwas, was ausgeht in alle Welt. — Die zwei Dichter sind meine Lieblingsdichter so wie Ossian, Homer, welchen letztern ich leider nur in Übersetzungen lesen kann. — Da Sie dieselben # so bloß mir aus Ihrer literarischen Schatzkammer ausschütten zu brauchen, so machen Sie mir die größte Freude NB. damit, um so mehr, da ich hoffe, den Rest des Sommers noch in irgendeinem glücklichen Landwinkel zubringen zu können. — Das Sextett ist von meinen frühern Sachen und noch dazu in einer Nacht geschrieben — man kann wirklich nichts anderes dazu sagen, daß es von einem Autor geschrieben ist, der wenigstens einige bessere Werke hervorgebracht — doch für manche Menschen sind diese Werke die besten —

Leben Sie wohl und lassen Sie mich recht bald etwas wissen

von Ihrem
an
Ihren
ergebensten
Beethoven.

Von der Violonschell-Sonate wünschte ich noch einige Exemplare zu haben; überhaupt bitte ich Sie, mir immer noch ein halb Dutzend

Exemplare zu schicken — ich verkaufe
nie welche — es gibt unterdessen hier und
da arme Musici, denen man so was
nicht abschlagen kann —
  # Goethe und Schiller
NB. wenn Sie mir sie bald schicken

65.

An von Zmeskall.

[1810; April?]

Lieber Z, sein Sie nicht böse über mein Blättchen — erinnern Sie sich nicht der Lage, worin ich bin, wie einst Herkules bei der Königin Omphale??? Ich bat Sie, mir einen Spiegel zu kaufen, wie der Ihrige, und bitte Sie, sobald Sie den Ihrigen, den ich Ihnen hier mitschicke, nicht brauchen, mir ihn doch heute wiederzusenden, denn der meinige ist zerbrochen. — Leben Sie wohl und schreiben ja nicht mehr: der große Mann über mich — denn nie habe ich die Macht oder die Schwäche der menschlichen Natur so gefühlt als itzt —

haben Sie mich lieb —

66.

An Dr. F. G. Wegeler.

Wien am 2. Mai 1810.

Guter alter Freund — beinahe kann ich es denken, erwecken meine Zeilen Staunen bei Dir, — und doch, obschon Du keine schriftliche Beweise hast, bist Du doch noch immer bei mir im lebhaftesten Andenken. — Unter meinen Manuskripten ist selbst schon lange eins, was Dir zugedacht ist, und was Du gewiß noch diesen Sommer erhältst. Seit 2 Jahren hörte ein stilleres ruhigeres Leben bei mir auf, und ich ward mit Gewalt in das Weltleben gezogen; noch habe ich kein Resultat dafür gefaßt, und vielleicht eher dawider — doch auf wen mußten nicht auch die Stürme von außen wirken? Doch ich wäre glücklich, vielleicht einer der glücklichsten Menschen, wenn nicht der Dämon in meinen Ohren seinen Aufenthalt aufgeschlagen. — Hätte ich nicht irgendwo gelesen, der Mensch dürfe nicht freiwillig scheiden von seinem Leben, solange er noch eine gute Tat verrichten kann, längst wär' ich nicht mehr — und zwar durch mich selbst; — o so schön ist das Leben, aber bei mir ist es für immer vergiftet. — Du wirst mir eine freundschaftliche Bitte nicht abschlagen, wenn ich Dich ersuche, mir meinen Taufschein zu besorgen. — Was nur immer für Unkosten dabei sind, da Steffen Breuning mit Dir in Verrechnung steht, so kannst Du Dich da gleich bezahlt machen, so wie ich hier an Steffen gleich alles ersetzen werde. — Solltest Du auch selbst es der Mühe wert halten, der Sache nachzuforschen, und es Dir gefallen, die Reise von Koblenz nach Bonn zu machen, so rechne mir nur alles an. — Etwas ist unterdessen in acht zu nehmen, nämlich daß noch ein Bruder **früherer Geburt vor mir** war, der ebenfalls Ludwig hieß, nur mit dem Zusatze „Maria", aber gestorben. Um mein gewisses Alter zu bestimmen, muß man also diesen erst finden, da ich ohnedem schon weiß, daß durch andere hierin ein Irrtum entstanden, da man mich als älter angegeben als ich war. — Leider habe ich eine Zeitlang gelebt, ohne selbst zu wissen, wie alt ich bin. — Ein Familienbuch hatte ich, aber es hat sich verloren, der Himmel weiß, wie. — Also laß Dich's nicht verdrießen, wenn ich Dir diese Sache sehr warm empfehle, den Ludwig Maria, und den jetzigen nach ihm gekommenen Ludwig ausfindig zu machen. — Je bälder Du mir den Taufschein schickst, desto größer meine Verbindlichkeit. — Man sagt mir, daß Du in Euren Freimaurer-Logen ein Lied von mir singst, vermutlich in E dur, und was ich selbst nicht habe; schick' mir's, ich verspreche, Dir's drei- und vierfältig auf eine andere Art zu ersetzen. — Denke mit einigem Wohlwollen an mich, sowenig ich's dem äußeren Scheine nach um Dich verdiene. — Umarme, küsse Deine verehrte Frau, Deine Kinder, alles was Dir lieb ist, im Namen

Deines Freundes
Beethoven.

67.

An v. Zmeskall.

[9. Juli 1810.]

Lieber Z.! Sie reisen, ich soll auch reisen, und das wegen meiner Gesundheit. Unterdessen geht noch sonst alles bei mir drunter und drüber; der Herr will mich bei sich haben, die Kunst nicht weniger, ich bin halb in Schönbrunn halb hier, jeden Tag kommen neue Nachfragen von Fremden, neue Bekanntschaften, neue Verhältnisse, selbst auch in Rücksicht der Kunst; manchmal möchte ich bald toll werden über meinen unverdienten Ruhm, das Glück sucht mich und ich fürchte mich fast deswegen vor einem neuen Unglück. — Mit Ihrer Iphigenie verhält es sich so, nämlich: ich habe sie schon wenigstens drittehalb Jahr nicht gesehn, habe sie jemand geliehen, aber wem? das ist die große Frage; hin und her habe ich geschickt, und hab's noch nicht entdeckt, ich hoffe sie aber auszufinden; ist sie verloren, so sollen Sie schadlos gehalten werden. — Leben Sie wohl, guter Z., wir werden uns hoffentlich so wiedersehen, daß Sie finden, daß meine Kunst in der Zeit wieder gewonnen hat. —

Bleiben Sie mein Freund, wie ich der Ihrige.

Beethoven.

68.

An Bettina v. Brentano.

Wien am 10ten
Februar 1811

Liebe, liebe Bettine!

Ich habe schon zwei Briefe von Ihnen und sehe aus Ihrem Briefe an die Toni, daß Sie sich immer meiner und zwar viel zu vorteilhaft erinnern. — Ihren ersten Brief habe ich den ganzen Sommer mit mir herumgetragen, und er hat mich oft selig gemacht; wenn ich Ihnen auch nicht so oft schreibe, und Sie gar nichts von mir sehen, so schreibe ich Ihnen doch 1000 1000 mal tausend Briefe in Gedanken. — Wie Sie sich in Berlin in Ansehung des Weltgeschmeißes finden, könnte ich mir denken, wenn ich's nicht von Ihnen gelesen hätte: Reden, Schwätzen über Kunst, ohne Taten!!!!! Die beste Zeichnung hierüber findet sich in Schillers Gedicht „Die Flüsse", wo die Spree spricht. — Sie heiraten, liebe Bettine, oder es ist schon geschehen, und ich habe Sie nicht einmal zuvor noch sehen können. So ströme denn alles Glück Ihnen und Ihrem Gatten zu, womit die Ehe die Ehelichen segnet! — Was soll ich denn von mir sagen; „Bedaure mein Geschick", rufe ich mit der Johanna aus; rette ich mir noch einige Lebensjahre, so will [ich] auch dafür wie für alles übrige Wohl und Wehe dem alles in sich Fassenden, dem Höchsten danken. — An Goethe, wenn Sie ihm von mir schreiben, suchen Sie alle die Worte aus, die ihm meine innigste Verehrung und Bewunderung ausdrücken; ich bin eben im Begriff, ihm selbst zu schreiben wegen Egmont, wozu ich die Musik gesetzt, und zwar bloß aus Liebe zu seinen Dichtungen, die mich glücklich machen. Wer kann aber auch einem großen Dichter genug danken, dem kostbarsten Kleinod einer Nation? — Nun nichts mehr, liebe gute B., ich komme diesen Morgen um 4 Uhr erst von einem Bacchanal, wo ich sogar viel lachen mußte, um heute beinahe ebensoviel zu weinen. Rauschende Freude treibt mich oft gewalttätig wieder in mich selbst zurück. — Wegen Clemens vielen Dank für sein Entgegenkommen. Was die Kantate, so ist der Gegenstand für uns hier nicht wichtig genug, ein anderes ist's in Berlin; — was die Zuneigung, so hat die Schwester davon eine so große Portion, daß dem Bruder nicht viel übrigbleiben wird; ist ihm damit auch gedient? — Nun leb' wohl, liebe, liebe B., ich küsse Dich auf Deine Stirne und drücke damit, wie mit einem Siegel, alle meine Gedanken für Dich auf. — Schreiben Sie bald, bald, oft Ihrem

Freund

Beethoven.

69.

An Erzherzog Rudolf.

[März 1811.]

Ihro Kaiserliche Hoheit!

Schon über vierzehn Täge bin ich wieder mit meinem mich plagenden Kopfweh behaftet, immer habe ich gehofft, es wird besser werden, aber vergebens; doch nun mit dem bessern Wetter verspricht mir mein Arzt baldige Besserung. Da ich mit jedem Tage glaubte, es sei der letzte meines Übels, so habe ich nichts deswegen zu wissen gemacht, auch selbst, weil ich glaubte, daß, da Ihro Kaiserl. Hoheit so lange nicht um mich geschickt hatten, Sie mich selbst nicht brauchten. — Während der Festlichkeiten der Prinzessin von Baden wegen und dem wehen Finger von Ihro Kais. Hoheit fing ich an, etwas fleißig zu arbeiten, wovon unter andern auch ein neues Trio die Frucht ist fürs Piano. Sehr beschäftigt mit mir selbst, glaubte ich nicht, daß Ihro Kaiserl. Hoheit auf mich ungehalten sein, wie ich nun doch beinahe glauben muß. — Unterdessen hoffe ich mich bald selbst vor Ihr Tribunal verfügen zu können.

Ihro Kaiserl. Hoheit
treu ergebenster
Diener
Ludwig van Beethoven.

70.

An Goethe.

Wien am 12ten
April 1811.

Euer Exzellenz!

Nur einen Augenblick Zeit gewährt mir die dringende Gelegenheit, in der sich ein Freund von mir, ein großer Verehrer von Ihnen (wie auch ich), von hier so schnell entfernt, Ihnen für die lange Zeit, daß ich Sie kenne (denn seit meiner Kindheit kenne ich Sie), zu danken — das ist so wenig für so viel. — Bettine Brentano hat mich versichert, daß Sie mich gütig, ja sogar freundschaftlich aufnehmen würden; wie könnte ich aber an eine solche Aufnahme denken, indem ich nur imstande bin, Ihnen mit der größten Ehrerbietung, mit einem unaussprechlichen tiefen Gefühl für Ihre herrlichen Schöpfungen zu nahen. — Sie werden nächstens die Musik zu Egmont von Leipzig durch Breitkopf und Härtel erhalten, diesen herrlichen Egmont, den ich, indem ich ihn ebenso warm, als ich ihn gelesen, wieder durch Sie gedacht, gefühlt und in Musik gegeben habe. — Ich wünsche sehr, Ihr Urteil darüber zu wissen, auch der Tadel wird mir für mich und meine Kunst ersprießlich sein und so gern wie das größte Lob aufgenommen werden. —

Euer Exzellenz
großer Verehrer
Ludwig van Beethoven.

71.

An Breitkopf & Härtel.

Wien am 6ten Mai [1811]

P. P. Fehler — Fehler — Sie sind selbst ein einziger Fehler — da muß ich meinen Kopisten hinschicken, dort muß ich selbst hin, wenn ich will, daß meine Werke — nicht als bloße Fehler erscheinen. — Das Musik-Tribunal in L[eipzig] bringt, wie es scheint, nicht einen einzigen ordentlichen Korrektor hervor, dabei schicken Sie, noch ehe Sie die K[orrektur] erhalten, die Werke ab. — Wenigstens sollte man bei größeren Werken mit andern Stimmen doch die Takte abzählen — aber das sieht man bei der Fantasie etc., wie es geschieht — sehn Sie, in dem Klavierauszuge von Egmontsouvertüre fehlt ein ganzer Takt.

— Hier das Verzeichnis der Fehler.

Meinen heißesten Dank, daß Sie mich für eine so interessante Sache so sehr in Bewegung setzen. — Leben Sie wohl, ich hoffe Besserung. — Die Fantasie ist schon fort, auch die Sonate geht morgen fort von hier. Fehlen Sie, soviel Sie wollen, lassen Sie so viel fehlen, wie Sie wollen — Sie sind bei mir doch hochgeschätzt; dies ist ja der Gebrauch bei den Menschen, daß man sie, weil sie nicht noch größere Fehler gemacht haben, schätzt.

Ihr ergebenster
Diener
Beethoven.

72.

An Graf Franz von Brunsvik.

Wien am 18. Juni [1811].

Tausend Dank, Freundchen, für Deinen Nektar — und wie soll ich Dir genug dafür danken, daß Du mit mir die Reise machen willst. Es wird sich schon in meinem tönenden Herzen finden. — Da ich nicht wünschte, daß Dir irgend etwas nicht nach Deinem Sinn wäre, so muß ich Dir sagen, daß ich auf Verordnung meines Arztes volle 2 Monate in T[eplitz] zubringen muß; bis halben August könnte ich also nicht mit Dir gehen, Du müßtest dann die Reise allein, oder was Du auch leicht finden wirst, wenn's Dir gefällt, mit jemandem andern machen; — ich erwarte hierüber Deinen freundschaftlichen Beschluß. Glaubst Du, daß Dir das Allein-Zurückreisen nicht anstehe, so handle ganz nach Deiner Gemächlichkeit; ich will nicht, so sehr lieb Du mir auch bist, und so sehr viel Angenehmes auch aus dem Zusammensein mit Dir für mich entspringt, daß Dir daraus Unangenehmes entstehe. Da Du ohnedem, wenn Du auch mitgehst, doch den halben August zurückmußt, so werde ich meinen Bedienten mitnehmen, der wirklich ein sehr ordentlicher, lieber Kerl ist. Da es aber sein könnte, daß wir nicht in einem Hause zusammen sein könnten, so wirst Du wohltun, den Deinigen mitzunehmen, wenn Du ihn brauchst; ich für meine Person, wenn ich nicht ein so unbehilflicher Sohn des Apollo wäre, möchte auf Reisen gar keinen mitnehmen. Ich bitte Dich, nur zu machen, daß Du spätestens den ersten, zweiten Juli hier bist, weil's sonst zu spät für mich wird, und der Arzt jetzt schon grollt, daß ich es so lange anstehen lasse, obschon er es selbst findet, daß die Gesellschaft eines so guten, lieben Freundes auf mich wohl wirken würde. — Hast Du einen Wagen? — Jetzt schreib mir aber blitzschnell die Antwort, weil ich, sobald ich weiß, ob Du noch mitgehn willst, um Wohnungen für uns schreibe, indem es sich dort sehr füllen soll. — Leb' wohl, mein guter, lieber Freund, schreibe ja gleich Antwort und liebe

Deinen wahren Freund
Beethoven.

73.

An Amalie Sebald.

Ludwig van Beethoven, den Sie, wenn Sie auch wollten, doch nicht vergessen sollten.

Töplitz
am 8ten August 1811.

74.

An Tiedge in Dresden.

An Herrn von Tiedge in Dresden,
abzugeben bei der Gräfin Elise von der Recke.

Töplitz am 6ten September 1811.

Jeden Tag schwebte mir immer folgender Brief an Sie, Sie, Sie, immer vor; nur zwei Worte verlangte ich beim Abschiede, aber auch nicht ein einziges gutes Wort erhielt ich; die Gräfin läßt mir einen weiblichen Händedruck bieten; das ist denn doch noch was, was sich hören läßt, dafür küsse ich ihr in Gedanken die Hände, der Dichter aber ist stumm. Von der Amalie weiß ich wenigstens, daß sie liebe. — Täglich putze ich mich selbst aus, daß ich Sie nicht früher in Töplitz kennen gelernt. Es ist abscheulich, so kurz das Gute zu erkennen und sogleich wieder zu verlieren. Nichts ist unleidlicher, als sich selbst seine eigenen Fehler vorwerfen zu müssen. Ich sage Ihnen, daß ich nun noch wohl bis zu Ende dieses Monats hier bleiben werde; schreiben Sie mir nur, wie lange Sie noch in Dresden verweilen, ich hätte wohl Lust, einen Sprung zu der Sachsenhauptstadt zu machen. Den nämlichen Tag, an dem Sie von hier reisten, erhielt ich einen Brief von meinem gnädigen wiesbadischen Erzherzoge, daß er nicht lange in Mähren verweile und es mir überlassen sei, ob ich kommen solle oder nicht; so was habe ich so ganz nach dem Besten meines Willens und Wollens ausgelegt, und so sehen Sie mich noch hier in den Mauern, wo ich so schwer gegen Sie und mich gesündigt. Ich tröste mich noch; wenn Sie es auch Sünde nennen, so bin ich doch ein richtiger Sünder und nicht ganz ein armer. — Heute hat sich mein Zimmergesellschafter verloren, ich konnte eben nicht auf ihn pochen; doch vermiss' ich ihn in der Einsamkeit hier wenigstens abends und zu Mittage, wo ich das, was nun einmal das menschliche Tier zu sich nehmen muß, um das Geistige hervorzubringen, gerne in einiger Gesellschaft zu mir nehme: — nun leben Sie so wohl, als es nur immer die arme Menschlichkeit kann; der Gräfin einen recht zärtlichen und doch ehrfurchtsvollen Händedruck, der Amalie einen recht feurigen Kuß, wenn uns niemand sieht, und wir zwei umarmen uns wie Männer, die sich lieben und ehren dürfen; ich erwarte wenigstens ein Wort ohne Zurückhaltung, und dafür bin ich ein Mann.

Beethoven.

75.

An Breitkopf & Härtel in Leipzig.

Wien am 9ten 8ber
1811

Von hier aus tausend Entschuldigungen und tausend Dank für die angenehme Einladung nach Leipzig; sehr wehe tat es mir, meinem innern *Triebe dahin und in die umliegenden Gegenden nicht folgen zu können*, aber dieses Mal war zu tun an allen Ecken. Der ungarische Landtag ist, man spricht schon vorher davon, daß der Erzherzog Primas von Ungarn werden soll, und das Bischoftum Olmütz zurücklassen; ich selbst trage mich Seiner Kaiserl. Hoheit an, die als Primas von Ungarn nicht weniger als 3 Millionen Einkünfte haben würden, eine Million für mich jährlich rein durchzubringen (versteht sich alle musikalischen guten Geister, die ich dadurch in Bewegung für mich setzen wollte). In Teplitz erhalte ich keine weiteren Nachrichten, indem man von meinem Plane weiterzugehn nichts wußte; ich glaube also bei meiner Reise, die ich vorhabe, bei meiner Anhänglichkeit, die ich für ihn hege, zuletzt obschon nicht ohne manchen Unwillen doch der letztern nachgeben zu müssen, um so mehr, da man bei Feierlichkeiten meiner brauchte. Also nachdem das Pro erwählt, flugs nach Wien, und das erste Donnerwort, was ich höre, ist, daß dem gnädigsten

Herrn auf einmal alles Pfafftum und Pfafftun verschwunden ist, und also die ganze Sache nicht sein wird. —

General soll er werden, was man ja bald (Sie wissen) versteht, und ich Generalquartiermeister bei der Bataille, die ich aber nicht verlieren will — was sagen Sie dazu? Ein anderes Ereignis waren noch die Ungarn für mich. Indem [ich] in meinen Wagen steige, nach Teplitz zu reisen, erhalte ich ein Paket von Ofen, mit dem Ersuchen, für die Pesther Eröffnung des Neuen Theaters etwas zu schreiben. Nachdem ich 3 Wochen in T[eplitz] zugebracht, mich leidlich befand, setze ich [mich] trotz dem Verbot meines Arztes hin, um den Schnurrbärten, die mir von Herzen gut sind, zu helfen, schicke am 13ten September mein Paket dorthin ab, in der Meinung, daß den 1ten 8ber die Sache vor sich gehn sollte; derweil verzieht sich die ganze Sache nun noch über einen ganzen Monat. Den Brief, worin mir dieses angedeutet werden sollte, erhalte ich durch Mißverständnisse erst hier, und doch bestimmte mich auch dieses Theaterereignis, wieder nach Wien zu gehen. — Unterdessen aufgeschoben ist nicht aufgehoben, ich habe das Reisen gekostet und es hat mir sehr wohlgetan, jetzt möchte ich schon wieder fort von hier. — Eben erhalte ich das „Lebewohl“ etc.; ich sehe, daß Sie doch auch andere E[xemplare] mit französischem Titel [drucken]; warum denn? Lebewohl ist was ganz anderes als les adieux; das erstere sagt man nur einem herzlich allein, das andere einer ganzen Versammlung, ganzen Städten. — Da Sie mich so schändlich rezensieren lassen, so sollen Sie auch herhalten; viel weniger Platten hätten Sie auch gebraucht, und das so sehr jetzt erschwerte Umkehren wäre dadurch erleichtert worden, damit basta. — Wie komme [ich] aber ums Himmels willen zu der Dedikation meiner Fantasie mit Orchester an den König von Bayern? Antworten Sie doch sogleich hierüber; wenn Sie mir dadurch ein ehrenvolles Geschenk bereiten wollten, so will ich Ihnen dafür danken, sonst ist mir so etwas gar nicht recht. Haben Sie es vielleicht selbst dediziert? Wie hängt dieses zusammen? Ungestraft darf man Königen nicht einmal etwas widmen. — Dem Erzherzog war auch das Lebewohl nicht gewidmet. Warum nicht die Jahrzahl, Tag und Datum, wie ich's geschrieben, abgedruckt? Künftig werden Sie schriftlich geben, alle Überschriften unverändert, wie ich sie hingesetzt, beizubehalten. —

Das Oratorium lassen Sie wie überhaupt alles rezensieren durch wen Sie wollen. Es ist mir leid, Ihnen nur ein Wort über die elenden R[ezensenten] geschrieben zu haben; wer kann nach solchen R. fragen, wenn er sieht, wie die elendesten Sudler in die Höhe von ebensolchen elenden R. gehoben werden, und wie sie überhaupt am unglimpflichsten mit Kunstwerken umgehen und durch ihre Ungeschicklichkeit auch müssen, wofür sie nicht gleich den gewöhnlichen Maßstab, wie der Schuster seinen Leisten, finden. — Ist etwas bei dem Orator[ium] zu berücksichtigen, so ist es, daß es mein erstes und frühes Werk in der Art war, in 14 Tägen zwischen allem möglichen Tumult und andern unangenehmen ängstigenden Lebensereignissen (mein Bruder hatte eben eine Todeskrankheit) geschrieben wurde. — Rochlitz hat, wenn mir recht ist, schon noch ehe es Ihnen zum Stechen gegeben, nicht günstig von dem Chor der Jünger „Wir haben ihn gesehen“ (in C-Dur) gesprochen, er nannte ihn komisch, eine Empfindung, die hier wenigstens niemand im Publikum darüber zeigte, da doch unter meinen Freunden auch Kritiker sind. Daß ich wohl jetzt ganz anders ein Oratorium schreibe als damals, das ist gewiß. — Und nun rezensiert solange ihr wollt, ich wünsche euch viel Vergnügen; wenn's einen auch ein wenig wie einen Mückenstich packt, dann macht's einem einen ganz hübschen Spaß, re—re—re—re—re—zen—zen—sie—sie—sie—sie—siert—siert—siert. — Nicht bis in alle Ewigkeit, das könnt ihr nicht. Hiermit Gott befohlen. — In dem Oratorium war eine Stelle, wo die Horn sollten im Stiche auf zwei Linien gebracht werden, nämlich das zweite Horn hat Baßschlüssel, das erste aber Violin; leicht wird Ihr Korrektor diese Stelle finden, muß doch jeder Mensch mehr als einen Schlüssel haben, wenn er auch nichts je aufschließt. — Einen Brief an Kotzebue werde ich Ihnen schicken, und bitten, daß Sie ihn an seinen Aufenthaltsort befördern; — auch wird jemand von Berlin aus, dem ich das Briefporto erspare [?], seine Briefe an Sie abschicken, daß Sie mir dieselben dann hier wieder gütigst befördern. Nicht wahr, Sie nehmen mir schon so etwas nicht übel; was das Porto ausmacht, werde ich Ihnen nach jedesmaliger Anzeige gleich abtragen. — Der Himmel erhalte Sie nun; ich hoffe, Sie bald zu sehen, zu sprechen; Sie sehen daraus meinen festen Vorsatz zu reisen. — Den sächsischen und besonders den Leipziger Liebhabern alles Schöne für ihr Wohlwollen für mich, wovon ich manches gehört, so auch vielen Dank den Musikkünstlern, von deren gutem Eifer für mich ich auch gehört.

Ihr
Ludwig van Beethoven.

Wann erscheint die Messe? — — der Egmont? Schicken Sie doch die ganze Horn[par]titur, meinetwegen abgeschrieben, auf meine Kosten (die Partitur h. d.) an Goethe. Wie kann ein deutscher erster Verleger gegen den deutschen Dichter so unhöflich, so grob sein? Also geschwinde die Partitur nach Weimar. Was die Messe [betrifft], — so könnte die Dedikation verändert werden; das Frauenzimmer ist jetzt geheiratet, und müßte der Name so verändert werden; sie kann also unterbleiben. Schreiben Sie mir nur, wenn Sie sie herausgeben, und dann wird sich schon der Heilige für dieses Werk finden —

76.

An dieselben.

Wien, am 28ten
Jenner 1812.

P. P.

Zur Strafe für Ihr gänzliches Stillschweigen lege ich Ihnen auf, diese 2 Briefe gleich zu besorgen; ein Windbeutel von Liefländer versprach mir, einen Brief an K[otzebue] zu besorgen, aber wahrscheinlich, wie überhaupt die Russen und Liefländer Windbeutel und Großprahler sind, hat er's nicht getan, obschon er sich für einen guten Freund von ihm ausgab. — Ich bitte also, obschon es als Strafe Ihnen ausgelegt ist von Rechts wegen, wegen vieler fehlervollen Auflagen, falschen Titeln, Vernachlässigungen etc. andern Menschlichkeiten, dieses Geschäft zu besorgen, so bitte ich denn doch abermals demütigst, diese Briefe zu besorgen — und dann mit dem Briefe an Goethe zugleich den Egmont (Partitur) zu schicken, jedoch nicht auf gewöhnliche Weise, daß vielleicht hier oder da ein Stück fehlt etc., nicht so, sondern ganz ordentlich; ich habe mein Wort gegeben, und darauf

halte um so mehr, wenn ich einen andern wie Sie zu Vollstreckung dessen zwingen kann. — Ha, ha, ha, welche Sprache Sie schuld sind, daß ich gegen Sie führen kann, gegen einen solchen Sünder, der, wenn ich wollte, im härenen Bußrock wandeln müßte für alle Ruchlosigkeiten, so er an meinen Werken begangen. Bei dem Chor im Oratorium „Wir haben ihn gesehn" sind Sie trotz meiner Nota für den alten Text doch wieder bei der unglücklichen Veränderung geblieben; ei du lieber Himmel, glaubt man denn in Sachsen, daß das Wort die Musik mache? Wenn ein nicht passendes Wort die Musik verderben kann, welches gewiß ist, so soll man froh sein, wenn man findet, daß Musik und Wort nur eins sind, und trotzdem, daß der Wortausdruck an sich gemein ist, nichts besser machen wollen — dixi. — Auf die 50 Taler Musikalien habe ich noch sehr wenig genommen, denn bei Herrn Traeg ist alles träg; besonders kann ich vom Hartelischen [Härtelschen] Fleiß dort nichts spüren. Schicken Sie mir also Mozarts Requiem-Partitur,
M. Clemenza di Tito —
cosi fan tutte —
le nozze di Figaro —
don giovanni —
bald — da meine kleine Gesellschaft bei mir wieder anfängt, so brauche ich d. g., — so postfrei als möglich, denn ich bin ein armer österreichischer Musikant; die C. p. Emanuel Bachssachen könnten Sie mir wohl einmal schenken, sie vermodern Ihnen doch. — Sind die 3 Gesänge von Goethe noch nicht gestochen? Eilen Sie damit, ich möchte sie gern der Fürstin Kynsky, einer der hübschsten dicksten [?] Frauen in Wien, bald übergeben; und die Gesänge von Egmont, warum noch nicht heraus, warum überhaupt nicht mit dem ganzen E[gmont] heraus, heraus, heraus? — Wollen Sie zu den Entreactes noch hier oder da einen Schluß angepicht haben, kann auch sein, oder lassen Sie das einen Leipziger Korrektor der Musikzeitung besorgen, die verstehn das wie eine Faust auf ein Aug'. — Das Porto für die Briefe rechnen Sie mir nur gefälligst an. — Mir scheint, mir flüstert's, als gingen Sie wieder auf eine neue Frau aus, alle bei Ihnen vorgehenden Konfusionen schreibe ich dem zu; ich wünschte Ihnen eine Xanthippe, wie dem heiligen griechischen Sokrates zuteil wurde, damit

ich einmal einen deutschen Verleger, welches viel sagen will, verlegen, ja recht in Verlegenheit erblicke. — Ich hoffe, bald mit ein paar Zeilen von Ihnen beehrt zu werden. —

Ihr Freund

Beethoven.

77.

An N. v. Zmeskall.

Den 2. Februar 1812.

Nicht außerordentlicher, aber sehr ordentlicher ordinärer Federnschneider, dero Virtuosität hat schon in diesem Stück abgenommen, diese bedürfen einer neuen Federnreparatur — wann werfen Sie denn einmal Ihre Fesseln weg? wann? Sie denken schön an mich, verflucht sei das Leben hier in der österreichischen Barbarei für mich. — Ich werde jetzt meistens zum Schwane gehen, da ich mich in andern Wirtshäusern der Zudringlichkeit nicht erwehren kann. —

Leben Sie wohl, so wohl als ich es Ihnen wünsche ohne mich,

Ihren

Freund

Beethoven.

Außerordentlichster, wir bitten, daß uns Ihr Bedienter jemanden besorgt, um die Zimmer auszuputzen; da er das Quartier kennt, kann er gleich den Preis auch bestimmen. —

Jedoch bald — Faschingslump!!!!!!!!!!!!!

Beigeschlossenes
Billett ist wenigstens
8 Tage alt.

78.

An denselben.

[Februar 1812.]

Verdammtes ehmaliges Musikgräferl, wo hat Sie denn der Teufel! — Kommens heute zur Schwane? nein? ja — — Hier sehen Sie in das

Beigeschlossene, was ich alles für die Ungarn getan; das ist was anders, wenn ein deutscher Mensch, ohne Wort zu geben, etwas übernimmt, als so ein ungarischer Graf B[runswik], der mich wer weiß wegen welch elender Lumperei konnte allein reisen lassen und noch dazu abwarten lassen, ohne was erwartet zu haben —

bestes ehmaliges M[usik] Gr[äferl],
ich bin Ihr
bestes dermaliges
Beethöverl.

Das Eingeschlossene schickens zurück, denn wollens dem Grafen auch unter die Nase mit noch was anderm reiben. —

79.

An Breitkopf & Härtel in Leipzig.

[Mai 1812.]

P. P.

Sogleich schicke ich die Messe; erzeigen Sie mir nur ja nicht den Schabernack, daß Sie dieselbe großmütig mit großen Fehlern geschmückt dem Publikum schenken; — wenn sie so spät herauskommt, soll die Dedikation geändert werden, nämlich an Fürst Kynsky; das weitere Titularium deswegen erhalten Sie. — Es muß so sein. Ob Sie mich im Norden sehn werden, wer kann in dem Chaos, worin wir armen Deutschen leben, bestimmen. — Leben Sie wohl, ich schreibe 3 neue Sinfonien, wovon eine bereits vollendet; habe auch für das ungarische Theater etwas geschrieben — aber in der Kloake, wo ich mich hier befinde, ist das alles so gut wie verloren — wenn ich mich nur nicht selbst ganz verliere —

Leben Sie recht wohl, freuen Sie sich, daß es Ihnen besser geht, als andern armen Sterblichen.

Ihr ergebenster
Beethoven.

80.

An den erzherzogl. Kammerherrn Josef Freih. v. Schweiger.

[Juni 1812?]

Der Kleinste aller Kleinen war vergebens beim gnädigsten Herrn, wo alles zugesperrt war, dann hier, wo alles offen, aber niemand als der treue Diener war; — ich hatte einen dicken Pack Musikalien bei mir, um noch zu guterletzt einen guten musikalischen Abend zu prokurieren — nichts. — Malfatti will durchaus, daß ich nach Töplitz soll, das mir nun gar nicht lieb; — ich hoffe wenigstens, ich kann mir nicht helfen, daß sich der gnädigste Herr nicht so ganz gut unterhalten soll ohne mich — O Vanitas — es ist nicht anders. — Ehe ich nach Töplitz reise, besuche ich Sie in Baden oder schreibe. —

Leben Sie wohl, alles Schöne dem Gnädigsten, halten Sie lieb

Ihren Freund

Beethoven.

81.

An Varnhagen von Ense.

Teplitz am 14. Juli 1812.

Hier, lieber Varnhagen, das Paket für Wilms [Willisen] — ich lasse ihn bitten, mir die drei Teile von Goethes Wilhelm Meisters Lehrjahre hierher mit dem Postwagen zu schicken, da sich der vierte fehlende gefunden hat; — sollten Sie bald selbst hierherkommen, so wäre das freilich nicht nötig, daher überlasse ich dieses Ihrer Weisheit. — Von Teplitz ist nicht viel zu sagen; wenig Menschen, und unter dieser kleinen Zahl nichts Auszeichnendes, daher leb' ich — allein — allein! allein! allein! Es war mir leid, lieber Varnhagen, den letzten Abend in Prag nicht mit Ihnen zubringen zu können, ich fand es selbst für unanständig, allein ein Umstand, den ich nicht vorhersehen konnte, hielt mich davon ab; — halten Sie mir dieses daher zugute — mündlich näher darüber. — Recht viel Schönes an General Bentheim — ich wünschte ihn und Sie vorzüglich hier; — wenn Sie auch an mir einen Sonderling finden, so könnte ich ja wieder etwas anders

Quittung

über 750 fl. d. i. Siebenhundertfünfzig
Gulden W. W., welche Unterzeichneter
als seinen von Sr. Kaiserlichen
Hoheit dem durchlauchtigsten Erzherzog Rudolph gnädigst
bewilligten Gehalt, und zwar
vom 1ten März 1814
bis letzten August 1814, aus dessen
Kasse richtig empfangen
zu haben hiemit quittiert. Wien
am 1ten
September
1814

Ludwig van Beethoven

nicht Sonderliches an Ihnen finden — wenn sich nur wenigstens einige gute Seiten berühren, dies ist hinlänglich, der Freundschaft den Weg zu bahnen. —

Leben Sie wohl! wohl! wohl! Zertrümmern Sie das Üble und halten Sie sich oben.

Ihr Freund

Beethoven.

N. E. Schreiben Sie mir, und schicken mir gefälligst Ihre genauere Adresse.

82.

An Emilie M. zu H.

Töplitz, den 17. Juli 1812.

Meine liebe gute Emilie, meine liebe Freundin!

Spät kommt die Antwort auf Dein Schreiben an mich; eine Menge Geschäfte, beständiges Kranksein mögen mich entschuldigen. Das Hiersein zur Herstellung meiner Gesundheit beweiset die Wahrheit meiner Entschuldigung. Nicht entreiße Händel, Haydn, Mozart ihren Lorbeerkranz; ihnen gehört er zu, mir noch nicht.

Deine Brieftasche wird aufgehoben unter andern Zeichen einer noch lange nicht verdienten Achtung von manchen Menschen.

Fahre fort, übe nicht allein die Kunst, sondern dringe auch in ihr Inneres; sie verdient es, denn nur die Kunst und die Wissenschaft erhöhen den Menschen bis zur Gottheit. Solltest Du, meine liebe Emilie, einmal etwas wünschen, so schreibe mir zuversichtlich. Der wahre Künstler hat keinen Stolz; leider sieht er, daß die Kunst keine Grenzen hat, er fühlt dunkel, wie weit er vom Ziele entfernt ist, und indes er vielleicht von andern bewundert wird, trauert er, noch nicht dahin gekommen zu sein, wohin ihm der bessere Genius nur wie eine ferne Sonne vorleuchtet. Vielleicht würde ich lieber zu Dir, zu den Deinigen kommen, als zu manchem Reichen, bei dem sich die Armut des Innern verrät. Sollte ich einst nach H. kommen, so komme ich zu Dir, zu den Deinen; ich kenne keine andern

Vorzüge des Menschen, als diejenigen, welche ihn zu den bessern Menschen zählen machen; wo ich diese finde, dort ist meine Heimat.

Willst Du mir, liebe Emilie, schreiben, so mache nur die Überschrift gerade hieher, wo ich noch 4 Wochen zubringe, oder nach Wien; das ist alles dasselbe. Betrachte mich als Deinen und als Freund Deiner Familie.

Ludwig v. Beethoven.

83.

An Breitkopf & Härtel in Leipzig.

Frantzens Brunn
bei Eger am 9ten Aug.
1812

Nur das Notwendigste: der Titel zur Messe fehlt Ihnen, und mir ist manches zuviel, des Badens, Nichtstuns, und etc. sonst [?] übrigen Unvermeidlichen. Zu- und Auffälligkeiten bin ich müde. — Sie sehen und denken mich nun hier; mein Arzt treibt mich von einem Ort zum andern, um endlich die Gesundheit zu erhaschen, von Teplitz nach Karlsbad, von da hierher. In K[arlsbad] spielte ich den Sachsen und Preußen etwas vor zum Besten der abgebrannten Stadt Baden; es war sozusagen ein armes Konzert für die Armen. — Der Signore Polledrone half mir dabei, und nachdem er sich einmal wie gewöhnlich abgeängstigt hatte, spielte er gut. — „Seine Durchlaucht dem Hochgebornen Fürsten Kynsky", so was Ähnliches mag der Titel in sich enthalten; — und nun muß ich mich enthalten, ferner zu schreiben, dafür muß ich mich wieder im Wasser plätschern; kaum habe ich mein Inneres mit einer tüchtigen Quantität desselben anfüllen müssen, so muß ich nun auch wieder das Äußere um und um bespülen lassen. — Nächstens beantworte ich erst Ihr übriges Schreiben. — Goethe behagt die Hofluft sehr, mehr als einem Dichter ziemt. Es ist nicht viel mehr über die Lächerlichkeiten der Virtuosen hier zu reden, wenn Dichter, die als die ersten Lehrer der Nation angesehen sein sollten, über diesem Schimmer alles andere vergessen können. —

Ihr

Beethoven.

+ Das Klima ist so hier, daß man schreiben könnte: am 9ten November. Soeben habe ich um den ganzen Titel des Fürsten Kynsky geschrieben. Sie erhalten ihn so doch noch zeitig genug, da ich vermute, daß Sie die Messe nicht vor Herbst herausgeben. —

84.

An Amalie Sebald in Teplitz.

16. September 1812.

Tyrann ich?! Ihr Tyrann! Nur Mißdeutung kann Sie dies sagen lassen, wie wenn ebendieses Ihr Urteil keine Übereinstimmung mit mir andeuten. Nicht Tadel deswegen; es wäre eher Glück für Sie. — Ich befand mich seit gestern schon nicht ganz wohl, seit diesem Morgen äußerte sich's stärker; etwas Unverdauliches für mich genossen ist die Ursache davon, und die reizbare Natur in mir ergreift ebenso das Schlechte als Gute, wie es scheint; wenden Sie dies jedoch nicht auf meine moralische Natur an. Die Leute sagen nichts, es sind nur Leute; sie sehen sich meistens in andern nur selbst, und das ist eben nichts. Fort damit, das Gute, Schöne braucht keine Leute. Es ist ohne alle andere Beihilfe da, und das scheint denn doch der Grund unseres Zusammenhaltens zu sein. — Leben Sie wohl, liebe Amalie. Scheint mir der Mond heute abend heiterer als den Tag durch die Sonne, so sehen Sie den kleinsten kleinsten aller Menschen bei sich.

Ihr Freund

Beethoven.

85.

An dieselbe.

[September 1812.]

Liebe gute Amalie. Seit ich gestern von Ihnen ging, verschlimmerte sich mein Zustand, und seit gestern abend bis jetzt verließ ich noch nicht das Bette; ich wollte Ihnen heute Nachricht geben und glaubte dann wieder, mich dadurch Ihnen so wichtig scheinen machen zu wollen, so ließ ich es sein. — Was träumen Sie, daß Sie mir nichts sein können? Mündlich wollen wir darüber, liebe Amalie, reden; immer wünschte ich nur, daß Ihnen meine Gegenwart Ruhe und Frieden einflößte, und daß Sie zutraulich gegen mich wären. Ich hoffe, mich morgen besser zu befinden, und einige Stunden werden uns noch da während Ihrer Anwesenheit übrigbleiben, in der Natur uns beide wechselseitig zu erheben und zu erheitern. — Gute Nacht, liebe Amalie, recht viel Dank für die Beweise Ihrer Gesinnungen für

Ihren Freund

Beethoven.

In Tiedge will ich blättern.

86.

An dieselbe.

[September 1812.]

Es geht schon besser. Wenn Sie es anständig heißen, allein zu mir zu kommen, so könnten Sie mir eine große Freude machen; ist aber, daß Sie dieses unanständig finden, so wissen Sie, wie ich die Freiheit aller Menschen ehre; und wie Sie auch immer hierin und in andern Fällen handeln mögen, nach Ihren Grundsätzen oder nach Willkür, mich finden Sie immer gut und als

Ihren Freund

Beethoven.

87.

An dieselbe.

[September 1812.]

Dank für alles, was Sie für meinen Körper für gut finden. Für das Notwendigste ist schon gesorgt — auch scheint die Hartnäckigkeit der Krankheit nachzulassen. — Herzlichen Anteil nehme ich an Ihrem Leid, welches auf Sie durch die Krankheit Ihrer Mutter kommen muß. — Daß Sie gewiß gern von mir gesehen werden, wissen Sie, nur kann ich Sie nicht anders als zu Bette liegend empfangen. — Vielleicht bin ich morgen imstande aufzustehen. — Leben Sie wohl, liebe gute Amalie.—

Ihr etwas schwach sich befindender
Beethoven.

88.

An dieselbe.

[September 1812.]

Ich kann Ihnen noch nichts Bestimmtes über mich sagen; bald scheint es mir besser geworden, bald wieder im alten Geleise fortzugehen, oder mich in einen längern Krankheitszustand versetzen zu können. Könnte ich meine Gedanken über meine Krankheit durch ebenso bestimmte Zeichen als meine Gedanken in der Musik ausdrücken, so wollte ich mir bald selbst helfen; — auch heute muß ich das Bett noch immer hüten. Leben Sie wohl und freuen Sie sich Ihrer Gesundheit, liebe Amalie.

Ihr Freund
Beethoven.

89.

[September 1812.]

[Von Amalie Sebalds Hand:]

Mein Tyrann befiehlt eine Rechnung — da ist sie:
Ein Huhn — 1 fl. W. W.
Die Suppe 9 x
Von Herzen wünsche ich, daß sie Ihnen
bekommen möge.

An Amalie Sebald.

[Von Beethovens Hand:]

Tyrannen bezahlen nicht. Die Rechnung muß aber noch quittiert werden, und das könnten Sie am besten, wenn Sie selbst kommen wollen NB. mit der Rechnung zu Ihrem gedemütigten Tyrannen.

90.

An Erzherzog Rudolf.

[Sommer 1813.]

Ihro Kaiserliche Hoheit!

Mit wahrem Vergnügen sehe ich, daß ich meine Besorgnisse um Ihr höchstes Wohl verscheuchen kann. Ich hoffe für mich selbst (indem ich mich immer wohl befinde, wenn ich imstande bin, J. K. H. Vergnügen zu machen), daß auch meine Gesundheit sich ganz herstellt, aufs geschwindeste, und dann werde ich sogleich eilen, Ihnen und mir Genugtuung zu verschaffen. — Was Fürst Lobkowitz anbelangt, so pausiert er noch immer gegen mich, und ich fürchte, er wird nie richtig mehr eintreffen — und in Prag (du lieber Himmel, was die Geschichte von Fürst Kynsky anbelangt) kennen sie noch kaum den Figuralgesang; denn sie singen in ganz langen langsamen Choral-Noten, worunter es welche von 16 Täkten |═══| gibt. — Da sich alle diese Dissonanzen scheinen sehr langsam auflösen zu wollen, so ist's am besten, solche hervorzubringen, die man selbst auflösen kann — und das übrige dem unvermeidlichen Schicksal anheimzustellen. Nochmals meine große Freude über die Wieder[her]stellung.

Ihrer Kaiserlichen
Hoheit —
gehorsamster Diener
Ludwig van Beethoven.

91.

An N. v. Zmeskall.

Lieber guter Z., werden Sie nicht unwillig, wenn ich Sie bitte, auf beiliegenden Brief beiliegende Adresse zu schreiben. Derjenige beklagt sich immer, an welchen der Brief ist, warum keine Briefe von mir ankommen; gestern brachte ich einen Brief auf die Post, wo man mich fragte, wo der Brief hin soll? — Ich sehe daher, daß meine Schrift vielleicht ebenso oft als ich selbst mißdeutet werde. —

Daher meine Bitte an Sie. — Ihr
Beethoven.

92.

An Nepomuk Hummel.

[Möglicherweise zwischen 8. und 12. Dezember 1813.]

Allerliebster Hummel! Ich bitte Dich: dirigiere auch dieses Mal die Trommelfell und Kanonaden mit Deinem trefflichen Kapellmeister- und Feldzeugherrnstab — tue es, ich bitte Dich; falls ich Dich einmal kanonieren soll, stehe ich Dir mit Leib und Seel' zu Dienst.

Dein Freund
Beethoven.

93.

An Erzherzog Rudolf.

[1813.]

Ihro Kaiserliche Hoheit!

Nicht Anmaßung, nicht als wenn ich der Fürsprecher dörfte irgend jemandem sein, oder als wenn ich mich einer besondern Gunst Euer Kaiserl. Hoheit rühmte, machen mich Ihnen etwas vortragen, so einfach, als es selbst in sich ist. — Gestern war der alte Kraft bei mir; er glaubte, ob es nicht möglich zu machen, daß man ihm in Ihrem Palaste eine Wohnung gäbe, er würde dafür Euer Kaiserlichen H[oheit] so oft zu Diensten sein, als Sie es nur immer verlangten; 20 Jahre sei er jetzt im Hause des Fürsten L[obkowitz], lange Zeit hindurch habe er keinen Gehalt empfangen, jetzt müsse er auch seine Wohnung räumen, ohne irgendeine Entschädigung dafür zu erhalten. — Die Lage des armen, alten, verdienten Mannes ist hart, und ich hätte mich auch gewiß einer Härte schuldig gemacht, wenn ich es nicht gewagt hätte, Ihnen vorzutragen. — Trojer wird Ihro Kaiserl. H. um eine Antwort bitten. — Da die Rede von der Erleichtrung der Lage irgendeines Menschen ist, verzeihen Sie schon Ihrem

Ihro Kaiserliche Hoheit
treuen
gehorsamen
Diener
Ludwig van Beethoven.

94.

An N. von Zmeskall.

Neujahr 1814.

Lieber werter Freund! Alles wäre gut, wäre der Vorhang da, ohne diesen fällt die Arie durch. Erst heute mittag erfahre ich dieses von S. [Seyfried oder Schuppanzigh?], und mich schmerzt's; — sei's nur ein Vorhang, wenn auch ein Bett-Vorhang oder nur eine Art von Schirm, den man im Augenblicke wegnimmt, ein Flor etc. Es muß was sein; die Arie ist ohnedem mehr dramatisch fürs Theater geschrieben, als daß sie im Konzert wirken könnte; alle Deutlichkeit geht ohne Vorhang oder etwas Ähnliches verloren! — verloren! — verloren! — zum Teufel alles! Der Hof kommt wahrscheinlich, Baron Schweiger bat mich inständig hinzugehen, Erzherzog Karl ließ mich vor sich und versprach zu kommen, — die Kaiserin sagte eben nicht zu, aber auch nicht ab —

Vorhang!!!! oder die Arie und ich werden morgen gehangen. Leben Sie wohl; beim neuen Jahre drücke ich Sie ebensosehr als beim alten ans Herz. — Mit Vorhang oder ohne Vorhang?

Ihr

Beethvn.

95.

An Graf Franz v. Brunsvik.

Den 13. Februar 1814.

Lieber Freund und Bruder!

Du hast mir kürzlich geschrieben, ich schreibe Dir jetzt — Du freust Dich wohl über alle Siege — auch über den meinen. — Den 27ten dieses Monats gebe ich eine 2te Akademie im großen Redoutensaale — komm herauf — Du weißt's jetzt. — So rette ich mich nach und nach aus meinem Elend, denn von meinen Gehalten habe ich noch keinen Kreuzer erhalten. —

Schuppanzigh [Lücke durch Ausschnitt] dem Michalcowicz geschrieben, ob's wohl der Mühe wert wäre, nach Ofen zu kommen, was glaubst Du? Freilich müßte so was im Theater vor sich gehen. — Meine Oper wird auch auf die Bühne gebracht, doch mache ich vieles wieder neu. — Ich hoffe, Du lebst zufrieden, das ist wohl nicht wenig. Was mich angeht, ja du lieber Himmel, mein Reich ist in der Luft; wie der Wind oft, so wirbeln die Töne, so oft wirbelt's auch in der Seele. — Ich umarme Dich —

Dein Freund
Beethoven.

96.

An die Sängerin Anna Milder.

[Februar 1814.]

Meine werte M.!

Heute wollte ich zu Ihnen kommen, allein es ist nicht möglich, Sie werden selbst wissen, wieviel man A. C. [Akademie] zu besorgen hat; — nur so viel: Maelzel hat nicht im mindesten Auftrag gehabt, Sie zu bitten zum Singen. Es war die Rede davon, und Sie waren der erste Gegenstand, worauf ich dachte mein Konzert zu verschönern. Ich hätte selbst es zugegeben, daß Sie eine Arie von einem andern Meister gesungen, allein diejenigen, welche das Konzert zu meinem Besten unternehmen, hatten die Schwachheit festzusetzen, daß die Arie durchaus von meiner Komposition sein müsse; allein mir mangelte es an Zeit dazu, eine neue zu schreiben, die aus meiner Oper paßt schon ihrer Situation nach nicht für einen so großen Saal wie der Redouten-Saal. — So ist es, meine liebe verehrte M. Auftrag hatte M[aelzel] nicht im mindesten, weil ich selbst noch nicht wußte, was ich tun sollte und konnte, indem ich mich richten mußte nach der Meinung derer, die mein Konzert unternehmen. — Hätte ich eine neue Arie zu meiner Disposition gehabt, so hätte ich mich Ihnen zu Füßen gelegt, daß Sie meine Bitte erhört hätten. — Übrigens empfangen Sie meinen lebhaftesten Dank für Ihre gütigen Gesinnungen für mich; hoffentlich werden sich meine Umstände bald bessern (denn Sie werden wohl wissen, daß ich beinahe alles verloren habe), und dann soll mein Erstes sein — für unsere einzige Milder eine Oper zu schreiben, und alle meine Kräfte anzuspannen, mich ihrer würdig zu machen —

Mit Hochachtung
Ihr
Freund
Beethoven.

(einige Billette für mein Konzert werden Sie wohl nicht verschmähen)

97.

An Fr. Treitschke.

[Frühjahr 1814.]

Lieber werter Tr—

Die verfluchte Akademie — wozu ich zwar zum Teil durch meine schlechten Umstände gezwungen ward, sie zu geben, hat mich in Rücksicht der Oper zurückgesetzt. Die Cantate, die ich da geben wollte, raubte mir auch 5 bis 6 Täge; nun muß freilich alles auf einmal geschehen, und geschwinder würde ich etwas Neues schreiben, als jetzt das Neue zum Alten, wie ich gewohnt bin zu schreiben. Auch in meiner Instrumentalmusik habe ich immer das Ganze vor Augen; hier ist aber mein Ganzes überall auf eine gewisse Weise geteilt worden, und ich muß mich neuerdings hineindenken! In 14 Tägen die Oper zu geben, ist wohl unmöglich, ich glaube immer, daß 4 Wochen dazu gehn können.

Der 1. Akt ist indessen in einigen Tagen vollendet, allein es ist am 2. Akt doch viel zu tun: auch eine neue Ouvertüre, welches zwar das leichteste ist, da ich sie ganz neu machen kann. Vor meiner Akademie war nur hier und da einiges skizziert, sowohl im 1. als 2. Akt; erst vor einigen Tagen konnte ich anfangen zu arbeiten.

Die Partitur von der Oper ist so schrecklich geschrieben, als ich je eine gesehen habe; ich mußte Note für Note durchsehen (sie ist wahrscheinlich gestohlen) —

Kurzum! ich versichere Sie, lieber Tr—, die Oper erwirbt mir die Märtyr-Krone? Hätten Sie nicht sich so liebe Mühe damit gegeben, und so sehr vorteilhaft alles bearbeitet, wofür ich Ihnen ewig danken werde, ich würde mich kaum überwinden können! Sie haben dadurch auch einige gute Reste von einem gestrandeten Schiffe gerettet! Unterdessen — wenn Sie glauben, daß Ihnen der Aufenthalt mit der Oper zu groß wird, so schieben Sie [sie] selber auf eine spätere Zeit auf. Ich fahre jetzt nun fort, bis alles geendigt ist, und auch ganz wie Sie alles geändert und besser gemacht haben, welches ich jeden Augenblick, je mehr und mehr, einsehe; allein es geht nicht so geschwinde, als wenn ich etwas Neues schreibe; und in 14 Tagen, das ist unmöglich! Handeln Sie, wie es Ihnen am besten dünkt, jedoch aber auch als Freund für mich! An meinem Eifer fehlt es nicht?

Ihr

Beethoven.

98.

An Erzherzog Rudolf.

[14. Juli 1814.]

Ihro Kaiserliche Hoheit!

Ich höre, so oft ich mich wegen Ihrem Wohl erkundige, nichts als Erfreuliches. — Was mein geringes Wesen anbelangt, so war ich bisher immer verbannt, Wien nicht verlassen zu können, um mich leider J. K. H. nicht nahen zu können, so wie auch des mir so nötigen Genusses der schönen Natur beraubt. — Die T[heater]-Direktion ist so ehrlich, daß sie schon einmal wider alles gegebene Wort meine Oper Fidelio, ohne meiner Einnahme zu gedenken, geben ließ; diese liebreiche Ehrlichkeit würde sie auch zum zweitenmal jetzt ausgeübt haben, wäre ich nicht wie ein ehemaliger französischer Douanenwächter auf der Lauer gestanden. — Endlich mit einigen ziemlich mühsamen Bewerbungen kam es zustande, daß meine Einnahme der Oper Fidelio den 18. Juli statthat. — Diese Einnahme ist wohl mehr eine Ausnahme in dieser Jahreszeit, allein eine Einnahme für den Autor kann oft, wenn das Werk einigermaßen nicht ohne

Glück war, ein kleines Fest werden. Zu diesem Feste ladet der Meister seinen erhabenen Schüler gehorsamst ein, und hofft — ja ich hoffe, daß sie Jhro Kaiserl. Hoheit gnädig aufnehmen und durch Jhre Gegenwart alles verherrlichen. — Schön würde es sein, wenn J. K. H. noch die andern Kaiserlichen Hoheiten zu bereden suchten, dieser Vorstellung meiner Oper beizuwohnen. Jch werde selbst hier das, was die Ehrerbietung hierin gebeut, beobachten. Durch Vogels Krankheit konnte ich meinem Wunsche, Forti die Rolle des Pizarro zu übergeben, entsprechen, da seine Stimme hierzu geeigneter — allein es sind daher auch nun täglich Proben, welche zwar sehr vorteilhaft für die Aufführung wirken werden, mich aber außerstand setzen werden, noch vor meiner Einnahme J. K. H. in Baden aufwarten zu können. — Nehmen Sie mein Schreiben gnädig auf und erinnern sich J. K. H. gnädigst meiner mit Huld. —

Jhro Kaiserlichen Hoheit
treu gehorsamster
Diener
Ludwig van Beethoven.

99.

An Dr. Joh. Kanka in Prag.

[Hochsommer 1814.]

Tausend Dank, mein verehrter K. Jch sehe endlich wieder einen Rechtsvertreter und Menschen, der schreiben und denken kann, ohne der armseligen Formeln zu gebrauchen. — Sie können sich kaum denken, wie ich nach dem Ende dieses Handels seufze, da ich dadurch in allem, was meine Ökonomie betrifft, unbestimmt leben muß, — ohne was es mir sonst schadet. Sie wissen selbst, der Geist, der wirkende, darf nicht an die elenden Bedürfnisse gefesselt werden, und mir wird dadurch noch manches mich Beglückendes für das Leben entzogen. Selbst meinem

Hange und meiner mir selbst gemachten Pflicht, vermittels meiner Kunst für die bedürftige Menschheit zu handeln, habe ich müssen und muß ich noch Schranken setzen. — Von unsern Monarchen usw., den Monarchien usw. schreibe ich Ihnen nichts, die Zeitungen schreiben Ihnen alles, — mir ist das geistige Reich das liebste, und der Oberste aller geistigen und weltlichen Monarchien. — Schreiben Sie mir doch, was Sie wohl für sich selbst von mir wünschen, von meinen schwachen musikalischen Kräften, damit ich Ihnen, soweit ich damit reiche, etwas für Ihren eigenen musikalischen Sinn oder Gefühl verschaffe. — Brauchen Sie nicht alle Papiere, die zu der Kinskischen Sache gehören? In diesem Falle würde ich sie Ihnen schicken, da dabei die wichtigsten Zeugnisse sind, die Sie auch, glaube ich, bei mir gelesen. — Denken Sie an mich, und denken Sie, daß Sie einen uneigennützigen Künstler gegen eine knickerische Familie vertreten. Wie gerne entziehen die Menschen wieder dem armen Künstler, was sie ihm auf sonstige Art zollen, — und Zeus ist nicht mehr, wo man sich auf Ambrosia einladen konnte — beflügeln Sie, lieber Freund, die trägen Schritte der Gerechtigkeit. Wenn ich mich noch so hoch erhoben finde, wenn ich mich in glücklichen Augenblicken in meiner Kunstsphäre befinde, so ziehn mich die Erdengeister wieder herab, dazu gehören nun auch die 2 Prozesse. — Auch Sie haben Unannehmlichkeiten; obschon ich bei Ihren angewohnten Einsichten und Fähigkeiten und besonders in Ihrem Fache das nicht geglaubt hätte, so muß ich Sie doch auf mich selbst zurück[weisen]. Einen Kelch des bittren Leidens habe ich ausgeleert und mir schon das Märtyrertum in der Kunst vermittels der lieben Kunstjünger und Kunstgenossen erworben. — Ich bitte Sie, denken Sie alle Tage an mich und denken Sie, es sei eine ganze Welt, da natürlich es Ihnen viel zugemutet ist, an ein so kleines Individuum zu denken, wie mich. —

Ihr

mit der innigsten

Achtung und Freundschaft

ergebener

Ludwig van Beethoven.

100.

An den Grafen Moritz v. Lichnowsky.

Baden am 21. Sept. 1814.

Werter verehrter Graf
und Freund!

Ich erhalte leider erst gestern Ihren Brief. Herzlichen Dank für Ihr Andenken an mich, ebenso alles Schöne der verehrungswürdigen Fürstin Christiane. — Ich machte gestern mit einem Freunde einen schönen Spaziergang in die Brühl, und unter freundschaftlichen Gesprächen kamen Sie auch besonders vor, und siehe da, gestern abend bei meiner Ankunft finde ich Ihren lieben Brief. — Ich sehe, daß Sie mich immer mit Gefälligkeiten überhäufen. Da ich nicht möchte, daß Sie glauben sollten, daß ein Schritt, den ich gemacht, durch ein neues Interesse oder überhaupt etwas d. g. hervorgebracht worden sei, sage ich Ihnen, daß bald eine Sonate von mir erscheinen wird, die ich Ihnen gewidmet; ich wollte Sie überraschen, denn längst war diese Dedikation Ihnen bestimmt, aber Ihr gestriger Brief macht mich es Ihnen jetzt entdecken. Keines neuen Anlasses brauchte es, um Ihnen meine Gefühle für Ihre Freundschaft und Wohlwollen öffentlich darzulegen, — aber mit irgend nur etwas, was einem Geschenke ähnlich sieht, würden Sie mir Weh verursachen, da Sie alsdann meine Absicht gänzlich mißkennen würden, und alles d. g. kann ich nicht anders als ausschlagen. —

Ich küsse der Fürstin die Hände für ihr Andenken und Wohlwollen für mich; nie habe ich vergessen, was ich Ihnen überhaupt allen schuldig bin, wenn auch ein unglückseliges Ereignis Verhältnisse hervorbrachte, wo ich es nicht so, wie ich wünschte, zeigen konnte. —

Was Sie mir wegen, was Sie mir von Lord Castlereagh sagen, so finde ich die Sache aufs beste eingeleitet; sollte ich eine Meinung hiervon haben, so glaube ich, daß es am besten sein würde, daß Lord Castlereagh nicht eher schrieb wegen dem Werk auf Wellington, als bis der Lord es hier gehört. — Ich komme bald in die Stadt, wo wir alles überlegen wollen wegen einer großen Akademie — mit dem Hof ist nichts anzufangen, ich habe mich angetragen, allein

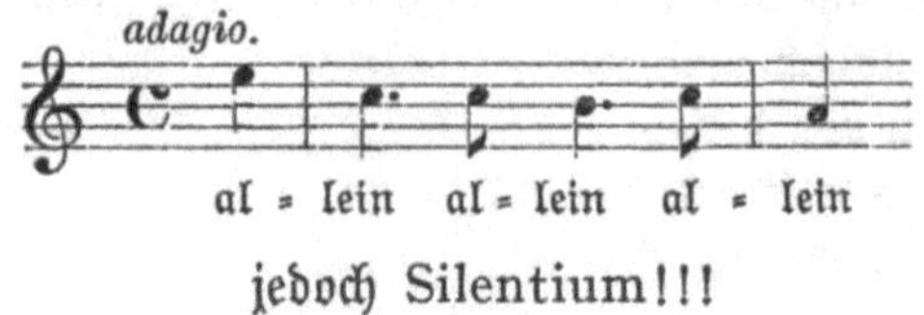

jedoch Silentium!!!

Leben Sie recht wohl,
mein verehrter Freund,
und halten Sie mich
immer Ihres Wohlwollens
wert —
Ihr
Beethoven.

tausend Hände-Küsse
der verehrten Fürstin C[hristiane v. Lichnowsky]

101.

An den Advokaten J. von Kanka in Prag.

Wien am 14ten Jänner 1815.

Mein werter einziger K.

Der lange Brief, der hier folgt, war geschrieben, als wir noch der Meinung waren, bei den 1800 fl. zu bleiben. — Durch das letzte Schreiben des Hrn. Baron Pasqualati ward wider meinen Rat geflochten und Dr. Adlersburg riet, bei den Schritten stehnzubleiben, die Sie schon gemacht haben. — Da aber Dr. Wolf schreibt, daß er in Ihrem Namen auf 1500 fl. jährlich angetragen, so bitte ich Sie, wenigstens zu versuchen, dieses mit den 1500 fl. noch durchzusetzen. — In dieser Hinsicht schicke ich den langen Brief, der geschrieben war, noch ehe wir den abratenden Brief des Hrn. Br. P[asqualati] erhielten, daß Sie noch manche Motive darin finden möchten, für wenigstens die 1500 fl. zu erlangen. — Auch hat der Erzherzog zum 2tenmal an den Oberstburggrafen geschrieben, und man kann aus seiner vorigen Antwort an den Erzherzog schließen, daß er sich sicher angreifen werde und wenigstens die 1500 fl. noch zu erlangen sind. — Leben Sie wohl, ich vermag keinen andern Buchstaben mehr zu schreiben, d. g. erschöpfen mich. — Möge Ihre Freundschaft das Ende herbeiflügeln, denn ich muß, wenn die Sache so schlecht ausfällt, Wien verlassen, weil ich von diesem Einkommen nicht leben würde können, — denn hier ist es so weit gekommen, daß alles aufs höchste gestiegen und bezahlt werden muß. Meine zwei letztgegebenen Akademien kosten mich 5108 fl.: wäre das großmütige Geschenk der Kaiserin nicht — ich hätte beinahe nichts übrigbehalten.

In Eil Ihr
Verehrer
und Freund
Beethoven.

102.

An denselben.

Wien am 8. April 1815.

Es ist sicher nicht erlaubt — so freundschaftlich zu sein, wie ich glaubte mit Ihnen, und so feindschaftlich nebeneinander zu wohnen, ohne sich zu sehn!!!!!!!! Tout à vous schrieben Sie. Ei du Windbeutel, sagte ich. — — Nein, nein, es ist zu arg — ich möchte Ihnen immer gern 9000mal danken für Ihre Bemühungen um mich, und 20000mal ausschimpfen, daß Sie so fort sind, so gekommen. Also alles ist Wahn, Freundschaft, Königreich, Kaisertum, alles nur Nebel, den jeder Windhauch vertreibt und anders gestaltet!! — Vielleicht gehe ich nach Teplitz, doch ist es nicht sicher; bei der Gelegenheit könnte ich den Pragern etwas hören lassen, — was meinen Sie, wenn Sie anders noch eine Meinung für mich haben? — Da nun die Geschichte mit Lobkowitz auch geendigt ist, so ist das Finis da, obschon sich dabei ein kleines fy, pfui findet. — B[a]r[on] Pasqualati wird Sie wohl bald wieder besuchen; auch er hat viele Mühe um mich gehabt. — Ja ja, das Rechte sagt sich leicht, ist aber von andern schwer zu erhalten. — Womit soll ich Ihnen in meiner Kunst dienen? Sprechen Sie, wollen Sie das Selbstgespräch eines geflüchteten Königs oder den Meineid eines Usurpators besungen haben — oder das Nebeneinanderwohnen zweier Freunde, welche sich nie sehen? — In Hoffnung, bald etwas von Ihnen zu hören, da Sie jetzt so weit von mir entfernt, und es so viel leichter als näher sich zu finden,

bin ich

Ihr

ewig ergebener
Sie achtender Freund
Ludwig van Beethoven.

103.

An Carl Amenda in Talsen.

Wien am 12. April 1815.

Mein lieber guter Amenda!

Der Überbringer dieses, Graf Keyserling, Dein Freund, besuchte mich und erweckte das Andenken von Dir in mir, Du lebtest glücklich, Du habest Kinder; beides trifft wohl bei mir nicht ein, zu weitläufig wäre es darüber zu reden, ein andermal, wenn Du mir wieder schreibst, hierüber mehr. — Mit Deiner patriarchalischen Einfalt fällst Du mir 1000mal ein, und wie oft habe ich d. g. Menschen wie Du um mich gewünscht — allein zu meinem Besten oder zu anderer will mir das Schicksal hierin meine Wünsche versagen; ich kann sagen, ich lebe beinahe allein in dieser größten Stadt Deutschlands, da ich von allen Menschen, welche ich liebe, lieben könnte, beinahe entfernt leben muß. — Auf was für einen Fuß ist die Tonkunst bei Euch? Hast Du schon von meinen großen Werken dort gehört? Groß, sage ich — gegen die Werke des Allerhöchsten ist alles klein. — Lebe wohl, mein lieber guter A., denke zuweilen

Deines Freundes
Ludwig van Beethoven.

Wenn Du mir schreibst, brauchst Du keine weitere Überschrift als meines Namens.

104.

An Gräfin Marie von Erdödy.

[Sommer 1815.]

Liebe liebe liebe liebe liebe Gräfin, ich gebrauche Bäder, mit welchen ich erst morgen aufhöre, daher werde ich Sie und alle Ihre Lieben heute nicht sehen. — Ich hoffe, Sie genießen einer bessern Gesundheit; es ist kein Trost für bessere Menschen, ihnen zu sagen, daß andere auch leiden, allein Vergleiche muß man wohl immer anstellen, und da findet sich wohl, daß wir alle nur auf eine andere Art leiden, irren. — Nehmen Sie die bessere Auflage des Quartetts und geben Sie samt einem sanften Handschlag die schlechte dem Violoncello; sobald ich wieder zu Ihnen komme, soll meine Sorge sein, selben etwas in die Enge zu treiben. Leben Sie wohl, drücken, küssen Sie Ihre lieben Kinder in meinem Namen, obschon es fällt mir ein, ich darf die Töchter ja nicht mehr küssen, sie sind ja schon zu groß; hier weiß ich nicht zu helfen, handeln Sie nach Ihrer Weisheit, liebe Gräfin.

Ihr
wahrer Freund und Verehrer
Beethoven.

105.

An Magister Brauchle.

[Sommer 1815.]

Lieber Brauchle!

Kaum bin ich bei mir, so finde ich meinen Bruder lamentierend fragen nach den Pferden. — Ich bitte Sie, erzeigen Sie mir die Gefälligkeit, sich doch nach Langen-Enzersdorf zu begeben wegen den Pferden, nehmen Sie auf meine Kosten Pferde in Jedlersee, ich werde es Ihnen herzlich gern vergüten. — Seine Krankheit (meines Bruders) bringt schon eine gewisse Unruhe mit, lassen Sie uns doch helfen wo wir können, ich muß nun einmal so und nicht anders handeln! — Ich erwarte eine baldige Erfüllung meiner Bitte und eine freundschaftliche Antwort deswegen von Ihnen. — Scheuen Sie keine Unkosten, ich trage sie gern. Es ist nicht der Mühe wert, wegen lumpigen einigen Gulden jemanden leiden zu lassen —

in Eil'

Ihr

wahrer

Freund

Beethoven.

alles Schöne
der lieben Gräfin.

106.

An S. A. Steiner & Comp.

Der G[eneralleutnan]t ist gebeten, seinen Diabolum [Diabelli] zu schicken, damit ich selbem meine Meinung in Hinsicht der ins wahrhaft Türkische übersetzten Schlacht eröffne. — Es muß viel geändert werden.

Der G[eneralissimu]s

107.

An dieselben.

[1815?]

In der Hoffnung, den G[enera]ll[eutnan]t bald ganz entsühnt sehen zu können, erwarten wir ihn alsdann wie sonst mit offenen Armen, und schicken hier einen Teil unserer Leibwache, 25 der redlichsten Kerls, und im Kriegshandwerk die wichtigsten Stützen des Staates: Verbleiben und verhoffen, unsern G—ll—t bald ganz mit heitern Augen anzublicken. Man hat den Adjutanten [Haslinger] beim linken Ohrläppchen etwas stark anzuziehen.

Der G—s

108.

An die Steinersche Kunsthandlung.

[Um 1815.]

An die beiden Tobiasse.

Sobald ich keine Korrektur sehe, glaube ich auch an keine — dies merkt Euch.

Beethoven.

109.

An N. v. Zmeskall.

[Vermutlich 1815.]

Ich kann weder für das Glück (wenn der Maler es dafür hält), daß er mich gezeichnet, oder für das Unglück, daß er mich verzeichnet; — da ihm aber so viel an meinem Gesicht, welches wirklich nicht so viel bedeutet, gelegen, so will ich ihm in Gottes Namen sitzen, obschon ich das Sitzen für eine Art von Buße halte. — Nun so sei's doch; — da[ß] Ihnen aber so viel daran gelegen, das begreif' ich kaum, will's auch nicht begreifen —

O Gott, was ist man geplagt, wenn man ein so fatales Gesicht hat wie ich.

Vale domanovez
Beethoven —

110.

An Frau Antonie von Brentano in Frankfurt a. M.

[Zwischen dem 2. und 15. November 1815.]

Verehrteste Freundin!

Da ich hörte, daß Sie in Verbindung mit Geimüller sind, und füge Ihnen daher das Zeugnis davon [dorten?] bei — die Schweine führen wirklich mit Recht ihren Namen — mir tut es leid, daß Sie bei Ihrer Großmut gegen mich dieses auch fühlen müßten; — wirklich ist unsere Lage durch diesen erbärmlichen Finanzzustand, wovon kein Ende zu hoffen, wieder sehr jämmerlich geworden. — Eine andere Angelegenheit, die ich Ihnen vortragen muß. Es ist wegen einem Pfeifenkopf! Pfeifenkopf! — Unter den Individuen (welche Anzahl ins Unendliche geht), die leiden, ist auch mein Bruder, der sich seiner schlechten Gesundheit wegen pensionieren mußte lassen; der Zustand ist sehr hart zur jetzigen Zeit, ich tue, was mir nur möglich, allein das kleckt nicht. — Er besitzt einen Pfeifenkopf, welchen er glaubt in Frankfurt am besten anzubringen. Seinem kränklichen Zustand ist schwer etwas abzuschlagen, und in dieser Rücksicht nehme ich mir die Freiheit, Sie zu bitten, ihm zu erlauben, Ihnen diesen

Pfeifenkopf zu schicken; bei Ihnen kommen beständig so viele Menschen, wo es vielleicht Ihnen glückt, ihn anzubringen. — Mein Bruder [meint], 10 Luisdor würden Sie vielleicht dafür erlangen — ich überlasse das Ihrer Weisheit. — Er braucht viel, muß sich Pferd und Wagen halten, um leben zu können (denn sein Leben ist ihm sehr lieb), so wie ich das meinige gern verlöre!! Leben Sie wohl, verehrte Freundin, ich grüße Franz von Herzen, wünsche ihm das seligste, frohste Leben, auch Ihre lieben Kinder grüßt Ihr wahrer Verehrer und Freund Beethoven.

111.

An Frau Anna Milder-Hauptmann in Berlin.

Wien am 6ten Jänner 1816.

Meine wertgeschätzte einzige Milder, meine liebe Freundin!

Sehr spät kommt ein Schreiben von mir Ihnen zu; wie gern möchte ich dem Enthusiasm der Berliner mich persönlich beifügen können, den Sie im Fidelio erregt. Tausend Dank von meiner Seite, daß Sie meinem Fidelio so getreu geblieben sind. — Wenn Sie den Baron de la Motte-Fouqué in meinem Namen bitten wollen, ein großes Opern-Sujet zu erfinden, welches auch zugleich für Sie anpassend wäre, da würden Sie sich ein großes Verdienst um mich und um Deutschlands Theater erwerben. — Auch wünschte ich solches ausschließlich für das Berliner Theater zu schreiben, da ich es hier mit dieser knickerigen Direktion nie mit einer neuen Oper zustande bringen werde. — Antworten Sie mir bald, baldigst, sehr geschwind, so geschwind als möglich, aufs geschwindeste —, ob so was tunlich ist. — Herr Kapellmeister B. [oder W.?] hat Sie himmelhoch bei mir erhoben und hat recht; glücklich kann sich derjenige schätzen, dem sein [= dessen] Los Ihren Musen, Ihrem Genius, Ihren herrlichen Eigenschaften und Vorzügen anheimfällt — so auch ich. — Wie es auch sei, alles um Sie her darf sich nur Nebenmann nennen, ich allein nur führe mit Recht den ehrerbietigen Namen Hauptmann, und nur ganz im stillen.

Ihr wahrer Freund und Verehrer

Beethoven.

(Mein armer unglücklicher Bruder ist gestorben — dies die Ursache meines lange ausgebliebenen Schreibens.)

Sobald Sie mir geantwortet haben, schreibe ich auch an Baron de la Motte-Fouqué; gewiß wird Ihr Einfluß in B[erlin] es leicht dahin bringen, daß ich für das Berliner Theater, und besonders berücksichtigt für Sie, mit annehmlichen Bedingungen eine ganze Oper schreibe. — Nur antworten Sie bald, damit ich mich mit meinen übrigen Schreibereien damit einteilen kann.

(fort mit allen übrigen falschen Hauptmännern).

112.

An Giannatasio del Rio.

15. Februar 1816 [?].

Ew. Wohlgeboren!

Ich sage Ihnen mit großem Vergnügen, daß ich morgen endlich mein mir anvertrautes teures Pfand zu Ihnen bringen werde. — Übrigens bitte ich Sie noch einmal, durchaus der Mutter keinen Einfluß zu gestatten, wie oder wann sie ihn sehen soll; all dieses werde ich mit Ihnen morgen näher verabreden . . . . Sie dürfen selbst auf Ihren Bedienten einigermaßen merken lassen, denn der meinige ward schon von ihr, zwar in einer andern Angelegenheit, bestochen! — Mündlich ausführlicher hierüber, obschon mir das Stillschweigen das Liebste hierüber — allein Ihres künftigen Weltbürgers wegen bedarf es dieser mir traurigen Mitteilung.

Mit Hochachtung

Ew. Wohlgeboren ergebenster Diener und

Freund Beethoven.

113.

An Freifrau Dorothea von Ertmann.

Wien 23. Februar 1816 [?].

Meine liebe werte Dorothea-Cäcilia!

Oft haben Sie mich verkennen müssen, indem ich Ihnen zuwider erscheinen mußte; vieles lag in den Umständen, besonders in den früheren Zeiten, wo meine Weise weniger als jetzt anerkannt wurde. Sie wissen die Deutungen der unberufenen Apostel, die sich mit ganz andern Mitteln als mit dem Evangelium forthelfen; hierunter habe ich nicht gerechnet sein wollen. — Empfangen Sie nun, was Ihnen öfters zugedacht war, und was Ihnen einen Beweis meiner Anhänglichkeit an Ihr Kunsttalent wie an Ihre Person abgeben möge. Daß ich neulich Sie nicht bei Cz[erny] spielen hören konnte, ist meiner Kränklichkeit zuzuschreiben, die endlich scheint vor meiner Gesundheit zurückfliehen zu wollen.

Ich hoffe, bald von Ihnen zu hören, wie es in St. Pölten mit den — steht, und ob Sie etwas halten auf Ihren

Verehrer und Freund
L. van Beethoven.

Alles Schöne Ihrem werten Mann und Gemahl von mir.

114.

An Ferdinand Ries in London.

Wien 28. Februar 1816.

— — Ich war mehrere Zeit hindurch nicht wohl; der Tod meines Bruders wirkte auf mein Gemüt und auf meine Werke.

Salomons Tod schmerzt mich sehr, da er ein edler Mensch war, dessen ich mich von meiner Kindheit erinnere. Sie sind Testaments-Exekutor geworden, und ich zu gleicher Zeit Vormund des Kindes meines armen verstorbenen Bruders. Schwerlich werden Sie so viel Verdruß, als ich, bei diesem Tode gehabt haben; doch habe ich den süßen Trost, ein armes unschuldiges Kind aus den Händen einer unwürdigen Mutter gerettet zu haben.

Leben Sie wohl, lieber Ries! Wo ich Ihnen hier in etwas dienen kann, betrachten Sie mich ganz als Ihren wahren Freund

Beethoven.

115.

An Carl Czerny.

April [?] 1816.

Mein lieber Cz[erny].

Geben Sie dieses gefälligst Ihren Eltern für das neuliche Mittagessen, ich kann dieses durchaus nicht umsonst annehmen. — Auch verlange ich Ihre Lektionen durchaus nicht umsonst, selbst auch die schon gegebenen sollen verrechnet und Ihnen bezahlt werden; nur bitte ich Sie, in diesem Augenblicke Geduld zu haben, indem von der Witwe nichts zu fordern ist und ich große Ausgaben hatte und habe; — allein es ist nur geborgt für den Augenblick. Der Kleine kommt heute zu Ihnen und ich später auch.

Ihr
Freund
Beethoven.

116.

An denselben.

April [?] 1816.

Lieber Czerny!

Heute kann ich Sie nicht sehen, morgen werde ich selbst zu Ihnen kommen, um mit Ihnen zu sprechen. Ich platzte gestern so heraus, es war mir leid, als es geschehen war. Allein das müssen Sie einem Autor verzeihen, der sein Werk lieber gehört hätte, wie es geschrieben, so schön Sie auch übrigens spielten. — Ich werde das aber schon bei der Violoncell-sonate laut wieder gutmachen.

Seien Sie überzeugt, daß ich als Künstler das größte Wohlwollen für Sie hege und mich bemühen werde, Ihnen immer zu bezeugen.

Ihr wahrer Freund
Beethoven.

117.

An Ferdinand Ries in London.

Wien den 8. Mai 1816.

Meine Antwort kömmt etwas spät auf Ihren Brief; — allein ich war krank und viel zu tun, war es nicht möglich, Ihnen eher zu antworten. — Nun erst das Nötigste. — Von den 10 # [Dukaten] in Gold ist bis jetzt noch kein Heller angekommen, und ich fange schon an zu glauben, daß auch die Engländer nur im Auslande großmütig sind; so auch mit dem Prinzregenten, von dem ich für meine überschickte Schlacht nicht einmal die Kopiaturkosten erhalten, ja nicht einmal einen schriftlichen noch mündlichen Dank. — — Fries zogen mir hier 6 fl. Konventionsgeld ab, bei dem empfangenen Gelde von Birchall außerdem für Porto 15 fl. Konventionsgeld, sagen Sie dieses B. — Und sehen Sie noch selbst die Anweisung auf die 10 # [zu] erhalten, sonst geht's wie das erstemal. — Was Sie mir von der Unternehmung von Neate sagen, wäre erwünscht für mich, ich brauche es — mein Gehalt beträgt 3400 Florin in Papier, 1100 Hauszins bezahle ich, mein Bedienter mit seiner Frau 900 Fl., rechnen Sie, was also noch bleibt. Dabei habe ich meinen kleinen Neffen ganz zu versorgen. Bis jetzt ist er im Institute; dies kostet bis 1100 Fl. und ist dabei doch schlecht, so daß ich eine ordentliche Haushaltung einrichten muß, um ihn zu mir zu nehmen. Wieviel man verdienen muß, um hier leben zu können. Und doch nimmt's nie ein Ende, denn—denn — denn — Sie wissen es schon.

Einige Bestellungen, außer einer Akademie, würden mir auch sehr willkommen sein von der Philharmonischen Gesellschaft. Wegen der Dedikationen ein andermal; ich hoffe auch bald Nachrichten von Neate, treiben Sie ihn etwas an. Seien Sie übrigens versichert von unsrer Teilnahme an Ihrem Glücke; treiben ja Neate an zum Wirken und Schreiben.

Übrigens sollte sich mein lieber Schüler Ries hinsetzen und mir was Tüchtiges dedizieren, worauf dann der Meister auch antworten wird und Gleiches mit Gleichem vergelten. Wie soll ich Ihnen mein Porträt schicken? — — — Alles Schöne an Ihre Frau; leider habe ich keine. Ich fand nie Eine, die ich wohl nie besitzen werde; bin aber deswegen kein Weiberfeind.

Ihr wahrer Freund

Beethoven.

118.

An den Neffen Carl van Beethoven.

[September 1816.]

Mein lieber C[arl].

Es ist nötig, Dich gemäß der Vorschrift des Hrn. v. Smettana vor der Operation noch einigemal zu baden, heute ist das Wetter günstig, und gerade jetzt noch die rechte Zeit, ich erwarte Dich beim Stubentor. —

Versteht sich, daß Du zuerst H[errn] v[on] G[iannatasio] um Erlaubnis bittest. — Zieh eine Unterziehhosen an, oder nehm sie mit, damit Du sie gleich nach dem Bade anziehen kannst, im Falle das Wetter wieder kühler werden soll. — Ist der *Schneider* noch nicht da gewesen? Wenn er kommt, soll er Dir auch das Maß zu leinenen Unterziehhosen nehmen, Du bedarfst ihrer; wenn die Frau von G. weiß, wo er wohnt, könnt mein Diener ihn auch zu Dir bestellen. —

Mein [Sohn], lebe wohl, ich bin —

sogar durch Dich

Dein Hosenknopf

L. v. Beethoven.

119.

An Antonia Brentano.

Wien am 29ten September 1816.

Meine geehrte Freundin!

Ich empfehle Ihnen den Sohn des Hrn. Simrock in Bonn, dessen Bekanntschaft ich hier gemacht, er kam und wird Ihnen manches von meiner jetzigen Lage erzählen, d. h. einesteils von Österreich, Ihrem Vaterlande. — Ich höre, daß Sie gesund sind, daß F. [Franz], den ich vielmal grüße, Senator geworden und statt zu altern, sich immer mehr verjünge; F. ist höflichst gebeten, dem H. Simrock, im Falle derselbe Zahlungen an mich hier habe, hierin gefällig zu sein, und ihn auf die wenigst kostspieligste Weise hieher an mich anzuweisen. —

F. ist nun auch, wie ich höre, einer der Gipfel oder einer der Stützen der uralten Stadt Frankfurt geworden, wozu wir ihm von Herzen Glück wünschen. — Sie werden wissen, wie ich Vater geworden bin und wahre Vatersorgen habe. — Mein armer Neffe hatte einen Bruch und ist kürzlich operiert worden, und zwar sehr glücklich. — — Sonst kann ich Ihnen Bedeutendes nichts von hier schreiben, als daß unsere Regierung immer mehr regiert werden muß, und daß wir glauben, noch lange nicht das Schlimmste erlebt zu haben. — Ich grüße Sie alle herzlich und wünsche, daß Sie sich meiner gern einmal erinnern. —

In Eil' Ihr Freund Beethoven.

120.

An Giannatasio del Rio.

[Wahrscheinlich Oktober oder November 1816.]

Werter Freund!

Meine Haushaltung sieht einem Schiffbruch beinahe ganz ähnlich oder neigt sich dazu: Sie wissen, ich bin mit diesem Hause [?] von einem sein wollenden Jemand angeschmiert, dabei scheint meine Gesundheit sich auch nicht in der Eile wiederherstellen zu wollen; einen Hofmeister bei diesen Verhältnissen anzunehmen, dessen Inneres und Äußeres man nicht kennt, und meines Karls Bildung Zufälligkeiten zu überlassen, das kann ich nimmermehr, so großer Aufopferung ich in mancher Hinsicht auch dadurch wieder ausgesetzt bin. Also bitte ich Sie, daß Sie vom 9. an Karl wieder dieses Vierteljahr bei sich behalten. Ihren Vorschlag wegen der Kultivierung der Tonkunst werde ich insoweit annehmen, daß Karl zwei- auch dreimal die Woche sich abends gegen 6 Uhr von Ihnen entfernt und bei mir bleibt bis in den kommenden Morgen, wo er gegen 8 Uhr sich wieder bei Ihnen einfinden kann. Täglich würde es wohl zu anstrengend für K. sein; auch selbst für mich, da es immer um dieselbe Zeit sein muß, zu ermüdend und gebunden.

Während dieses Vierteljahrs werden wir uns näher besprechen, was am zweckmäßigsten für K. ist, und er und zugleich auch ich berücksichtigt werden kann, denn ich muß bei diesen sich noch immer verschlimmernden Zeitverhältnissen leider dieses Wort aussprechen; wäre Ihre Wohnung aber im Garten für meinen Gesundheitszustand passend gewesen, so wäre alles leicht geschlichtet gewesen. — Was meine Schuldigkeit für das jetzige Vierteljahr betrifft, so muß ich Sie schon bitten, daß Sie sich zu mir bemühen, um mich derer zu entledigen, da der Überbringer dieses von Gott das Glück hat, etwas dumm zu sein, welches ihm selbst man wohl gönnen kann, wenn nur andere dabei nicht ins Spiel kommen. — Was die andern Ausgaben für Karl betrifft, während seiner Krankheit oder was damit verbunden ist, damit bitte ich Sie, sich nur einige Tage zu gedulden, indem ich von allen Seiten große Ausgaben jetzt habe. — Wegen Smettana möchte ich auch wissen, wie ich mich gegen ihn in Ansehung seiner glücklich vollbrachten Operation zu verhalten habe, was seine Belohnung betrifft; wäre ich reich oder nicht in dem Zustand wie alle, die ihr Schicksal an dieses Land gekettet hat (außer den österreichischen Wucherern), so würde ich gar nicht fragen. Es ist hiermit nur ein ohngefährer Überschlag gemeint.

Leben Sie wohl, ich umarme Sie von Herzen und werde Sie immer als einen Freund von meinem Karl ansehen.

Mit Achtung
Ihr
L. van Beethoven.

121.

An Steiner & Comp.

[1816.]

Das G[enera]ll[eutnan]t-Amt hat mir alle Stimmen heut zurückkommen zu machen, der Überbringer dieses wird selbe diesen Abend abholen, wo ich sodann übermorgen alle Stimmen samt Partitur überschicken werde und sodann die Korrektur geendigt ist. — Für die Zukunft verbitte ich mir alles Geklebe in meinen Werken, weil ich sonst nicht die in der M[usik]-Z[eitung] besprochene Langmut, sondern meinen gerechten Unmut über Eselsohren aussprechen werde.

Dero B.

122.

An dieselben.

[1816.]

Hier übersende ein kleines Feldstück, welches sogleich ins Zeughaus abzuführen — (als Geschenk). Was den H. Diabolum anbelangt, so ist dieser wegen seiner übrigen Geschicklichkeit beizubehalten; was irgendwo sein soll, kann wie das vorige Mal mit der Sinfonie in F geschehen. — Was eine neue Solo-Sonate für Piano betrifft, so haben sich mir 60 wohlgeharnischte Männer [Dukaten] zu präsentieren, und dieselbe kann sogleich erscheinen; ich habe auch Variationen im Sinn, welche auf einen besondern Festtag passen, und ebensogleich auch dasein könnten, bei Erscheinung nur 40 wohlgeharnischter Männer. — Denn was die Staatsschuld von 1300 fl. betrifft, so kann selbe noch nicht in Betrachtung gezogen werden, ohnehin würden sich die 1300 fl. am besten in folgender Gestalt 0000 ausnehmen. — Ich bin erstaunlich hochachtungsvoll gegen den G—l l—t.

L. v. Bthen.

123.

An dieselben.

[1816.]

Die Geschichte mit der Sinfonie ist mir sehr verdrießlich; da haben wir nun das, weder die gestochenen Stimmen, noch die Partitur sind fehlerfrei. In diese schon fertigen Exemplare müssen die Fehler mit Tusche verbessert werden, wozu Schlemmer zu brauchen, übrigens daß ein Verzeichnis aller Fehler ohne Ausnahme zu drucken und zu verschicken. Der roheste Kopist hätte gerade die Partitur so geschrieben, wie sie jetzt gestochen, ein d. g. [dergleichen] fehlervolles, mangelhaftes Werk, das noch nicht auf diese Weise von mir in Stich erschienen. — Das sind die Folgen von dem Nicht-korrigieren-wollen, von dem mir es nicht früher zur Übersicht gegeben haben, oder mich daran zu mahnen. Dieselbigen Exemplare, welche ich jetzt hier überschicke, sind uns mit dem danach verbesserten baldmöglichst zuzustellen, damit ich ihre Richtigkeit oder Unrichtigkeit einsehe. So bestraft sich der Eigensinn selbst, und Unschuldige müssen darunter leiden. Ich mag nichts mehr für mich von dieser verstümmelten geradbrechten Sinfonie wissen. — Pfui Teufel! —

So ist Euch also wirklich der Grundsatz zuzuschreiben, daß das Publikum achtungslos behandelt, und dem Autor gewissenlos seinen Ruhm schmälert!

Da ich krank war und noch bin, und das Verlangen des Publikums nach diesem Werke usw., das sind Entschuldigungen, die Ihr anführen könnt, beim Verkündigen des Verzeichnisses der Fehler.

Behüt' Euch Gott — hol' Euch der Teufel.

124.
An Frau Nanette Streicher.

[1817 oder Januar 1818.]

Es freut mich, daß Sie sich noch ferner um das Hauswesen annehmen wollen, ohne das alles andere vergebens wäre; beim hier folgenden Küchenbuch liegt ein Brief, welchen ich Ihnen, noch ehe Sie nach K—n [? Karln] gingen, geschrieben. Mit der N[Nany] geht es jetzt, was ihr Betragen angeht, besser, und ich denke gar nicht, daß sie den Willen dazu hat; vielleicht ist es möglich, mit dem andern Mädchen für unsere Haushaltung vorteilhafter zu wirken, doch dürfen Sie sich nicht entziehen. Leicht können Sie im Küchenbuch sehen, ob ich allein oder zu mehreren oder gar nicht zu Hause gegessen hab'. — Ganz ehrlich halt' ich die N. nicht, außerdem daß sie noch obendrein ein schreckliches Vieh ist; nicht durch Liebe, sondern durch Furcht müssen d. g. Leute gehandhabt werden, ich sehe das jetzt ganz klar ein. — Es versteht sich, daß das Dienstmädchen Sonnabend früh eintreten kann, nur bitte ich Sie, mir gütigst anzuzeigen, ob die Baberl sich Freitags früh oder nach Tisch zu entfernen hat. — Das Küchenbuch allein kann Ihnen nicht alles klar anzeigen, Sie müssen manchmal beim Essen als ein rettender Engel unverhofft erscheinen, um auch in Augenschein zu nehmen, was wir haben. — Ich speise nun niemals zu Hause, als wenn jemand bei mir zu Gast ist, denn ich will nicht so viel für meine Person bezahlen, daß 3 oder 4 davon essen könnten. — Meinen lieben Sohn Karl werde ich nun bald bei mir haben, um so mehr bedürfen wir der Ökonomie. — Ich kann mich nicht wohl überwinden, zu Ihnen zu kommen, Sie verzeihen mir schon, ich bin sehr empfindlich u. dg. nicht gewohnt, noch weniger mag ich mich aussetzen — — — Sobald Sie können, besuchen Sie mich nur, lassen Sie mich's voraus wissen, ich habe sehr viel mit Ihnen zu reden, schicken Sie mir das Büchel gegen Abend ebenso wieder zurück. Bis die andere Person da ist, gehen wir einen stärkeren Weg, und mit Ihrer gütigen freundschaftlichen Gefälligkeit wäre es doch möglich, hierin fortzukommen. Die N. hat außer ihren 12 x Brotgeld auch eine Semmel morgens, ist das mit der Küchenmagd auch der Fall? Eine Semmel macht für ein Jahr 18 fl. — Leben Sie und weben Sie wohl, die Fräulein N. ist ganz umgewandelt, seit ich ihr das halb Dutzend Bücher an den Kopf geworfen. Es ist wahrscheinlich durch Zufall etwas davon in ihr Gehirn oder schlechtes Herz geraten, wenigstens haben wir eine busige Betrügerin!!!

In Eil

Ihr

L. v. Beethoven.

125.

An Kammerherrn Freih. von Schweiger.

[1816 oder Ende 1815?]

Bester

Allerliebster

erster Turnermeister von Europa!

Der Überbringer dieses ist ein armer Teufel (wie viele andere!!!). Sie können ihm helfen, wenn Sie mit dem gnädigen Herrn sprechen, ob er vielleicht eins von seinen ganz kleinen, aber niedlich und gut gemachten

Pianos kaufen wollte? — Alsdann bitte ich Sie, ihn an irgendeinen von den Kammerherrn oder Adjutanten des Erzherzogs Karl zu empfehlen, ob vielleicht es nicht möglich wäre, daß S. K. H. eins von diesen Instrumenten für seine Gemahlin kaufen würde? — Also um eine Empfehlung vom ersten Turnermeister an den dortigen Kammerherrn oder Adjutanten bitten wir für diesen armen Teufel —

ebenfalls
Ihr
armer Teufel
L. v. Beethoven.

126.

An Giannatasio del Rio.

[1816?]

Dieses, mein werter Freund, ist der Inhalt der vorgestrigen Unterredung mit H. v. Schmerling: Karl darf ohne Erlaubnis seines Vormunds unter keinerlei Vorwand aus dem Institut abgeholt werden, die Mutter kann ihn daselbst niemals besuchen, — hat sie Neigung, ihn zu sehen, so muß sie sich an den Vormund wenden, der die Veranstaltung dazu treffen wird.

Auf diese Art wird die Schrift mir hierüber von der L[and]r[echte] ausgestellt werden. — Vorderhand können Sie dieses zum sichern Maßstab Ihrer Behandlung der Frau nehmen. Heute gegen 12 Uhr muß ich Ihnen mit meinem Freund Bernard beschwerlich fallen, indem wir bei Ihnen sogleich die Schrift aufsetzen, und auch das, was Sie wünschen, eingetragen werden soll; Ihren Brief will S[chmerling] ebenfalls beigelegt wissen. Diese Nacht ist diese Königin der Nacht bis 3 Uhr auf dem Künstlerball gewesen, nicht allein mit ihrer Verstandesblöße, sondern auch mit ihrer körperlichen — für 20 fl., hat man sich in die Ohren gesagt, daß sie — zu haben — sei! — O schrecklich! Und unter diesen Händen sollen wir unsern kostbaren Schatz nur einen Augenblick vertrauen? Nein, gewiß nicht. — — Ich umarme Sie von Herzen als meinen Freund und zugleich mit als Karls Vater.

Ihr Ludwig van Beethoven.

127.

An Friedrich Treitschke.

[1816?]

Außerordentlicher werter Freund!

Fangen wir an von den ersten Endursachen aller Dinge, wie etwas gekommen und auch warum es gekommen? geworden; warum etwas so ist, warum etwas so nicht sein kann?!!! Hier, lieber Freund! sind wir an dem kitzligen Punkte, welchen mein Zartgefühl verboten, Ihnen gleich zu eröffnen. Also:

Es kann nicht sein!

Mit größtem Vergnügen werde ich das Leipziger Bureau ein andermal bedienen. Lebt wohl, Bester! Ja ruhig, gar zu ruhig! Was ist denn aus dem Dichten und Trachten geworden? Lebt /: :\ wohl! Wir sind Euch wo möglich allzeit zu Diensten.

Hochachtungsvoll

Ihr Beethoven.

Für S. wohl und vortrefflich gebornen Hr. v. Treitschke.

128.

An Steiner & Comp.

An den Wohlgebornen G[enera]ll[eutnan]t von Steiner zu eigenen Händen.

Publicandum.

Wir haben nach eigener Prüfung und nach Anhörung unsers Konseils beschlossen und beschließen, daß hinfüro auf allen unsern Werken, wozu der Titel deutsch, statt Pianoforte Hammerklavier gesetzt werde, wonach sich unser bester G—ll—t samt Adjutanten wie alle andern, die es betrifft, sogleich zu richten und solches ins Werk zu bringen haben.

Statt Pianoforte: Hammerklavier — womit es sein Abkommen einmal für allemal hiermit hat.

Gegeben etc. etc. am 23. Jänner 1817.

Vom
G[eneralissimu]s
— — m. p.

129.

An N. v. Zmeskall.

[30. Januar 1817.]

Lieber Z. Sie haben mich zu einem Schuppanzigh etc. gesellen wollen und haben mein reines aufrichtiges Werk entstellt. Sie sind nicht mein Schuldner, sondern ich der Ihrige, und jetzt haben Sie mich nur noch mehr dazu gemacht. Ich kann nicht schreiben, wie weh mir dieses Geschenk tut, und so aufrichtig als ich bin, muß ich noch dazusetzen, daß ich Ihnen keinen freundlichen Blick dafür gönnen kann. Obschon Sie nur ausübender Künstler, so bedienten Sie sich doch mehrmals der Einbildungskraft, und mir scheint, daß Ihnen diese doch zuweilen unnötige Grillen eingibt, wenigstens hat mir dieses aus Ihrem Briefe nach meiner Dedikation geschienen. — So gut ich bin und alles Gute an Ihnen schätze, so bin ich doch böse, böse, bös. —

Ihr neuer Schuldner,
der sich aber zu rächen wissen wird
L. van Beethoven.

130.

An Charles Neate.

Wien am 19. April 1817.

Mein lieber Neate.

Seit 15. Oktober befiel mich eine große Krankheit, an deren Folgen ich noch leide und nicht geheilt bin. Sie wissen, daß ich nur von meinen

Kompositionen leben muß. Seit meiner Krankheit habe ich nur äußerst wenig komponieren können, also auch nur äußerst wenig verdienen können; um so mehr würde es mir sehr willkommen gewesen sein, wenn Sie etwas für mich getan hätten. — Unterdessen vermute ich, daß das Resultat von allem — nichts ist.

Sie haben sogar noch anklagend gegen mich an Hering geschrieben, welches meine Redlichkeit gegen Sie keineswegs verdient — unterdessen muß ich mich hierüber rechtfertigen: nämlich: die Oper Fidelio war vor mehreren Jahren schon geschrieben, allein das Buch und der Text sehr mangelhaft, das Buch mußte ganz umgearbeitet werden; dadurch mußten mehrere Musikstücke vermehrt, andere verkürzt, wieder andere ganz neu dazukomponiert werden. So z. B. ist die Ouvertüre ganz neu, wie verschiedene andre Stücke. Allein es ist möglich, daß in London vielleicht die Oper sich befindet, wie sie zum erstenmal war; so ist sie denn auch gestohlen worden, wie das beim Theater kaum möglich ist zu vermeiden. — Was die Symphonie in A betrifft, da Sie mir gar keine Antwort geschrieben hierüber, welche befriedigend war, so mußte ich sie wohl herausgeben; ebenso gern hätte ich 3 Jahre warten wollen, wenn Sie mir geschrieben hätten, daß sie die Philharmonische Gesellschaft genommen hätte. — Allein überall nichts — nichts. Nun was die Klaviersonate[n] mit Violoncell betrifft, ich gebe [gab] Ihnen hierzu einen Monat Zeit; habe ich alsdann hierüber keine Antwort von Ihnen, so gebe ich sie in Deutschland heraus. Da ich ebenso hierüber wenig von Ihnen gehört, als von den anderen Werken, so habe ich selbe einem deutschen Verleger gegeben, der mich darum dringend gebeten; jedoch habe ich mir schriftlich ausbedungen (Hering hat diese Schrift gelesen), daß er die Sonaten nicht eher herausgibt, bis Sie selbe in London verkauft haben. Ich dachte, Sie sollten diese 2 Sonaten wenigstens für 70 oder 80 Dukaten in Gold anbringen können; der englische Verleger kann den Tag bestimmen, wenn sie in London erscheinen sollen, am selben Tage erscheinen sie alsdann auch in Deutschland. Auf die Art hat Birschall auch das große Trio und die Klaviersonate mit Violine von mir gekauft und erhalten. Ich bitte Sie also um die letzte Gefälligkeit, mir so geschwinde als möglich der Sonaten wegen eine Antwort zu geben. Die Frau v. Jenny [Genney?] schwört darauf, was Sie alles für mich getan haben, ich auch, das heißt, ich schwöre darauf, daß Sie nichts für mich getan haben, nichts tun für mich und wieder nichts für mich tun werden, summa summarum nichts! nichts! nichts!!!

Ich versichere Sie der vollkommensten Hochachtung und hoffe wenigstens als letzte Gefälligkeit eine baldige Antwort. —

Ihr ergebenster
Diener
und Freund
L. v. Beethoven.

131.

An Gräfin M. von Erdödy.

Heiligenstadt 19. Juni 1817.

Meine verehrte leidende Freundin! werteste Gräfin.

Zuviel bin ich die Zeit herumgeworfen, zu sehr mit Sorgen überhäuft und seit dem 6. Oktober 1816 schon immer kränklich; seit 15. Oktober überfiel mich ein starker Entzündungs-Katarrh, wobei ich lange im Bette zubringen mußte, und es mehrere Monate währte, bis ich nur spärlich ausgehen durfte. Die Folgen davon waren bisher noch unvertilgbar, ich wechselte mit den Ärzten, da der meinige, ein pfiffiger Italiener, so starke Nebenabsichten auf mich hatte und ihm sowohl Redlichkeit als Einsicht fehlte; dies geschah im April 1817. Ich mußte nun den 15. April bis 4. Mai alle Tage 6 Pulver gebrauchen, 6 Schalen Tee; dies dauerte bis 4. Mai. Von dieser Zeit an erhielt ich wieder eine Art Pulver, wovon ich wieder 6 des Tages nehmen mußte, und mich 3mal mit einer volatilen Salbe einreiben mußte; dabei reiste ich hierher, wo ich die Bäder gebrauche. Seit gestern erhielt ich nun wieder eine Medizin, nämlich 1 Tinktur, wovon ich des Tages wieder 12 Löffel nehmen mußte. Alle Tage hoffe ich das Ende dieses betrübten Zustandes; obschon es sich etwas gebessert hat, so scheint es doch noch lange zu währen, bis ich gänzlich genesen werde.

Wie sehr dies alles auf mein Dasein wirken muß, können Sie denken! Mein Gehörs-Zustand hat sich verschlimmert, und schon ehmals nicht fähig, für mich und meine Bedürfnisse zu sorgen, jetzt als noch ..... und meine Sorgen sind noch vergrößert durch meines Bruders Kind. Hier habe ich noch nicht einmal eine ordentliche Wohnung; da es mir schwer wird, für mich selbst zu sorgen, so wende ich mich bald an diesen bald an jenen und bin ich überall übel belassen und die Beute elender Menschen. Tausendmal habe ich an Sie, liebe verehrte Freundin, gedacht und auch jetzt, allein der eigene Jammer hat mich niedergedrückt. C. hat mir Linkes Brief übergeben, er ist bei Schwab; ich habe ihm kürzlich geschrieben, um mich zu erkundigen, was wohl die Reise zu Ihnen kosten würde? habe aber keine Antwort erhalten. Da mein Neffe Vakanzen hat vom letzten August bis Ende Oktober, so könnte ich alsdann, wenn ich vielleicht hergestellt bin, zu Ihnen kommen. Freilich dürfte es uns an Zimmern zum Studieren und einem bequemen Dasein nicht fehlen; und wäre ich eine Zeitlang einmal unter alten Freunden, welche sich ungeachtet diesen oder jenen Teufels-Menschen-Zeug noch immer um mich herum erhalten haben, so würde vielleicht Gesundheits-Zustand und Freude wiederkehren. Linke mußte mir schreiben, auf welche Art ich die Reise am wenigsten kostspielig machen kann, denn leider sind meine Ausgaben so groß, und durch mein Kranksein, da ich wenig schreiben kann, meine Einnahme klein; und dieses kleine Kapital, woran mein verstorbener Bruder schuld ist, daß ich es habe, darf ich nicht angreifen. Da mein Gehalt immer weniger und beinahe nichts ist, so muß ich dieses bewahren. Offen schreibe ich Ihnen, teuerste Gräfin, allein ebendeswegen werden Sie selbe nicht mißverstehen wollen; ich bedarf dessenungeachtet nichts und würde gewiß nichts von Ihnen annehmen. Es handelt sich nur um die größtmöglichste sparsamste Weise, um zu Ihnen zu kommen; alles ohne Unterschied ist jetzt in der Lage hierauf zu denken, daher sei meine Freundin hierüber nicht betroffen.

Ich hoffe Ihre Gesundheit in immer erwünschteren Zustande, als ich früher vernehmen mußte. Der Himmel möge doch Ihren Kindern die vortrefflichste Mutter erhalten! Ja schon bloß deswegen verdienten Sie, der Ihrigen wegen, die höchste Fülle der Gesundheit. Leben Sie wohl! beste verehrteste Gräfin, lassen Sie mich bald von Ihnen hören,

Ihren wahren Freund Beethoven.

132.

An Frau Nanette Streicher.

Nußdorf, d. 7ten Juli [1817].

Meine werte Freundin!

Ihr Schreiben erhielt ich hier, und zwar darin Ihren schlimmen Fall bestätigt; ich hoffe, daß es sich bald bessere, warme laue Bäder heilen alle Wunden. — Das schlechte Wetter vorgestern hielt mich, da ich in der Stadt war, ab, zu Ihnen zu kommen; ich eilte gestern morgens wieder hieher, fand aber meinen Bedienten nicht zu Hause, er hatte den Schlüssel zur Wohnung sogar mitgenommen. Es war sehr kühl, ich hatte nichts aus der Stadt als ein sehr dünnes Beinkleid am Leibe, und so mußte ich mich 3 Stunden lang herumtreiben, dies schadete mir und machte mich den ganzen Tag übel auf. — Da sehen Sie die Bedienten-Haushaltungen! — So lange ich krank bin, wäre mir ein anderes Verhältnis zu anderen Menschen nötig; so sehr ich sonst die Einsamkeit liebe, so schmerzt sie mich jetzt um so mehr, da das kaum möglich ist, mich bei all dem Medizinieren und den Bädern so selbst zu beschäftigen wie sonst. Hiezu kommt noch die ängstliche Aussicht, daß es sich vielleicht nie mit mir bessert, daß ich selbst zweifle an meinem jetzigen Arzt; er erklärt nun doch endlich meinen Zustand für Lungenkrankheit. Wegen einer Haushälterin will ich noch's überlegen; wäre man bei dieser gänzlichen moralischen Verderbtheit des Österreichischen Staates nur einigermaßen überzeugt, eine rechtschaffene Person erwarten zu können, so wäre es leicht gemacht, aber — aber —!!! Nun eine große Bitte an Streicher; bitten Sie ihn in meinem Namen, daß er die Gefälligkeit hat, mir eines Ihrer Pianos mehr nach meinem geschwächten Gehör zu richten; so stark als es nur immer möglich ist, brauch' ich's. Ich hatte schon lange den Vorsatz, mir eins zu kaufen, allein in dem Augenblick fällt es mir sehr schwer, vielleicht ist es mir jedoch etwas später eher möglich, nur bis dahin wünschte ich eins von Ihnen geliehen zu haben. Ich will es durchaus nicht umsonst, ich bin bereit, Ihnen das, was man Ihnen für eins gibt, auf 6 Monate in Konvenz-Münze vorauszubezahlen. Vielleicht wissen Sie nicht, daß ich, obschon ich nicht immer ein Piano von Ihnen gehabt, die Ihrigen doch immer besonders vorgezogen seit 1809. — Streicher allein wäre imstande, nur ein solches Piano für mich zu schicken, wie ich's bedarf. — Es fällt mir überhaupt schwer, jemandem beschwerlich zu fallen, da ich gewohnt bin, eher für andere etwas zu tun, als von andern etwas für mich tun zu lassen. — Was Sie mir für Vorschläge hierüber machen werden, ich werde sie annehmen und Ihre Bedingnisse gern erfüllen. — Viel Dank für Ihre mir geliehnen 20 fl., auch der Löffel folgt, welchen ich hier zurücksende; ich werde Sie bald auf einen Augenblick sehen. — Ich empfehle mich allen den Ihrigen.

Ihr Freund und Diener
L. v. Beethoven.

133.

An Xavier Schnyder von Wartensee.

Wien am 19. Aug. 1817.

Euer Wohlgeboren!

Sie haben sich einmal Ihres Daseins in Wien bei mir erinnert und mir davon schriftliche Beweise gegeben; d. g. von einer edlern bessern Menschennatur tut mir wohl. — Fahren Sie fort, sich immer weiter in den Kunsthimmel hinaufzuversetzen, es gibt keine ungestörtere, ungemischtere, reinere Freude, als die von daher entsteht. —

Sie wünschten mich einmal begriffen zu sehn in dem Anstaunen der schweizerischen großen Natur, ich mich selbst auch; gibt mir Gott die Gesundheit wieder, die sich seit einigen Jahren verschlimmert hat, so hoffe ich wohl, noch dazu zu kommen. — Der Überbringer dieses, Hr. v. Bihler, der auf Reisen mit seinem Zögling v. Puthon begriffen ist, dürfte wohl ohne mich auch eine freundliche Aufnahme von Ihnen erwarten. Unterdessen will ich mir einbilden, als wenn Sie großes Gewicht auf meine Empfehlung seiner an Sie legten, und Ihnen recht sehr die Bitte ans Herz legen, ihn Ihrer Gefälligkeit soviel als möglich teilhaftig zu machen

Ihr Freund und Diener
L. v. Beethoven.

134.

An N. v. Zmeskall.

21. August 1817.

Lieber bester Z.!

Mit Bedauern vernehme ich Ihren kränklichen Zustand; — was mich angeht, so bin ich oft in Verzweiflung und möchte mein Leben endigen, denn es kommt nie zu Ende mit allem diesem Gebrauchen. Gott erbarme sich meiner, ich betrachte mich so gut wie verloren. — Nötig habe ich, mit Ihnen auch sonst zu sprechen; dieser Bediente stiehlt, woran ich nicht zweifle, er muß fort, meine Gesundheit fordert Kost im Hause und mehr Gemächlichkeit, hierüber möchte ich Ihre Meinung wissen. — Wenn der Zustand nicht endigt, bin ich künftiges Jahr nicht in London, aber vielleicht im Grab — Gott sei Dank, daß die Rolle bald ausgespielt ist —

In Eil
der Ih[rige]
L. van Beethoven.

135.

An Hofrat von Mosel.

[1817?]

Euer Wohlgeboren!

Herzlich freut mich dieselbe Ansicht, welche Sie mit mir teilen in Ansehung der noch aus der Barbarei der Musik herrührenden Bezeichnungen des Zeitmaßes; denn nur z. B.: was kann widersinniger sein als Allegro, welches ein für allemal Lustig heißt, und wie weit entfernt sind wir oft von diesem Begriffe dieses Zeitmaßes, so daß das Stück selbst das Gegenteil der Bezeichnung sagt. — — Was diese 4 Hauptbewegungen betrifft, die aber bei weitem die Wahrheit oder Wichtigkeit der 4 Hauptwinde nicht haben, so geben wir sie gern hindan. Ein anderes ist es mit den den Charakter des Stücks bezeichnenden Wörtern; solche können wir nicht aufgeben, da der Takt eigentlich mehr der Körper ist, diese aber schon selbst Bezug auf den Geist des Stückes haben. — Was mich angeht, so habe ich schon lange drauf gedacht, diese widersinnigen Benennungen Allegro, Andante, Adagio, Presto aufzugeben, Maelzels Metronom gibt uns hiezu die beste Gelegenheit; ich gebe Ihnen mein Wort hier, daß ich sie in allen meinen neuern Kompositionen nicht mehr gebrauchen werde. — Eine andere Frage ist es, ob wir hiedurch die so nötige Allgemeinheit des M[etronom] bezwecken werden; ich glaube kaum! Daß man uns aber als Zwingherren ausschreien wird, daran zweifle ich nicht; wäre nur der Sache selbst damit gedient, so wäre es noch immer besser, als uns des Feudalismus zu beschuldigen. — — Daher ich glaube, das beste sei besonders für unsere Länder, wo einmal Musik Nationalbedürfnis geworden und jedem Dorfschulmeister der Gebrauch des Metr. gefördert werden muß, daß Mälzel eine gewisse Anzahl Metronome auf Pränumeration suche anzubringen zu den höheren Preisen; und sobald diese Zahl ihn deckt, so wird er imstande sein, die übrigen nötigen Metron. für das musikalische Nationalbedürfnis so wohlfeil zu geben, daß wir sicher die größte Allgemeinheit und Verbreitung davon erwarten können. — Es versteht sich von selbst, daß sich einige hiebei an die Spitze stellen müssen, um Aneiferung zu erwecken; was an mir liegt, so können Sie sicher auf mich rechnen, und mit Vergnügen erwarte ich den Posten, welchen Sie mir hiebei anweisen werden. —

Euer Wohlgeborn
mit Hochachtung
ergebenster
Ludwig van Beethoven.

136.

An Carl Czerny.

[1817?]

Mein lieber Czerny!

Ich bitte Sie, den Karl soviel als möglich mit Geduld zu behandeln; wenn es auch jetzt noch nicht geht, wie Sie und ich es wünschen, er wird sonst noch weniger leisten, denn (ihn darf man das nicht wissen lassen) er ist durch die übele Austeilung der Stunden zu sehr angespannt. Leider läßt sich das nicht gleich ändern, daher begegnen Sie ihm soviel als möglich mit Liebe, jedoch ernst. Es wird alsdann auch besser gelingen bei diesen wirklich ungünstigen Umständen für K. — In Rücksicht seines Spielens bei Ihnen bitte ich Sie, ihn, wenn er einmal den gehörigen Fingersatz nimmt, im Takte richtig wie auch die Noten ziemlich ohne Fehler spielt, alsdann erst ihn in Rücksicht des Vortrages anzuhalten, und wenn man einmal so weit ist, ihn wegen kleinen Fehlern nicht aufhören zu lassen, und selbe ihm erst beim Ende des Stücks zu bemerken; obschon ich wenig Unterricht gegeben, habe ich doch immer diese Methode befolgt, sie bildet bald Musiker, welches doch am Ende schon einer der ersten Zwecke der Kunst ist, und ermüdet Meister und Schüler weniger. — Bei gewissen Passagen wie  etc. wünsche ich auch zuweilen alle Finger zu gebrauchen, wie auch bei d. g.  etc.  etc., damit man d. g. schleifen könne! Freilich klingen d. g. wie man sagt „geperlt gespielt |: mit wenigen Fingern :| oder wie eine Perle", allein man wünscht auch einmal ein anderes Geschmeide. — Auf ein andermal mehr. — Ich wünsche, daß Sie alles dieses mit der Liebe aufnehmen, mit welcher ich Ihnen es nur gesagt und gedacht wissen will; ohnehin bin ich und bleibe ich noch immer Ihr Schuldner. — Möchte meine Aufrichtigkeit überhaupt Ihnen zum Unterpfand der künftigen Tilgung derselben soviel als unmöglich dienen. —

Ihr wahrer
Freund
Beethoven.

137.

An Frau Marie Pachler-Koschak.

[1817.]

Ich bin sehr erfreut, daß Sie noch einen Tag zugeben, wir wollen noch viel Musik machen; die Sonaten aus F-Dur und C-Moll spielen Sie mir doch? nicht wahr?

Ich habe noch niemand gefunden, der meine Kompositionen so gut vorträgt als Sie. Die großen Pianonisten nicht ausgenommen. Sie haben nur Mechanik oder Affektation. Sie sind die wahre Pflegerin meiner Geisteskinder. —

138.

An Herrn J. N. Bihler.

[1817?]

Lieber Biehler!

Der Doktor Sassafraß [Malfatti?], wovon ich Ihnen sagte, kommt heute um 12 Uhr. Ich bitte Sie daher, sich auch bei mir einzufinden — damit Sie nicht stolpern, nummeriere ich Ihnen das Haus, den Stock, so daß Sie alles vor sich sehen, ehe Sie da sind. — 1241 im 3. Stock wohnt dieser arme, verfolgte, verachtete österreichische Musikant

Beethoven.

139.

Empfehlungsschreiben für Herrn von Kandeler.

[1817?]

Es ist zwar die Pflicht jedes Tonsetzers überhaupt, alle ältern und neuern Dichter zu kennen, und in Rücksicht für den Gesang sich das Beste und Passendste zu seiner Absicht selbst wählen zu können; da dieses aber nicht gäng und gebe ist, so wird diese Sammlung des Hr. v. Kandeler für viele, welche für den Gesang schreiben wollen, als wie auch zur Anregung besserer Dichter, etwas hiefür zu leisten, immer nützlich und lobenswert sein.

Ludwig van Beethoven.

M. p.

140.

An Giannatasio del Rio.

Wien am 24. Januar 1818.

P. P.

Ich komme nicht selbst, da es immer eine Art von Abschiednehmen wäre, und dergleichen habe ich von jeher vermieden.

Empfangen Sie die ungeheucheltsten Danksagungen für den Eifer und die Rechtlichkeit und Redlichkeit, womit Sie sich der Erziehung meines Neffen angenommen haben. — Sobald ich nur ein wenig zu mir selbst komme, besuchen wir Sie; übrigens wünsche ich der Mutter wegen, daß es eben nicht zu sehr bekannt werde, daß mein Neffe jetzt bei mir ist.

Ich grüße Sie alle und danke der Frau A. G. noch insbesondere für ihre an meinem Karl bewiesene mütterliche Fürsorge. Mit

wahrer Achtung
L. v. Beethoven.

141.

An Carl Czerny.

[1818?]

Mein lieber werter Czerny!

Ich erfahre in diesem Augenblicke, daß Sie in einer Lage sind, die ich wirklich nie vermutet habe; möchten Sie mir doch Vertrauen schenken und mir nur anzeigen, worin vielleicht manches für Sie besser werden kann (ohne alle gemeine Protektionssucht von meiner Seite). Sobald ich nur wieder Atem holen kann, muß ich Sie sprechen; seien Sie versichert, daß ich Sie schätze und Ihnen dieses jeden Augenblick bereit bin durch die Tat zu beweisen.

Mit wahrer Achtung
Ihr
Freund
Beethoven.

142.

An Rechnungsrat Vincenz Hauschka.

[1818?]

Bestes Erstes Vereins-Mitglied
der Musik-Feinde
des Österreichischen Kaiserstaats!

Kein anderes als geistliches Sujet habe ich, Ihr wollt aber ein heroisches, mir ist's auch recht; nur glaube auch was Geistliches hineinzumischen und würde sehr für eine solche Maße [?] am Platz sein.

Hr. v. Bernard wäre mir ganz recht, nur bezahlt ihn aber auch, von mir rede ich nicht; da Ihr Euch schon Musik-Freunde nennt, so ist's natürlich, daß Ihr manches auf diese Rechnung gehen lassen wollt —!!!

Nun leb' wohl, bester Hauskerel, ich wünsche Dir einen offenen Stuhlgang und den schönsten Leibstuhl. Was mich angeht, so wandle ich hier mit einem Stück Notenpapier in Bergen, Klüften und Tälern umher und schmiere manches um des Brots und Geldes willen; denn auf diese Höhe habe ich's in diesem allgewaltigen ehemaligen Faijaken-Lande [Phäaken] gebracht, daß, um einige Zeit für ein großes Werk zu gewinnen, ich immer vorher so viel schmieren um des Geldes willen muß, daß ich es aushalte bei einem großen Werk. Übrigens ist meine Gesundheit sehr gebessert, und wenn es Eile hat, so kann ich Euch schon dienen. —

Wenn Du nötig findest, mit mir zu sprechen, so schreibe mir, wo ich alsdann alle Anstalt dazu treffen werde. — Meine Empfehlung an die Musikfeindliche Gesellschaft.

In Eil' Dein Freund

Beethoven.

An Seine Wohlgeboren
Hr. von Hauschka
Erstes Vereins-Mitglied
der F— des Östr. K.—staat—
wie auch Groß-Kreuz des
Violoncell-Ordens usw. usw. —

143.

An Erzherzog Rudolf.

Am 1. Jänner 1819.

Ihro Kaiserliche Hoheit!

Alles was man nur in einem Wunsche zusammenfassen kann, was nur ersprießlich genannt werden kann, Heil, Glück, Segen ist in meinem Wunsche, an dem heutigen Tage dargebracht, für J. K. H. enthalten. Möchte nur auch mein Wunsch für mich auch huldreich von J. K. H. aufgenommen werden, nämlich: daß ich mich der Gnade J. K. H. ferner zu erfreuen habe. Ein schreckliches Ereignis hat sich vor kurzem in meinen Familienverhältnissen zugetragen, wo ich einige Zeit alle Besinnung verloren habe, und diesem ist es nur zuzuschreiben, daß ich nicht schon selbst bei J. K. H. gewesen, noch daß ich Auskunft gegeben habe über die meisterhaften Variationen meines hochverehrten erhabenen Schülers und Musen-Günstlings. Meinen Dank für diese Überraschung und Gnade, womit ich beehrt bin worden, wage ich weder mündlich noch schriftlich auszudrücken, da ich zu tief stehe, auch wenn ich wollte oder es noch so heiß wünschte, Gleiches mit Gleichem zu vergelten. Möge der Himmel meine Wünsche für die Gesundheit J. K. H. noch besonders wohl aufnehmen und erhören. In einigen Tägen hoffe ich das mir gesendete Meisterstück von J. K. H. selbst zu hören, und nichts kann mir erfreulicher sein, als dazu beizutragen, daß J. K. H. den schon bereiteten Platz für Hochdieselbe auf dem Parnasse baldigst einnehmen.

Jhro Kaiserliche Hoheit
mit Liebe und tiefster Ehrfurcht
gehorsamster Diener
Ludwig van Beethoven.

144.

An Ferdinand Ries.

Wien, am 25. Mai 1819.

Lieber Ries!

Ich höre und sehe nichts, indem ich Jhnen das Quintett und Sonate geschickt, noch viel weniger einen Heller dafür empfangen habe. — Ich glaube, es fehlen in der Sonate die Tempo's metronomisch, diese werde ich mit nächstem Posttag senden; ich war derweile mit solchen Sorgen behaftet, wie noch mein Leben nicht, und zwar durch zu übertriebene Wohltaten gegen andere Menschen.

Komponieren Sie fleißig! Mein liebes Erzherzöglein Rudolph und ich spielen ebenfalls von Jhnen, und er sagt, daß der gewesene Schüler dem Meister Ehre macht. —

Nun leben Sie wohl. Jhre Frau werde ich, da ich höre, daß sie schön ist, jetzt bloß in Gedanken küssen, doch hoffe ich, künftigen Winter persönlich das Vergnügen zu haben. — Vergessen Sie nicht auf das Quintett und Sonate und das Geld, ich wollte sagen: das **Honorar** (avec ou sans honneur!!!!).

Ich hoffe, baldigst von Ihnen nicht allegromäßig, sondern veloce Prestissimo das Beste zu hören. Diesen Brief überbringt Ihnen ein geistvoller Engländer, welche meistens alle tüchtige Kerls sind, und mit denen ich gern eine Zeitlang in ihrem Lande zubringen möchte.

Prestissimo
Responsio il suo
amico
ed Maestro
Beethoven.

145.

An Theod. Amadeus Hoffmann.

Wien den 23. März 1820.

Ich ergreife die Gelegenheit, durch Herrn N. mich einem so geistreichen Manne wie Sie sind zu nähern. Auch über meine Wenigkeit haben Sie geschrieben, auch unser Herr N. N. zeigte mir in seinem Stammbuche einige Zeilen von Ihnen über mich. Sie nehmen also, wie ich glauben muß, einigen Anteil an mir. Erlauben Sie mir zu sagen, daß dieses von einem mit so ausgezeichneten Eigenschaften begabten Manne Ihresgleichen mir sehr wohltut. Ich wünsche Ihnen alles Schöne und Gute und bin

Ew. Wohlgeboren
mit Hochachtung ergebenster
Beethoven.

146.

An Erzherzog Rudolf.

Wien am 3. April 1820.

Ihro Kaiserliche Hoheit!

Soviel ich mich erinnere, zeigte man mir, als ich mich bei Ihnen einfinden wollte, an, daß Höchstdieselben unpäßlich wären; ich kam jedoch

Sonntags abends, um mich zu erkundigen, indem man mir versicherte, daß J. K. H. Montags nicht fortreisen würden. Meiner Gewohnheit nach, mich nicht länge im Vorzimmer aufzuhalten, eilte ich nach erhaltener Auskunft, obschon, wie ich merkte, mir der Hr. Türsteher noch etwas sagen wollte, geschwinde wieder fort; leider erfuhr ich Montags nachmittags, daß J. K. H. wirklich nach O[lmütz] sich begeben hatten. Ich gestehe es, es verursachte mir eine höchst schmerzhafte Empfindung; jedoch mein Bewußtsein, nicht irgend etwas verfehlt zu haben, sagte mir wohl bald, daß, wie es in d. g. Momenten des menschlichen Lebens zu gehen pflegt, auch hier wohl der Fall eingetreten sein könnte. Ich konnte wohl denken, wie J. K. H., über Maßen überhäuft von Zeremonien und von Neuheit der Eindrücke, nicht viel Zeit für anderes übrighatten in O. — sonst hätte ich mich gewiß beeilt, J. K. H. im Schreiben zuvorzukommen. — Nun wünschte ich aber, daß J. K. H. mich gnädigst darüber aufklärten, wie lange Sie Ihren Aufenthalt in O. festgesetzt haben. Hier hieß es: J. K. H. würden bis Ende Mai wieder hieher sich begeben; vor einigen Tägen hörte ich unterdessen, daß Höchstdies. anderthalb Jahre in O. verbleiben werden. Ich habe vielleicht deswegen schon falsche Maßregeln ergriffen, jedoch in Rücksicht J. K. H. nicht, sondern in Rücksicht meiner. Sobald ich nur eine Nachricht hierüber habe, werde ich alles weiter aufklären. Übrigens bitte ich J. K. H., manchen Nachrichten über mich kein Gehör zu verleihen; ich habe schon manches hier vernommen, welches man Geklatsche nennen kann, und womit man sogar J. K. H. glaubt dienen zu können. Wenn J. K. H. mich einen Ihrer werten Gegenstände nennen, so kann ich zuversichtlich sagen, daß J. K. H. einer der mir wertesten Gegenstände im Universum sind. Bin ich auch kein Hofmann, so glaube ich, daß J. K. H. mich haben so kennen gelernt, daß nicht bloßes kaltes Interesse meine Sache ist, sondern wahre innige Anhänglichkeit mich allzeit an Höchstdieselben gefesselt und beseelt hat, und ich könnte wohl sagen, Blondel ist längst gefunden, und findet sich in der Welt kein Richard für mich, so wird Gott mein Richard sein. — Wie es scheint, wird meine Idee, ein Quartett zu halten, gewiß das beste sein; wenn man schon im Großen solche Produktionen in O. leistet, so könnte durch ein solches noch Bewunderungswürdiges für die Tonkunst entstehen in Mähren. — Sollten nach obigen Gerüchten J. K. H. im Mai wieder hieherkommen, so rate ich, bis dahin mir Ihre Geisteskinder aufzubehalten, weil es besser, wenn ich jetzt selbe erst noch von Ihnen vortragen höre. Sollte aber wirklich ein so langer Aufenthalt in O. stattfinden, so werde ich selbe mit größtem Vergnügen empfangen, und mich bemühen, J. K. H. zu dem höchsten Gipfel des Parnasses zu geleiten. Gott erhalte J. K. H. zum Besten der Menschheit und besonders Ihrer Verehrer gänzlich gesund, und ich bitte, mich gnädigst bald wieder mit einem Schreiben zu beglücken. Von meiner Bereitwilligkeit, Ihre Wünsche allzeit zu erfüllen, sind Höchstdieselbe ohnehin überzeugt.

Ihro Kaiserl. Hoheit

treu

gehorsamster

Diener

Beethoven.

147.

An Bruder Johann van Beethoven.

[1820 oder 1819?]

Lieber Bruder, ich ersuche Dich, diesen Vormittag zu mir zu kommen, da ich notwendig mit Dir zu reden. — Wozu dieses Betragen? Wozu soll es führen? Ich habe nichts wider Dich, ich messe Dir nicht die Schuld bei, was die Wohnung betrifft, Dein Wille war gut, und es war ja auch selbst mein Wunsch, daß wir näher zusammen sein sollten. Das Übel ist nun einmal auf allen Seiten in diesem Hause da, Du willst aber von allem nichts wissen, was soll man hierzu sagen? — Welch liebloses Betragen, nachdem ich in eine so große Verlegenheit geraten bin! — Ich bitte Dich noch einmal, zu mir diesen Vormittag zu kommen, damit man sich über alles Nötige bespreche. — Laß nicht ein Band zerreißen, welches nicht anders als ersprießlich für uns beide sein kann — und weswegen? um nichtswürdiger Menschen willen! —

Ich umarme Dich von Herzen und bin wie immer

Dein treuer

Bruder Ludwig.

148.

An Tobias Haslinger.

Baden am 10. September 1821.

Sehr Bester!

Als ich gestern auf dem Wege nach Wien mich im Wagen befand, überfiel mich der Schlaf, um so mehr als ich beinahe nie (des Frühaufstehens wegen hier) recht geschlafen hatte; während ich nun schlummere, so träumte mir, ich reiste sehr weit, nicht weniger nach Syrien, nicht weniger nach Indien, wieder zurück nicht weniger nach Arabien, endlich kam ich gar nach Jerusalem. Die heilige Stadt erregte den Gedanken an die heiligen Bücher; kein Wunder, wenn mir nun auch der Mann Tobias einfiel, und natürlich mußte mir also auch unser Tobiasserl und das pertobiasser dabei in den Sinn kommen. Nun fiel mir während meiner Traumreise folgender Kanon ein:

Allein kaum erwachte ich, fort war der Kanon, und es wollte mir nichts mehr davon ins Gedächtnis kommen. Jedoch als ich mich anderen Tages wieder hierher begab im selben Fuhrwerk (einen armen österreichischen Musikanten) und die gestrige Traumreise wieder jetzt wachend fortsetzte, siehe da, gemäß dem Gesetz der Ideenassoziation fiel mir wieder selber Kanon ein; ich hielt ihn nun wachend fest, wie einst Menelaos den Proteus, und erlaubte ihm nur noch, daß er sich in 3 Stimmen verwandlen durfte:

offen mit einer 3ten Stimme.

Lebt wohl! Nächstens werde ich auch auf Steiner was einschicken, um zu zeigen, daß er kein Steinernes Herz hat. Lebt wohl, sehr Bester, wir wünschen allzeit, daß Ihr dem Namen Verleger nie entsprecht und nie in Verlegenheit seid, sondern Verleger, welche nie verlegen sind, weder im Einnehmen noch Ausgeben. — Singt alle Tage die Episteln des heil. Paulus, geht alle Sonntage zum Pater [Zacharias] Werner, welcher Euch das Büchlein anzeigt, wodurch Ihr von Stund' an in Himmel kommt; Ihr seht meine Besorgnis für Euer Seelenheil, und ich verbleibe allzeit mit größtem Vergnügen von Ewigkeit zu Ewigkeit

Euer treuster Schuldner
Beethoven.

149.

An Franz Brentano in Frankfurt a. Main.

Wien, den 12. November 1821.

Halten Sie mich ja nicht für einen Schuften, oder ein leichtsinniges Genie — — Schon seit vorigem Jahr bis jetzt war ich immer krank, den Sommer über ebenfalls ward ich mit der Gelbsucht befallen, das dauerte bis Ende Aug[ust]. Staudenheimers Verordnung zufolge mußte ich, noch im September, nach Baden; da es in der dortigen Gegend bald kalt wurde, ward ich von einem so heftigen Durchfalle überfallen, daß ich die Kur nicht aushalten konnte und wieder hieherflüchten mußte. Nun geht es gottlob besser, und endlich scheint mich Gesundheit wieder neu beleben zu wollen, um wieder neu auf für meine Kunst zu leben, welches eigentlich seit 2 Jahren nicht der Fall sowohl aus Mangel an Gesundheit wie auch so [?] vieler anderer menschlichen Leiden wegen. — — Die Messe hätte wohl noch früher können abgeschickt werden, allein sie muß genau übersehen werden, denn draußen werden die Verleger mit meinem Manuskripte wohl gar nicht fertig. — Wie ich aus Erfahrung weiß: um eine solche Abschrift zu stechen, muß Note für Note durchgesehen werden; hierzu konnte ich meiner kränklichen Umstände wegen nicht kommen, um so mehr, da ich bei alledem in Ansehung meiner Subsistenz mehrere

Brotarbeiten (leider muß ich sie so nennen) vollbringen mußte. — Ich glaube wohl, doch noch einmal den Versuch machen zu können, ob Simrock nicht die Louisdors in einem höheren Werte annehmen möchte, da denn doch auch von anderer Seite mehrer[e] Nachfragen um die Messe da sind, worüber ich Ihnen nun bald schreiben werde; übrigens zweiflen Sie nicht an meiner Rechtschaffenheit, ich denke öfter an nichts, als daß Ihr gütiger Vorschuß auf das baldigste getilgt werde. — Mit wahrer Dankbarkeit und Hochachtung Ihr Freund und Diener

Beethoven.

150.

Für Seine Wohlgeboren Hrn. v. Peters.

[1821?]

Was machen Sie? Sind Sie wohl oder unwohl? Was macht Ihre Frau? — Erlauben Sie, daß ich Ihnen was singe:

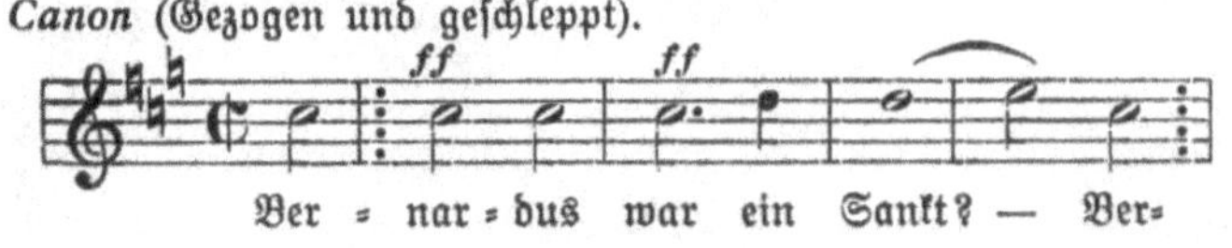

Was machen Ihre jungen Fürsten?

Sind Sie heute zu Hause nachmittags gegen 5 Uhr? Vielleicht besuche ich Sie samt meinem Staatsbruder.

In
Eil
Ihr
Beethoven.

151.
An Bernhard Romberg.

Am 12. Februar 1822.

Lieber Romberg!

Ich bin diese Nacht wieder von den bei mir in dieser Jahreszeit gewöhnlichen Ohrenschmerzen befallen worden, Deine Töne selbst würden für mich heute nur Schmerz sein; diesen nur schreibe es zu, wenn Du mich nicht selbst siehst. — Vielleicht ist['s] in ein paar Tägen besser, wo ich Dir dann noch Lebewohl sagen werde. — Wenn Du mich übrigens nicht zum Besuch bei Dir gesehen hast, so bedaure die Entlegenheit meiner Wohnung, meine . . . . . gesetzten Beschäftigungen, um so mehr, da ich ein ganzes Jahr hindurch krank war, wodurch ich in so manchen begonnenen Werken aufgehalten wurde; — und am Ende braucht es der nichtssagenden Komplimente zwischen uns ohnedem nicht. — Ich wünsche Dir zu dem vollen Tribut des Beifalls Deiner hohen Kunst auch die metallische Anerkennung, was jetzt selten der Fall ist. — Wenn ich nur ein wenig kann, so sehe ich Dich samt Deiner Gattin und Kindern, welche ich hier von Herzen grüße, gewiß noch.

Leb' wohl,
großer Künstler.
Wie immer
der Deinige
Beethoven.

152.
An Bruder Johann van Beethoven.

Am 3. Juli 1822.

Bestes Brüderl! Großmächtigster Gutsbesitzer!

Gestern schrieb ich Dir, jedoch ermüdet von vielen Anstrengungen und Beschäftigungen, und mit einer schlechten Feder mag es Dir schwer werden zu lesen. Schreibe mir fürs erste, wie geschwind die Posten hin und her gehen von Dir zu mir und von mir zu Dir. — Ich schrieb Dir, daß der Leipziger Verleger die Messe für fl. 1000 nimmt, ich wünschte nur, daß ich Dir die Briefe alle schicken könnte, es ist eben zu umständlich. Es wäre besser, daß Du bei allem gegenwärtig wärst, indem ich glaube, daß ich ihm von den andern Kleinigkeiten manches zu wohlfeil gegeben habe; 4 Märsche für 20 # [Dukaten] erhält er noch, für 3 Lieder jedes 8 #, 4 Bagatellen eine zu 8 #. Ich habe, um die Umständlichkeiten zu vermeiden, ihm geschrieben, er möchte das Geld nur in Silbermünze bezahlen. Weil er aber noch nicht wußte, wieviel Bagatellen er erhält, so hat er, wie Du aus dem beigefügten Zettel siehst, mir gleich 3000 fl. angewiesen. Nun kann ich aber die Kleinigkeiten noch nicht gleich schicken, da der Kopist mit der Messe beschäftigt ist, die das Wichtigste ist, und wo ich, sobald ich nur einige Tage vorher schreibe, daß die Messe von hier abgeht, sogleich die 1000 fl. erhielte, welche ich, wenn ich gewollt hätte, schon jetzt hätte erhalten können. Aus allem ist der Eifer des Mannes für meine Werke zu sehn. Ich möchte mich aber nicht gern bloßgeben, und es wäre mir lieb, wenn Du mir schriebst, ob Du einiges entbehren kannst, damit ich nicht gehindert werde, beizeiten nach Baden zu gehen, wo ich einen Monat wenigstens bleiben muß. Du siehst, daß hier keine Unsicherheit stattfindet, so wie Du die 200 fl. im Sept. mit Dank zurückerhalten wirst. Den beiliegenden Zettel bitte ich Dich mir gleich wieder zurückzuschicken. Übrigens bist Du als Kaufmann immer ein guter Ratgeber. Die Steiner treiben mich ebenfalls in die Enge. Sie wollen durchaus schriftlich haben, daß ich ihnen alle meine Werke gebe. Jeden Druckbogen wollen sie bezahlen; nun habe ich aber erklärt, daß ich nicht eher mit ihnen in eine solche Verbindung treten will, bis sie die Schuld tilgen. Ich habe ihnen dazu 2 Werke vorgeschlagen, welche ich nach Ungarn geschrieben und die als ein paar kleine Opern zu betrachten sind, wovon sie auch früher schon 4 Stücke genommen haben. Die Schuld beträgt ungefähr 3000 fl., sie haben aber abscheulicherweise noch Interessen dazugeschlagen, die ich nicht eingehe. Einen Teil Schulden habe ich von Karls Mutter hiebei übernommen, da ich ihr gern alles Gute erzeige, insofern Karl dadurch nicht gefährdet wird. Wärst Du hier, so wären diese Sachen bald abgetan; nur die Not zwingt mich zu dergleichen Seelenverkäuferei. Wenn Du kommen und auf 8 Tage mit nach Baden gehn könntest, wäre es recht schön, nur mußt Du zugleich schreiben, wie Du es zu halten denkst. Küche und Keller setze unterdessen in besten Zustand, denn vermutlich werde ich mit meinem Söhnchen unser Hauptquartier bei Dir aufschlagen, und wir haben den edlen Vorsatz gefaßt, Dich gänzlich aufzuzehren. Es versteht sich, daß bloß vom Sept. die Rede ist.

Jetzt lebe wohl, bestes Brüderl! Lies alle Tage das Evangelium; führe Dir die Episteln Petri und Pauli zu Gemüt, reise nach Rom und küsse dem Papst den Pantoffel. Grüße mir die Deinigen herzlich. Schreibe bald. Ich umarme Dich von Herzen.

Dein treuer Bruder
Ludwig.

Ich Sekretarius umarme Sie ebenfalls von Herzen und wünsche Sie bald wiederzusehn.
Karl.

NB. Ich sende die Anweisung von 300 fl. C. M. nicht mit, da ich fürchte, es könnte vielleicht etwas damit geschehen.

153.

An denselben.

Wien 22. Juli 1822.

Lieber Bruder!

Äußerst beschäftigt und bequem in allem, mit Wohnung und mit meinen Leuten, welche beide äußerst ungeschickt sind, konnte ich Dir noch nicht schreiben. Meine Gesundheit betreffend, so geht es besser, ich muß seit einigen Tägen Johannes-Brunnenwasser trinken, die Pulver des Tags 4mal nehmen, und nun soll ich nach Baden dort 30 Bäder brauchen; wenn es möglich ist zu bewerkstelligen, so begebe ich mich bis 6. oder 7. August dahin. Könntest Du nur kommen auf einige Täge mir zu helfen, jedoch wird Dir der Staub und die Hitze zu stark sein; wäre das nicht, Du könntest mit mir in Baden 8 Täge zubringen ad tuum libitum. Hier habe ich noch die Korrekturen zu besorgen von der Messe, ich erhalte

1000 fl. C. M. dafür von Peters, so wie er auch noch von andern kleinen Werken nimmt, er hat schon hier 300 fl. C. M. angewiesen. Könntest Du nur die Briefe lesen; ich habe aber das Geld noch nicht genommen. Auch Breitkopf und Härtel haben den sächsischen Chargé d'affaires wegen Werken zu mir geschickt, auch von Paris habe ich Aufforderungen wegen Werken von mir erhalten, auch von Diabelli in Wien, kurzum man reißt sich um Werke von mir, welch unglücklicher glücklicher Mensch bin ich!!! — Auch dieser Berliner hat sich eingestellt — wird nur meine Gesundheit gut, so dürfte ich noch auf einen grünen Zweig kommen. —

Der Erzherzog Kardinal ist hier, ich gehe alle Woche 2mal zu ihm; von Großmut und Geld ist zwar nichts zu hoffen, allein ich bin doch auf einem so guten vertrauten Fuß mit ihm, daß es mir äußerst wehe tun würde, ihm nicht etwas Angenehmes zu erzeigen, auch glaube ich, ist die anscheinende Kargheit nicht seine Schuld. — Ehe ich nach Baden gehe, brauchte ich Kleidungen, weil ich wirklich gar ärmlich dran bin, selbst auch an Hemden, wie Du schon gesehn; frag' Deine Frau, was sie von dieser Leinwand hält, sie kostet die Elle 48 Xr. W. W. — Wenn Du kommen kannst, so komme, jedoch ohne Dir Leides zuzufügen; im September komme ich zu Dir mit Karl, wenn ich nicht nach Olmütz zum Kardinal gehe, welches er sehr erwünscht. — Wegen der Wohnung, da sie schon genommen ist, so mag's sein; ob sie aber eben auch gut für mich ist, ist eine Frage. Die Zimmer gehn in den Garten, nun ist aber Gartenluft gerade die unvorteilhafteste für mich, alsdann ist der Eingang durch die Küche zu mir, welches sehr unangenehm und unzuträglich ist — und nun muß ich ein 4tel Jahr für nichts bezahlen. Hierfür werden wir denn, Karl und ich, wenn's möglich, uns bei Dir in Krems einfinden und wacker drauflosleben, bis dieses Geld wiedereingebracht, d. h. wenn ich nicht nach Mähren gehe. — Schreibe doch sogleich nach Empfang dieses, grüße mir die Deinigen; müßt' ich nicht nach Baden, so wäre ich gewiß schon künftigen Monat zu Dir gekommen, nun aber ist es einmal nicht anders. Wenn Du kannst, so komme, es wäre mir große Erleichterung, schreibe gleich. — Lebe recht wohl, ich umarme Dich von Herzen und bin

wie immer Dein treuer Bruder

Ludwig.

154.
An Ignatz Ritter von Seyfried.

[Herbst?] 1822.

Mein lieber werter Bruder in Apollo!

Meinen herzlichen Dank für die Mühe, welche Sie sich um mein menschliches Werk gegeben, und ich freue mich, daß auch das Gelingen allgemein anerkannt geworden; ich hoffe, daß Sie mich nie vorbeigehen, wo ich imstande bin, Ihnen mit meinen geringen Kräften zu dienen. Die löbl. Bürgerschaftskommission ist ohnehin von meinem guten Willen genugsam überzeugt; um ihr diesen neuerdings zu betätigen, werden wir uns einmal freundschaftlich besprechen, auf welche Art ihr am besten gedient sei. — Wenn Meister wie Sie an uns teilnehmen, so dürfen die Schwingen wohl nie lahm werden.

Mit herzlicher Hochachtung Ihr Freund
Beethoven.

155.
An Ferdinand Ries.

Wien 20. Dezember 1822.

Mein lieber Ries!

Überhäuft beschäftigt konnte ich Ihr Schreiben vom 15. November erst jetzt beantworten. — — Mit Vergnügen nehme ich den Antrag an, eine neue Sinfonie für die Philharmonische Gesellschaft zu schreiben; wenn auch das Honorar von Engländern nicht im Verhältnisse mit den übrigen Nationen kann gebracht werden, so würde ich selbst umsonst für die ersten Künstler Europas schreiben, wäre ich nicht noch immer der arme Beethoven. Wäre ich nur in London, was wollte ich für die Philharmonische Gesellschaft alles schreiben! Denn Beethoven kann schreiben, Gott sei Dank, sonst freilich nichts in der Welt. Gibt mir nur Gott meine Gesundheit wieder, welche sich wenigstens gebessert hat, so kann ich allen den Anträgen von allen Orten Europas, ja sogar aus Nordamerika, Genüge leisten, und ich dürfte noch auf einen grünen Zweig kommen.

156.

An Bruder Johann.

[Sommer 1822?]

Ich hoffte Dich gewiß zu sehen — aber vergebens. — Auf Staudenheims Verordnung muß ich noch immer Medizin nehmen, und darf mich eben nicht zuviel bewegen. — Ich bitte Dich, statt heute in Prater zu fahren, den Weg zu mir zu nehmen mit Deiner Frau und Tochter. — Ich wünsche nichts, als daß das Gute, welches unausbleiblich ist, wenn wir zusammen sind, ungehindert erreicht werde. Wegen Wohnungen habe ich mich erkundigt, es sind ihrer passende genug zu haben, und Du hast eben nicht nötig, viel mehr zu bezahlen als bisher. Bloß ökonomisch betrachtet, wie viel läßt sich auf beiden Seiten ersparen, ohne deswegen nicht auch an einiges Vergnügen zu denken. — Gegen Deine Frau habe ich nichts, ich wünsche nur, daß sie einsehe, wieviel auch für Dein Dasein mit mir gewonnen kann werden, und laß alle armselige Kleinlichkeiten des Lebens keine Störungen veranlassen.

Nun leb' wohl, ich hoffe, Dich ganz gewiß zu sehn heute nachmittag, wo wir dann nach Nußdorf fahren könnten, welches mir auch zuträglich wäre —

Dein treuer Bruder
Ludwig.

Nachschrift. Friede, Friede sei mit uns, Gott gebe nicht, daß das natürlichste Band zwischen Brüdern wieder unnatürlich zerrissen werde; ohnehin dürfte mein Leben nicht mehr von langer Dauer sein. Ich sage noch einmal, daß ich nichts gegen Deine Frau habe, obschon mir ihr Betragen gegen mich jetzt ein paarmal sehr aufgefallen ist; und ohnehin bin ich durch meine jetzt schon $3^1/_2$ monatliche Kränklichkeit sehr, ja äußerst empfindlich und reizbar. Fort mit allem dem, was den Zweck nicht befördern kann, damit ich und mein guter Karl in ein mir besonders nötiges gemäßeres Leben kommen kann. — Sehe nur meine Wohnung allhier an, so siehst Du die Folgen, wie es geht, da ich, wenn ich, besonders kränklich, mich fremden Menschen anvertrauen muß, geschweige von anderm noch zu reden, was wir ja ohnehin schon besprochen haben. —

Im Falle Du heute kommst, könntest Du Karl abholen, ich füge deswegen diesen offenen Brief an H. v. Blöchlinger bei, welchen Du gleich hinschicken kannst an selben.

157.

An Direktor Zelter in Berlin.

Wien am 8ten
Februar
1823

Mein wackerer Kunstgenosse!

Eine Bitte an Sie läßt mich schreiben; da wir einmal so weit entfernt sind, nicht miteinander reden zu können, so kann aber auch leider das Schreiben nur selten sein. — Ich schrieb eine große Messe, welche auch als Oratorium könnte (für die Armen, wie jetzt schon gute eingeführte Gewohnheit) gegeben werden, wollte aber selbe nicht auf die gewöhnliche Art im Stich herausgeben, sondern an die ersten Höfe nur zukommen machen. Das Honorar beträgt 50 #; außer denen Exemplaren, worauf subskribiert ist, wird sonst keins ausgegeben, so daß die Messe nur eigentlich Manuskript ist. — Aber es muß doch schon eine ziemliche Anzahl sein, wenn etwas für den Autor herauskommen soll. — Ich habe allhier der Königl. Preußischen Gesandtschaft ein Gesuch überreicht, daß Se. Majestät der König von Preußen geruhen möchten, ein Exemplar zu nehmen, habe auch an Fürst Radziwill geschrieben, daß selbe sich darum annehmen. — Was Sie hiebei selbst wirken können, erbitte ich mir von Ihnen; ein d. g. Werk könnte auch der Singakademie dienen, denn es dörfte wenig fehlen, daß es nicht beinahe durch die Singstimmen allein ausgeführt werden könnte; je mehr verdoppelter und vervielfältigt selbe aber mit Vereinigung der Instrumente sein werden, desto geltender dörfte die Wirkung sein; — auch als Oratorium, da die Vereine für die Armut d. g. nötig haben, dörfte es am Platze sein. — Schon mehrere Jahre immer kränkelnd und daher eben nicht in der glänzendsten Lage, nahm ich Zuflucht zu diesem Mittel; zwar viel geschrieben — — aber erschrieben — — beinahe O — — mehr gerichtet meinen Blick nach oben — — aber gezwungen wird der Mensch um sich und anderer willen, so muß er sich nach unten senken; jedoch auch dieses gehört zur Bestimmung des Menschen.

Mit wahrer Hochschätzung
umarme ich Sie,
meinen lieben Kunstgenossen,
Ihr Freund
Beethoven.

158.

An Dr. Joh. Bapt. Bach.

Wien am 6ten März 1823

Werter verehrter Freund!

Der Tod könnte kommen, ohne anzufragen, in dem Augenblicke ist keine Zeit, ein gerichtliches Testament zu machen. Ich zeige Ihnen daher durch dieses eigenhändig an, daß ich meinen geliebten Neffen Karl van Beethoven zu meinem Universalerben erkläre, und daß ihm alles ohne Ausnahme, was nur den Namen hat irgend eines Besitzes von mir, nach meinem Tode eigentümlich zugehören soll. — Zu seinem Kurator ernenne ich Sie, und sollte kein anderes Testament folgen als dieses, so sind Sie zugleich befugt und gebeten, meinem geliebten Neffen K. v. Beethoven einen Vormund auszusuchen — mit Ausschluß meines Bruders Johann van Beethoven — und ihm nach den hergebrachten Gesetzen denselben zuzugeben. Dieses Schreiben erkläre ich so gültig für allzeit, als wäre es mein letzter Wille vor meinem Tode. — Ich umarme Sie von Herzen.

Ihr wahrer Verehrer und Freund
Ludwig van Beethoven.

159.

An Luigi Cherubini.

Wien 15. März 1823

Hochgeehrtester Herr!

Mit großem Vergnügen ergreife ich die Gelegenheit, mich Ihnen schriftlich zu nahen. Im Geiste bin ich es oft genug, indem ich Ihre Werke über alle anderen theatralischen schätze. Nur muß die Kunstwelt bedauern, daß seit längerer Zeit, wenigstens in unserem Deutschland, kein neues theatralisches Werk von Ihnen erschienen ist. So hoch auch Ihre andern Werke von wahren Kennern geschätzt werden, so ist es doch ein wahrer Verlust für die Kunst, kein neues Produkt Ihres großen Geistes für das Theater zu besitzen. Wahre Kunst bleibt unvergänglich, und der wahre Künstler hat inniges Vergnügen an großen Geistesprodukten. Ebenso bin ich auch entzückt, so oft ich ein neues Werk von Ihnen vernehme, und nehme größern Anteil daran als an meinen eigenen; kurz ich ehre und liebe Sie. Wäre nur meine beständige Kränklichkeit nicht schuld, Sie in Paris sehen zu können, mit welch außerordentlichem Vergnügen würde ich mich über Kunstgegenstände mit Ihnen besprechen! Glauben Sie nicht, daß, weil ich jetzt im Begriffe bin, Sie um eine Gefälligkeit zu bitten, dies bloß der Eingang dazu sei. Ich hoffe und bin überzeugt, daß Sie mir keine so niedrige Denkungsweise zumuten.

Ich habe soeben eine große solenne Messe vollendet, und bin willens, selbe an die europäischen Höfe zu senden, weil ich sie vorderhand nicht öffentlich im Stich herausgeben will. Ich habe daher durch die französische Gesandtschaft hier auch eine Einladung an Se. Majestät den König von Frankreich ergehen lassen, auf dieses Werk zu subskribieren, und bin überzeugt, daß der König selbe auf Ihre Empfehlung gewiß nehmen werde. Ma situation critique demande, que je ne fixe pas seulement comme ordinaire mes voeux au ciel, au contraire, il faut les fixer aussi en bas pour les nécessités de la vie. Wie es auch gehen mag mit meiner Bitte an Sie, ich werde Sie dennoch allezeit lieben und verehren, et Vous resterez toujours celui de mes contemporains, que je l'estime le plus. Si Vous me voulez faire un extrême plaisir, c'étoit, si Vous m'écrivez quelques lignes, ce que me soulagera bien. L'art unit tout le monde, wie viel mehr wahre Künstler, et peut-être Vous me dignez aussi, de me mettre auch zu rechnen unter diese Zahl.

Avec le plus haut estime

Votre ami et serviteur
Beethoven.

160.

An Anton Schindler.

[I. Quartal] 1823.

Sehr Bester! Gemäß folgendem Hati-Sherif [Hattischerif] habt Ihr Euch um halb 4 Uhr heute nachmittag im Mariahilfer Kaffeehaus einzufinden, um Euch über verschiedene strafbare Handlungen zu vernehmen. — Sollte dieser H[atti] S[cherif] Euch heute nicht finden, so seid Ihr morgen um halb 2 Uhr verpflichtet, Euch bei mir einzufinden, wo Ihr nach genossenem Wasser und Brot Euch in einen 24stündigen Arrest zu begeben habt. L[umpenkerl] V[ale]!! ≡ Bthven.

à Monsieur de Schindler, premier membre engagé et attaché au Faubourg de J[oseph]stadt.

161.

An denselben.

[I. Quartal 1823.]

Sehr Bester — der Hofdienst ist erst um $^1/_2$5 Uhr —, Ihr könnt also nach dem Speisen zu mir kommen; das Urteil über die Suppe achte ich nicht im mindesten, sie ist schlecht.

162.

An denselben.

[Juni 1823.]

Es mußte Ihnen ja deutlich sein, daß ich nichts mit dieser Sache zu tun haben will. — Was das Edelsein betrifft, so glaube ich Ihnen hinlänglich gezeigt zu haben, daß ich es mit Grundsätzen bin, ja ich glaube, daß Sie müssen bemerkt haben, daß ich sogar, meine Grundsätze betreffend, nirgends noch darüber hinausgegangen bin —

Sapienti sat. —

Pour Monsieur
Papageno de Schindler.

163.

An denselben.

Hetzendorf am 2. Juli 1823.

Bester H. v. Schindler!

Die von anfangs an bis jetzt fortdauernde Brutalität des Hausherrn, seit ich im Hause bin, erfordert die Hilfe einer K. K. Polizei. Wenden Sie sich gerade[swegs] an dieselbe. Was die Winterfenster anbelangt, so hatte die Haushälterin den Auftrag, nachzusehen, und zwar nach dem so sehr starken Regen, ob selbe nötig wären wegen allenfallsigen Hineinregnen in die Zimmer; allein sie fand weder, daß es hineingeregnet hatte noch auf keinen Fall hineinregnete; gemäß dieser Überzeugung ließ ich das Schloß vorsperren, damit dieser so sehr brutale Mensch mir nicht gemäß seiner Drohung meine Zimmer während meiner Abwesenheit aufsperren sollte. — Erzählen Sie dort, wie er sich weiter bei Ihnen betragen hat, und daß er den Zettel angeschlagen hat ohne Auffagung, welche ohnehin erst von Jakobi [24. Juli] stattfinden kann. — Ebenso unbillig ist er, mir die Quittung von Georgi [24. April] bis jetzt kommenden Jakobi zu verweigern, wie dies Blatt zeigt, da ich eine Beleuchtung bezahlen soll, wovon ich nichts erfahren, und diese abscheuliche Wohnung ohne Ofenkamine und mit dem elendesten Hauptkamine mich wenigstens 259 fl. W. W. besondere Auslagen ohne den Hauszins gekostet, um nur das Leben fristen zu können, während ich da war im Winter. Es war ein absichtlicher Betrug, indem ich niemals die Wohnung im ersten Stock, sondern nur im 2ten Stock sehen konnte, damit mir die vielen widrigen Umstände derselben unbekannt bleiben sollten. Ich begreife gar nicht, wie es möglich ist, daß ein so schändlicher, die menschliche Gesundheit verderbender Kamin von der Regierung geduldet werde; Sie erinnern sich, wie die Wände in Ihrem Zimmer ausgesehen vor Rauch, welche große Kosten es verursachte, wenn auch nicht ganz, dem Ungemach zu entgehen; möglich war, doch nur es zu lindern. Die Hauptsache ist derweil, daß er angewiesen werde, den Anschlagzettel herunterzunehmen und mir meine Quittung zu geben vom bezahlten Hauszins, da ich auf keinen Fall diese schlechte Beleuchtung [bezahlen werde], indem ich ohnehin übermäßige Unkosten, um nur das Leben in dieser Wohnung zu fristen, gehabt. — Meine Augen erlauben mir die Stadtluft noch nicht, sonst würde ich mich selbst an die Kaiserl. Polizei verfügen. —

Ihr ergebenster
L. v. Beethoven.

164.

An C. F. Peters in Leipzig.

Am 7ten Juli 1823.

Euer Wohlgeboren!

Sobald das für Sie oder Ihre Kinder bestimmte Werk vollendet, werde ich es sogleich an die Gebrüder Meißel übergeben; sollte das Honorar erhöht werden müssen, wird Ihnen dieses angezeigt werden. — Verschonen Sie mich mit Ihren fernern Briefen, da Sie nie wissen, was Sie wollen. — Kein Wort über Ihr — Benehmen gegen mich. — Nur das einzige muß ich rügen, daß Sie mir vorwerfen, Geld voraus angenommen zu haben; aus Ihren Briefen erhellet, daß Sie mir es aufgedrungen haben, # indem Sie sagen, „daß Sie denen Komponisten immer Geldvorschüsse machen". Auf den Straßen redete man mich hier an, das Geld abzuholen, und meine damaligen Verhältnisse erforderten die größte Verschwiegenheit, daher ich der Plaudereien wegen nur das Geld genommen; und hat die Sache jetzt einen Aufenthalt gemacht, wer

---

da ich es gar nicht verlangt

ist schuld daran als Sie selbst?? Übrigens liegen ganz andere Gelder für mich bereit und man wartet gern, indem man Rücksicht auf meine Kunst und wiederum meine schwächliche Gesundheit nimmt. — Sein Sie versichert, ich habe Sie moralisch oder vielmehr merkantilisch und **musikalisch** erkannt, nichtsdestoweniger werde ich wegen Ihrem liegenden Gelde Rücksicht nehmen, denn ich bin Mann in vollem Verstande, ich brauche nicht Ehren hinzuzusetzen —— Beethoven.

165.

An Anton Schindler.

Hetzendorf, Juli 1823.

Samothrazier!

Bemüht Euch nicht hieher, bis etwa ein Hattischerif erscheint, die goldne Schnur habt Ihr unterdessen nicht zu fürchten. — Meine schnellsegelnde Fregatte, die wohledelgeborne Fr. Schnaps, wird sich mindestens alle 2 und 3 Tage nach Ihrem Wohlbefinden erkundigen —

Lebt wohl. B—n.

Bringt auch niemanden,
Lebt wohl.

166.

An denselben.

Aus Hetzendorf im Sommer 1823 [Juli].

L[umpen]k[er]l von S[amothrazie]n!

Man hatte Ihnen gestern ja sagen lassen, daß Sie sich an den Südpol, während wir uns nach dem Nordpol, begeben sollten, indem die kleine Differenz schon von Kapitän Parry ausgeglichen ist. Es gab aber kein Erdäpfel-Schmarren dort. — Bach, dem ich mich bestens empfehle und vielmals für seine Sorge für mich danke, wird gebeten, zu sagen, wie hoch die Wohn[ung] wohl in Baden kommen könnte; zugleich muß man sehn, wie man alle 14 Täge (wohlfeil) (du lieber Gott — Armut und Wohlfeilheit) Karl könnte dorthin kommen lassen. Dies Ihr Geschäft, da Sie auch unter den Patronen und Landkutschern Ihre Verehrer und Freunde haben. — Wenn Sie dieser Brief noch trifft, so wäre es gut, wenn Sie noch heute zu Bach, so daß ich morgen vormittags die Antwort hätte. Es ist beinahe sonst zu spät. — Sie könnten auch morgen den Schurken von Kopisten überraschen, von dem ich mir nichts Gutes verspreche. Seit heut 8 Tage hat er die Variationen.

Ihr amicus
Beethoven.

167.

An denselben.

Aus Hetzendorf vom Jahre 1823 [Juli].

Sehr bester L[umpen]k[er]l von Epirus, nicht weniger v. Brundusium etc.! Gebt den Brief dem Beobachter, es muß aber sein Name von Euch drauf gesetzt werden. — Zugleich fragt ihn, ob seine Tochter große Fortschritte im Klavier gemacht, ob ich ihr wohl einmal mit einem Exempl. von meinen Komposit. dienen könnte? — Ich habe geschrieben: zum Ehrenmitglied, ich weiß aber nicht, ob es so heißen soll, ob nicht vielleicht bloß „zum auswärtigen Mitglied", unwissend und nie beachtend d. g. [dergleichen]. — An Bernardum non sanctum habt Ihr auch was wegen dieser Geschichte abzugeben; fragt doch auch wegen diesem Schuften Ruprect [?] den Bernard, erzählt ihm den Schnack, und wie man diesen Schandmenschen ans Leder kommen kann. Fragen Sie bei beiden philosophischen Zeitungsschreibern nach, ob dies eine Ehren- oder Schandmitglieds-Ernennung ist. —

Ich esse heute zu Hause, wenn Sie kommen wollen, so kommen Sie.

Bitten Sie den Herrn Beobachter um Verzeihung, weil der Brief so konfus aussieht, — es ist gar zuviel zu tun —

Hören Sie auch, ob man für Geld ein Exemplar haben kann vom Beobachter.

168.

An den Redakteur und Dichter Karl Bernard.

[Juli 1823.]

Dominus Bernardus
non Sanctus!

Wir ersuchen Sie, diese auswärtige Mitgliedsernennung Scandinaviens etc. ordentlich zu Papier zu bringen und zum Drucke zu übergeben, zu befördern, bekanntzumachen, öffentlich anschlagen zu lassen et. etc. et.

Wir sind ganz schrecklich in Noten und Nöten versunken, daher wir auch, amice optime, nicht sehen konnten; der Himmel wird's aber schon wieder fügen, daß es bald geschehe. In dieser Hoffnung verbleibe

Amicus
optimus
Beethoven.
Bonnensis —

Adresse: An Seine Wohlgebor. H. v Bernard, Direktor aller Zeitungsinstitute und Erster Operndichter in Europa.

169.

An den Neffen Karl van Beethoven.

Baden am 16. August 1823.

Lieber Junge!

Eher wollte ich Dir nichts sagen, als bis ich mich hier besser befinden würde, welches noch nicht ganz der Fall ist; mit Katarrh, Schnupfen kam ich hieher, beides arg für mich, da der Grundzustand noch immer katarrhalisch ohnehin ist, und ich fürchte, dieser zerschneidet bald den Lebensfaden, oder was noch ärger, durchnaget ihn nach und nach. — Auch mein zugrunde gerichteter Unterleib muß noch durch Medizin und Diät hergestellt werden, und dies hat man den treuen Dienstboten zu danken! Du kannst denken, wie ich herumlaufe, denn erst heute fing ich eigentlich (uneigentlich ist es ohnehin unwillkürlich) meinen Musendienst wieder an; — ich muß, man soll es aber nicht merken, — denn die Bäder laden doch mehr, wenigstens mich, zum Genusse der schönen Natur ein; allein nous sommes trop pauvres et il faut écrire ou de n'avoir pas de quoi. — Treibe nun, daß alle Anstalten für Deinen Konkurs getroffen werden, und sei ja bescheiden, damit Du Dich höher und besser zeigst, als man es vermutet. Deine Wäsche schicke nur gerade her, Dein graues Beinkleid ist wenigstens noch im Hause zu tragen, denn, teurer Sohn, Du bist auch wieder sehr teuer! Die Überschrift: „Beim Kupferschläger" usw. — Schreibe sogleich, ob Du diesen Brief empfangen. An den Schindler, diesen verachtungswürdigen Gegenstand, werde ich Dir einige Zeilen schicken, da ich unmittelbar nicht gern mit diesem Elenden zu tun habe. — Wäre nur alles so geschwinde geschrieben, wie man denkt, fühlt, so würde ich Dir wohl manches nicht Unmerkwürdige sagen können. — Für heute wünsche ich nur noch, daß ein gewisser Karl auch ganz meiner Liebe, meiner so großen Sorge für ihn wert sei und alles dieses zu würdigen wissen werde. Obgleich ich, wie Du weißt, gewiß anspruchslos bin, so gibt es doch so manche Seiten, von welchen man den Edlen, Besseren zeigen kann, daß man dieses an ihnen erkennt und fühlt.

Ich umarme Dich von Herzen.

Dein treuer wahrhafter Vater.

170.

An Bruder Johann van Beethoven.

Baden am 19. August [1823].

Lieber Bruder!

Ich freue mich über Deine bessere Gesundheit. Was mich betrifft, so sind meine Augen noch nicht ganz hergestellt und hierher kam ich mit einem verdorbenen Magen und einem schrecklichen Katarrh, den erstern von dem Erzschwein der Haushälterin, den zweiten von einem Vieh als Kuchelmagd, welche ich schon einmal fortgejagt und sie selbe doch wiederangenommen hat. — Den **Steiner** hättest Du nicht angehen sollen; ich werde sehn, was zu machen ist mit den Liedern. In puris [Paris?] dürfte es schwer sein, da der Text deutsch. Die Ouvertüre wohl eher —

Deinen Brief vom 10ten Aug. erhielt ich durch den elenden Schuften **Schindler**; Du brauchst ja nur Deine Briefe gerade auf die Post zu geben, wo ich sie sicher alle erhalte, denn ich vermeide diesen niederträchtigen verachtungswürdigen Menschen möglichst. — Karl kann erst am 29ten dieses zu mir kommen, wo er Dir schreiben wird. Ganz unbeobachtet, was die beiden Kanaillen Fettlümmerl und Bastard mit Dir anfangen, wirst Du nicht sein, auch Briefe durch diese Gelegenheit von mir und Karl erhalten; denn so wenig Du es um mich verdienst, so werde ich nie vergessen, daß Du mein Bruder bist, und ein guter Geist wird noch über Dich kommen, der Dich von diesen beiden Kanaillen scheidet, diese vormalige und jetzige H . . ., wobei während Deiner Krankheit ihr Kerl nicht weniger als 3mal geschl . . . . hat, und die noch obendrein Dein Geld gänzlich in Händen hat. O verruchte Schande, ist kein Funken Mann in Dir?!!! — Nun von was anderm. Du hast von den Ruinen von Athen auch meine eigene Handschrift von einigen Stücken, welche ich notwendig brauche, weil die Abschriften nach der Partitur der Josephstadt gemacht, wo mehreres ausgeblieben und sich in diesen Manuskriptpartituren von mir befindet; da ich eben etwas d. g. schreibe, so brauche ich selbe höchst notwendig. Schreibe also, wo ich diese Manuskripte erhalten kann, ich bitte Dich sehr deswegen. Wegen Zu-Dir-Kommen ein andermal. Soll ich mich so erniedrigen, in solcher schlechten Gesellschaft zu sein! Vielleicht läßt sich aber diese vermeiden und wir können doch einige Täge mit Dir zubringen?! Über Dein übriges, vom Briefe, ein andermal. Leb' wohl. Unsichtbar schweb' ich um Dich und wirke durch andere, damit Dir die Kanaillen den Hals nicht zuschnüren —

Wie immer Dein treuer
Bruder.

171.
An Schneidermeister Lind.

1823.

Lieber Lind, ich komme am Mittwoch längstens gegen 4 Uhr nachmittags zu Ihnen, wo ich alles berichtigen werde.

Ihr ergebenster
Beethoven.

172.
An Franz Grillparzer.

[1823]

Werter Verehrter!

Die Direktion möchte gern Ihre Bedingungen über Ihre Melusine wissen; so weit hat sie sich schon selbst erklärt, und dies ist wohl besser, als sich in d. g. selbst aufdringen. — Mein Hauswesen ist seit einiger Zeit in großer Unordnung, sonst hätte ich Sie schon aufgesucht und mich gebeten wieder zu besuchen. — Vor der Hand schreiben Sie mir oder der Direktion selbst Ihre Bedingungen, ich werde sie dann selber übermachen; überhäuft, konnte ich mich weder früher noch jetzt Ihnen nähern, ich hoffe, daß dies auch einmal sein wird. — Meine Nr. ist 323.

Nachmittags finden Sie mich auf im Kaffeehause der Goldenen Birne gegenüber; wollen Sie kommen, so bitte ich Sie, allein zu kommen; dieser aufdringende Appendix von Schindler ist mir schon längst, wie Sie in Hetz[endorf] müssen bemerkt haben, äußerst zuwider, — otium est vitium. — Ich umarme Sie von Herzen und ehre Sie.

Ganz Ihr
Beethoven.

173.
Für die Frau Johanna van Beethoven.

am 8ten Januar 1824.

Häufige Beschäftigungen machten sogar, daß Karl und ich Ihnen nicht am Neujahrstag unsere Glückwünsche bezeugen konnten; ich weiß aber, daß Sie ohne dieses von mir sowohl als Karl nichts anders als die reinsten Glückwünsche für Ihr Wohl erwarten. —

Was Ihre Not betrifft, so würde ich Ihnen gerne mit einer Summe überhaupt ausgeholfen haben; leider habe ich aber zu viele Ausgaben, Schulden, und nur manches Geld zu erwarten, um Ihnen augenblicklich meine Bereitwilligkeit, Ihnen zu helfen, auf der Stelle beweisen zu können. — Indessen versichere ich Sie hiermit schriftlich, daß Sie die Hälfte Karls von Ihrer Pension nun auch fortdauernd beziehen können; wir werden Ihnen alle Monat die Quittung einhändigen, wo Sie alsdann selbe selbst erheben können, da es gar keine Schande ist (und ich mehrere meiner Bekannten, welche ihre Pension alle Monat erheben), selbe monatlich zu erheben; sollte ich später vermögend sein, Ihnen eine Summe überhaupt zur Verbesserung Ihrer Umstände aus meiner Kasse zu geben imstande sein, so wird es gewiß geschehen. — Die 280 fl. 20 Xr., welche Sie Steiner schuldig sind, habe ich ebenfalls schon lange zu bezahlen übernommen, welches man Ihnen wohl gesagt haben wird. Sie haben auch keine Interessen mehr geraume Zeit bezahlen müssen.

Sie haben von mir 2 Pensionsmonate erhalten durch Schindler. — Diesen Monat am 26ten oder etwas später erhalten Sie den Pensionsbetrag für diesen Monat. — Wegen Ihrem Prozeß bespreche ich mich nächstens mit Dr. Bach. —

Wir wünschen Ihnen alles erdenkliche Gute, Karl sowohl als ich.

Ihr bereitwilligster

L. v. Beethoven.

174.

An Graf Moriz v. Lichnowsky.

[Ende April 1824.]

Falschheiten verachte ich. Besuchen Sie mich nicht mehr. Akademie hat nicht statt.

Beethoven.

175.

An Anton Schindler.

[Mai 1824.]

Anfang. Papageno, sprechen Sie nichts, was ich von Preußen sprach, es ist nichts darauf zu halten, nur Martin Luthers Tischreden gleichzustellen; ich ersuche meinen Bruder, ebenfalls das Schloß nicht abzulegen, und nichts unter und ober der Selchwurstgasse hören zu lassen.

Die Var[iationen] blieben liegen; senden Sie selbe mit der Haushälter[in]. Senden Sie auch die nach London bestimmten mit —, handeln Sie nicht nach Ihrem Eigendünkel, denn es geht ohnehin alles schief.

Verfolg. —

Ich ersuche, mir gefälligst anzuschreiben, wo das Diplom zuletzt war, ehe es soll zur Regierung, und wie lange es ist, daß es dort hingekommen. Was ist das wieder für eine elende Geschichte mit Fürst E[sterhazy].

Ende. Erkundigen Sie sich bei dem Erzflegel Diabelli, wann das französische Exemplar der Sonate in C-Moll abgedruckt, damit ich es zur Korrektur erhalte; zugleich habe ich mir 4 Exemplare für mich ausbedungen davon, wovon eins auf schönem Papier für den Kardinal; sollte er hier seinen gewöhnlichen Flegel machen, so werde ich ihm persönlich die [?] Baßarie in seinem Gewölbe vorsingen, daß das Gewölbe wie der Graben davon erschallen soll —

Ihr untertänigster Diener
Beethoven.

176.

An Tobias Haslinger.

Baden, abends am 6ten
Oktober [1824].

Lieber Tobias!

Ich bitte Sie innigst, sogleich in das Haus in der Johannesgasse, wo wir hinziehen, fragen zu lassen, ob Karl gestern und heute dort geschlafen, und wenn er zu Hause ist, diesen Zettel ihm sogleich übergeben zu lassen, wo nicht, ihn der Hausmeisterin allda, um ihn zu übergeben, zu hinterlassen. — Seit gestern ist er von hier, und ist heute abends samt der Haushälterin noch nicht da; ich bin allein mit einer Person, die nicht reden, nicht lesen und schreiben kann, und finde außer dem Hause hier kaum zu essen. — Karln mußte ich schon von hier abholen einmal in Wien, denn wo er einmal ist, ist er schwer wegzubringen; ich bitte mir hieher gleich zu berichten, was möglich ist. Die paar Täge hätte ich gern hier noch ruhig zugebracht, leider werde ich wohl wieder wegen ihm in die Stadt müssen; übrigens bitte ich Sie, niemandem etwas wissen zu lassen. Gott ist mein Zeuge, was ich schon durch ihn ausstehen mußte. — Ist beim Hausmeister in der Johannesgasse keine Auskunft zu erhalten, so schicken Sie nur auf die Landstraße, wo ich wohnte, um zu beim Hausmeister fragen, wo die Frau von Niemez wohnt, um allda zu erfahren, ob er da gewesen sei oder hinkomme, damit sie ihn gleich hieher weise. —

Den Bedienten von Ihnen werde ich schon belohnen, sowie auch das Postgeld für die Briefe. — Auch den Brief an meinen Kains-Bruder bitt ich zu besorge[n]. — Wenn er nicht zu finden oder auch gefunden, bitte ich gleich um Antwort.

um Gottes willen gleich Antwort.

Eiligst Ihr

Freund

Beethoven.

177.

An Anton Schindler.

[1824]

Ich beschuldige Sie nichts Schlechten bei der Akademie, aber Unklugheit und eigenmächtiges Handeln hat manches verdorben, überhaupt aber habe ich eine gewisse Furcht vor Ihnen, daß mir einmal ein großes Unglück durch Sie bevorsteht. — Verstopfte Schleusen öffnen sich öfter plötzlich, und den Tag im Prater glaubte ich mich in manchen Stücken sehr empfindlich angegriffen von Ihnen; überhaupt würde ich eher Ihre Dienste, die Sie mir erweisen, gerne öfter mit einem kleinen Geschenke zu vergüten suchen, als mit dem Tische, denn ich gestehe es, es stört mich zu sehr in so vielem; sehn Sie kein heiteres Gesicht, so heißt es: „Heut war wieder übles Wetter." Denn bei Ihrer Gewöhnlichkeit, wie wäre es Ihnen möglich, das Ungewöhnliche nicht zu verkennen?!!! Kurzum, ich liebe meine Freiheit zu sehr; es wird nicht fehlen, Sie manchmal einzuladen — für beständig ist es aber unmöglich, da meine ganze Ordnung hiedurch gestört wird. —

Duport hat künftigen Dienstag zur Akademie zugesagt, denn in den landständischen Saal, den ich morgen abends hätte haben können, gibt er die Sänger wieder nicht, auf die Polizei hat er sich auch wieder berufen; gehn Sie daher gefälligst mit dem Zettel und hören, ob man nichts gegen das 2te mal hat. — Umsonst hätte ich nimmermehr diese mir erwiesenen Gefälligkeiten angenommen, und werde es auch nicht. — Was Freundschaft betrifft, so ist dies eine schwierige Aufgabe mit Ihnen, mein Wohl möchte ich Ihnen auf keinen Fall anvertrauen, da es Ihnen an Überlegung fehlt und Sie eigenmächtig handeln, und ich Sie selbst früher schon auf eine nachteilige Weise für Sie kennen lernte, sowie andere auch; — ich gestehe es, die Reinigkeit meines Charakters läßt es nicht zu, bloß Ihre Gefälligkeiten für mich durch Freundschaft zu vergelten, ob ich schon bereit bin, Ihnen gern zu dienen, was Ihr Wohl betrifft. —

B.

178.

An B. Schotts Söhne.

Wien am 22. Jänner 1825.

Euer Wohlgeboren!

Am 16. Jänner sind beide Werke bei Frieß abgegeben worden, was hiebei noch zu bemerken, mit nächstem Briefe; beide sind gebunden und werden von Frieß, wo man sich scheint darum warm anzunehmen, gewiß gut besorgt werden. Daß sollte die Messe gestochen sein, scheint mir nicht möglich zu sein; Veranlassung zu diesem Gerüchte, wie ich sicher hoffe, könnte ein gewisser Brockhausen, welcher einen Singverein bildet, gegeben haben; er schrieb mir viel Schönes über die Messe, und daß man von Hof aus das Vertrauen in ihn setze und ihn habe eine Abschrift für seinen Verein nehmen [lassen], wo aber kein Mißbrauch zu erwarten, wahrscheinlich durch den Herzog von Blacas, welcher diese seine Musiken besuchte, wie er schrieb, parce que les grands sont les plus faibles. — Mir ward nicht wohl zumute, ich hoffe aber, daß nichts daran sei. Schlesinger ist auch nicht zu trauen, da er's nimmt wo immer. Beide, Père et fils, haben mich um die Messe etc. bombardiert, ich würdigte beide keiner Antwort, da ich bei einer Musterung sie längst ausgestoßen. — Es wäre mir sehr lieb, wenn Sie selbst mir etwas zu unterschreiben schickten, wo ich Sie des alleinigen Eigentums dieser allein korrekten Auflagen versicherte, jedoch sei es gleich hier —

Ich Endes-Unterschriebener bezeuge laut meiner Unterschrift, daß die B. Schott Söhne in Mainz die einzigen und rechtmäßigen Verleger meiner großen solennen Messe sowohl als meiner großen Sinfonie in D-Moll sind. Auch erkenne ich bloß diese Auflagen als rechtmäßige und korrekte.

Ludwig van Beethoven.

Schlesinger wollte auch meine Quartetten sämtlich herausgeben, und von mir periodisch jedesmal ein neues dazu haben, und zahlen, was ich wollte; da dies aber meinem Zweck einer Herausgabe von mir meiner sämtlichen Werke schaden könnte, so blieb auch dieses von mir unbeantwortet. Bei dieser Gelegenheit könnten Sie wohl einmal darüber nachdenken, denn besser, es geschieht jetzt von mir, als nach meinem Tode. Anträge hierüber habe ich schon, erhalte auch Pläne dazu, jedoch scheinen mir diese Handlungen nicht zu einem so großen Unternehmen geeignet. Zu Ihnen hätte ich eher das Zutrauen, ich würde mit einer Summe überhaupt mich am liebsten dafür honorieren lassen, würde die gewöhnl. kleinen unbedeutenden Änderungen andeuten und zu jeder Gattung von Werken wie z. B. zu Sonaten, Variation[en] etc. ein dergleichen neues Werk hinzufügen. — Hier folgen ein paar Kanones für Ihr Journal — noch 3 andere folgen — als Beilage einer romantischen Lebensbeschreibung des Tobias Haßlinger allhier in 3 Teilen. Erster Teil. Tobias findet sich als Gehilfe des berühmten sattelfesten Kapellmeister Fux — und hält die Leiter zum Gradus ad Parnassum desselben. Da er nun zu Schwänken aufgelegt, so verursacht er durch ein Rütteln und Schütteln derselben, daß mancher, der schon ziemlich emporgestiegen, jählings den Hals bricht etc. Nun empfiehlt er sich unserm Erdklumpen und kommt wieder zu Zeiten Albrechtsbergers ans Tageslicht. 2ter Teil. Die schon vorhandene Fuxische Nota cambiata wird nun gemeinschaftlich mit A. [Albrechtsberger] behandelt, die Wechselnoten aufs äußerste auseinandergesetzt, die Kunst, musikalische Gerippe zu erschaffen, aufs höchste getrieben etc. Tobias spinnt sich nun neuerdings als Raupe ein, und so entwickelt er sich wieder und erscheint zum 3ten mal auf dieser Welt. 3ter Teil: die kaum erwachsenen Flügel eilen dem Paternostergäßl nun zu, er wird paternostergäßlerischer Kapellmeister; die Schule der Wechselnoten durchgegangen, behält er nichts davon als die Wechsel, und so schafft er seinen Jugendfreund und wird endlich Mitglied mehrer inländischen geleerter Vereine etc. Wenn Sie ihn darum bitten, wird er schon erlauben, daß diese Lebensbeschreibung herauskomme.

Eiligst und schleunigst
der Ihrige
Beethoven.

179.

An dieselben.

Wien am 5ten
Febr. 1825.

Euer Wohlgeboren!

Sie werden nun bald alle Werke haben. — Daß Sie alleiniger Eigentümer der Josephstädter Ouvertüre und Klavierauszüge derselben wie auch von meinen 6 Bagatelles oder Kleinigkeiten und 3 Gesängen, wovon 2 mit blasenden Instrumenten oder Klavier allein, und einer Ariette mit Klavier sind, und Ihre Auflagen davon allein die korrekten und rechtmäßigen sind, und vom Autor selbst besorgt, bezeuge ich Ihnen laut meiner Unterschrift.

Ludwig van Beethoven.

Sie tun wohl sogleich die Klavierauszüge der Ouvertüre herausgeben. Sie sind schon von dem Unfug des Hrn. Henning, wie ich sehe, unterrichtet, denn eben wollte ich Sie damit bekannt machen; die Ouvertüre erhielt das Königstädt. Theater bloß zur Aufführung, nicht zum In-Stich- oder Herauszugeben, mit Behtmann wurde dieses hier schriftlich ausgemacht; Sie wissen aber wohl, daß man sich mit ihm zertragen hat, und nun glaubte man wohl auch recht zu haben, das nicht zu halten, was mit ihm verhandelt worden ist. — Ich erhielt von einem meiner Bekannten in Berlin gleich Nachricht davon und schrieb an Henning auf der Stelle, er schrieb auch gleich zurück, daß dieses mit dem 4händigen Klavierauszug zwar geschehen und unmöglich mehr zurückzunehmen, daß aber gewiß nichts weiter mehr geschehen werde, worauf ich ganz sicher rechnen könnte. — Ich schicke Ihnen den Brief, allein es wird gar nicht nötig sein. Geben Sie nur gleich die Klavierauszüge heraus, unter meinem Namen oder unter Carl Czernys Namen, welcher selbe gemacht; auch die Ouvertüre würde ich gern im musikal. Publikum wissen, es bleibt bei diesem Josephstädter Titel. Die Dedikation ist an Se. Durchlaucht den Fürsten Nicolaus von Galizin, d. h. nur auf der Partitur. — Sie werden nun wohltun, diese Werke überall anzukündigen wie auch in Paris etc. Sie haben hierüber volle Vollmacht von mir, Ihr Interesse aufs beste und möglichste zu fördern, ich genehmige alles, was Sie hierin nötig finden. — Ich habe Ihnen einige Canons geschickt zur Cäcilia. Sollten Sie aber lieber etwas anderes wünschen, so schreiben Sie mir. — Wegen Brockhausen in Paris sein Sie ganz ohne Sorgen, ich werde ihm schon schreiben. — Den Spaß machen Sie sich, den Tobias um seine romantische Lebensbeschreibung von mir zu bitten; das ist so die Art, mit diesen Menschen umzugehen, Wiener ohne Herz, der ist eigentlich derjenige, welcher mir von Ihnen abgeraten. Silentium. Es geht nicht anders; der eigentliche Steiner als Paternostergäßler allhier ist ein hauptfilzger schuftiger Kerl, der Tobias ist mehr ein schwacher Mensch und wohl gefällig, und ich brauche ihn zu manchem; mögen sie nun reden was sie wollen, im Verkehr mit ihnen ist das gleichgültig für Sie. — Sobald Sie gesonnen sein sollten, wohl eine gänzliche Herausgabe meiner sämtlichen Werke zu unternehmen, so müßte es bald sein, denn hier und da ist manches deswegen zu erwarten; bei jeder Gattung ein neues Werk, eben nicht groß immer, würde diese Angelegenheit sehr fördern. — Daß die künftigen Auflagen (ich meine der neuen Werke, welche Sie jetzt übernommen haben; nb. die in Paris erschienene Messe ist ein Nachstich einer früheren Messe von mir) alle unter meiner Obsorge veranstaltet werden, können Sie auch sagen in den Ankündigungen. —

Weder das 4te noch das 5te Heft der Cäcilia habe ich empfangen.

Leben Sie nun recht wohl und lassen Sie mich bald freundliche Worte von Ihnen hören.

Mit wahrer Achtung
Ihr
Beethoven.

180.

An A. Schindler.

[Frühling 1825.]

Bis $^1/_2$ zwei Uhr gewartet, da aber das caput confusum voran [gegangen?] und ich von nichts weiß, was werden wird, Karl aber voraus von der Universität in Prater, so mußte ich fort, damit Karl, der früh fort muß, essen kann; mich findet man beim wilden Mann.

Beethoven.

Für H. A. Schindler, Mährischer Schädel.

181.

An Bruder Johann van Beethoven.

Baden 6. Mai 1825.

Die Glocke samt Glockenzügen etc. etc. ist auf keine Weise in der vorigen Wohnung zu lassen; es ist diesen Leuten kein Antrag gemacht worden, mir irgend etwa etwas abzulösen. Meine Kränklichkeit verhinderte mich, da bei meinem Dasein der Schlosser nicht gekommen, die Glocke abzunehmen, gleich von hier in die Stadt zu schicken; man hätte selbe nur können abnehmen lassen, da kein Recht solche zu behalten vorhanden ist. — Dem sei nun wie ihm wolle, ich lasse auf keinen Fall die Glocke da; hier habe ich eine nötig und gebrauche diese dazu, denn hier würde mich selbe

2mal mehr als in Wien kosten, da Glockenzüge das Teuerste bei den Schlossern ist. — Im Falle der Not sogleich zur k. k. Polizei. — Das Fenster in meinem Zimmer war gerade so, wie ich eingezogen, jedoch kann dieses bezahlt werden, sowie das in der Küche, für beide 2 fl. 12 kr. — Der Schlüssel wird nicht bezahlt, da wir keinen gefunden, sondern die Türe war vernagelt oder vermacht, als wir eingezogen, und so ist selbe auch geblieben bis zu meinem Ausziehen; Schlüssel war nie einer da, da man natürlich weder bei dem, der vor uns da gewohnt, noch bei uns gar keinen gebraucht hat. — Vielleicht soll eine Kollekte veranstaltet werden, so greife ich in den Sack. — Ludwig van Beethoven.

182.

An Prof. Dr. Braunhofer.

am 13. Mai 1825.

Verehrter Freund!

Dr.: Wie geht's, Patient? Pat.: Wir stecken in keiner guten Haut — noch immer sehr schwach, Aufstoßen etc.; ich glaube, daß endlich stärkende Medizin nötig ist, die jedoch nicht stopft — weißen Wein mit Wasser sollte ich schon trinken dörfen, denn das mephitische Bier kann mir nur zuwider sein. — Mein katarrhalischer Zustand äußert sich hier folgendermaßen, nämlich: ich speie ziemlich viel Blut aus, wahrscheinlich nur aus der Luftröhre; aus der Nase strömt es aber öfter, welches auch der Fall diesen Winter öfters war. Daß aber der Magen schrecklich geschwächt ist und überhaupt meine ganze Natur, dies leidet keinen Zweifel; bloß durch sich selbst, soviel ich meine Natur kenne, dörften meine Kräfte schwerlich wieder ersetzt werden. — Dr.: Ich werde helfen, bald Brovianer, bald Stollianer etc. sein. Pat.: Es würde mir lieb sein, wieder mit einigen Kräften an meinem Schreibpult sein zu können; erwägen Sie dieses — Finis. Sobald ich in die Stadt komme, sehe ich Sie, nur Karl sagen, wann ich Sie treffe; können Sie aber Karl selbst angeben, was noch geschehen soll, (die letzte Medizin nahm ich nur einmal und habe sie verloren), so wäre das ersprießlich —

Mit Hochachtung und Dankbarkeit ste s Ihr Freund Beethoven.

Geschrieben am 11. Mai 1825, in Baden, Helenental an der 2ten Antons-Brücke nach Siechenfeld zu.

183.
An den Neffen Karl.

Baden den 17. Mai.

Lieber Sohn!

Es ist scheußliches Wetter hier, heute noch kälter als gestern, so daß ich kaum die Finger zum Schreiben bewegen kann; dies scheint mir doch nur hier im Gebirge der Fall zu sein und besonders in Baden. — Die Schokolade habe ich heute vergessen, mir ist leid, Dir damit beschwerlich fallen zu müssen. Es wird schon dieses alles abnehmen. Ich schicke Dir 2 fl., die 15 kr. lege dazu; schicke sie, wenn's möglich ist, mit dem nachmittägigen Postwagen, denn übermorgen hätte ich keine, die Hausleute werden Dir hierin wohl helfen.

Gott mit Dir, ich fange an, wieder ziemlich zu schreiben, jedoch ist es beinahe unmöglich, bei dieser höchst traurigen kalten Witterung etwas zu leisten. —

Wie immer
Dein guter
treuer Vater.

184.

An denselben.

[Mai 1825?]

Endlich — gib denn wenigstens der Alten die Schokolade — Ramler, wenn er noch nicht genommen, würde vielleicht die alte besorgen. — Ich werde immer mägerer und befinde mich eher übel als gut, und keinen Arzt, keinen teilnehmenden Menschen. —

Wenn Du nur immer Sonntags kannst, so komme heraus, jedoch will ich Dich von nichts abhalten, wenn ich nur sicher wäre, daß der Sonntag ohne mich gut zugebracht würde; ich muß mich ja von allem entwöhnen, wenn mir nur diese Wohltat wird, daß meine so großen Opfer würdige Früchte bringen? —

Wo bin ich nicht verwundet, zerschnitten?! —

Dein treuer
Vater.

185.

An denselben.

Baden
am 22ten Mai.

Bisher nur Mutmaßungen, obschon mir von jemand versichert wird, daß wieder geheimer Umgang zwischen Dir und Deiner Mutter — soll ich noch einmal den abscheulichsten Undank erleben?! Nein, soll das Band gebrochen werden, so sei es; Du wirst von allen unparteiischen Menschen, die diesen Undank hören, gehaßt werden. — Die Äußerungen des Hrn. Bruders, und zwar von Dr. Reißig, wie er sagt, Dein gestrig Äußerung in Ansehung des Dr. Sonleitner, der mir natürlich gram sein muß, da das Gegenteil bei den L. R. [Landgerichten] geschehen von dem, was er verlangt, — in diese Gemeinheiten sollt' ich mich noch einmal mischen! nein! nie mehr! — Drückt Dich das Pactum, in Gottes Namen — ich überlasse Dich der göttlichen Vorsehung; das Meinige habe ich getan und kann deswegen vor dem allerhöchsten aller Richter erscheinen. — Fürchte Dich nicht, morgen zu mir [zu] kommen; noch mutmaße ich nur; Gott gebe, daß nichts wahr sei, denn wahrhaftig, Dein Unglück wär' nicht abzusehen, so leichtsinnig dieses der schurkische Bruder und vielleicht Deine Mutter nehmen würden mit der Alten. Ich erwarte Dich sicher.

186.

An denselben.

Baden
am 31ten Mai
1825.

Ich gedenke, Sonnabends in die Stadt zu kommen und bis Sonntags abends oder Montags früh wieder hieher mich zu begeben. — Ich bitte Dich daher, bei Dr. Bach zu fragen, um welche Stunden er jetzt gewöhnlich zu sprechen sei, sowie auch Dir den Schlüssel geben zu lassen beim Hr. Bruder Becker, um zu sehen, ob sich in dem Zimmer, welches der Hr. unbrüderliche Bruder besitzt, so viel Einrichtung befindet, daß ich dort die Nacht über bleiben kann, ob die Wäsche rein etc. Da Donnerstag Feiertag ist und Du schwerlich herkommst, wie ich es auch nicht verlange, so könntest Du diese paar Gänge wohl machen, Sonnabends bei meiner Ankunft kannst Du mir darüber berichten; ich schicke Dir kein Geld, denn im Notfall kannst Du 1 fl. leihen im Hause. Nüchternheit ist für die Jugend nötig, und Du scheinst sie nicht genug beachtet zu haben, da Du Geld hattest, ohne daß ich es wußte und noch nicht weiß woher? — Schöne Handlungen! Ins Theater zu gehen, ist nicht ratsam jetzt, der zu großen Zerstreuung wegen, so glaube ich. — Die angeschafften 5 fl. des Hr. Dr. Reißig werde ich unterdessen pünktlich monatlich abtragen — und hiemit basta. — Verwöhnt, wie Du bist, würde es nicht schaden, der Einfachheit und Wahrheit Dich endlich zu befleißen, denn mein Herz hat zuviel bei Deinem listigen Betragen gegen mich gelitten, und schwer ist es, zu vergessen; und wollte ich an allem dem wie ein Jochochse ohne zu murren ziehen, so kann Dein Betragen, wenn es so gegen andere gerichtet ist, Dir niemals Menschen zubringen, die Dich lieben werden. Gott ist mein Zeuge, ich träume nur, von Dir und von diesem elenden Bruder und dieser mir zugeschusterten abscheulichen Familie gänzlich entfernt zu sein. Gott erhöre meine Wünsche, denn trauen kann ich Dir nie mehr —

leider
Dein Vater
oder besser nicht
Dein Vater.

187.

An denselben.

Baden, den 9. Juni 1825.

Ich wünsche wenigstens, daß Du Sonntags hierherkommst. Vergebens bitte ich um Antwort, — Gott sei mit Dir und mit mir.

Wie immer
Dein treuer Vater.

Hrn. v. Reyßig habe ich geschrieben, daß er Dich bitte, Sonntags hierherzukommen; die Kalesche fährt um 6 Uhr von seiner Wohnung ab, und zwar von der Kugel auf der Wieden. Du hast also nur etwas im voraus zu arbeiten oder studieren, so wirst Du nichts verlieren. Ich bedaure, Dir diesen Schmerz verursachen zu müssen. Nachmittags fährst Du um 5 Uhr ab mit derselben Kalesche von hier wieder nach Wien. Es ist schon vorausbezahlt, Du kannst ja morgens Dich hier balbieren, auch hier Halstuch und Hemd haben, um zur rechten Zeit hier einzutreffen.

Leb' wohl. Wenn ich auch mit Dir schmolle, so ist es nicht ohne Grund, und nicht so vieles möchte ich aufgewendet haben, um der Welt einen gewöhnlichen Menschen gegeben zu haben. — Ich hoffe Dich gewiß zu sehen —

Sind übrigens die Intrigen schon gereift, so erkläre Dich offen (und natürlich), und Du wirst denjenigen, der sich in der guten Sache allzeit gleichbleibt, finden.

Die Wohnung stand gestern in der Zeitung; hättest Du nichts machen können, wenigstens durch einen andern, auch durch Schreibenlassen, wenn Du vielleicht unpäßlich? — Lieb wäre es mir, nichts anderes . . . zu müssen. Wie ich hier lebe, weißt Du, noch dazu bei der kalten Witterung;

das beständige Alleinsein schwächt mich nur noch mehr, denn wirklich grenzt meine Schwäche oft an Ohnmacht. O kränke nicht mehr, der Sensenmann wird ohnehin keine so lange Frist mehr geben. — B.

Wäre in der Alleegasse eine gute Wohnung für mich zu finden, ich würde sie auch nehmen.

188.

An denselben.

[Juni 1825.]

Heut ist Freitag
morgen
Sonnabend.

Hier kommt Satanas. — Heute hat sich ihre kochende Wut und ihr Wahnsinn etwas nachgelassen, unterdessen — sollte sie sich an Dich wenden wollen, so verweist Du sie auf übermorgen bei mir. — Die ganze Woche mußte ich wie ein Heiliger leiden und dulden — fort mit diesem Pöbelgeschmeiß! Welcher Vorwurf für unsere Kultur, d. g. durchaus zu benötigen, was wir verachten, uns so nahe wissen zu müssen. — Morgen geh mit ihr wegen dem Selterwasser beim Karolinentor, wie vormals; sollten die kleinen Krüge ebenso echt als die großen sein, so könnte man solche nehmen, ich glaube aber, daß es sicherer mit den großen sein muß; ce dépend de votre Esprit, votre distinction etc. — Jetzt leb' wohl, lieber Sohn, mach' ja, daß wir das echte, nicht künstlich gemachte Selterwasser erhalten, geh ja mit, sonst könnte ich, wer weiß was, erhalten. — Nun, Lümperl, lebt wohl, wir sind Euch so ziemlich zugetan; übermorgen um 8 Uhr erwarten wir Euch, das Frühstück wird nicht fehlen, wenn's nur nicht wie gewöhnlich das Spätstück werden — ah, au diable avec ce grand coquin de neveu — allez vous en —

Soyez mon fils
mon fils bien aimé — —
adieu je vous baise
votre père sincère
comme toujours.

189.

An denselben.

[Juni 1825.]

Lieber Sohn — lieber Junge!

Der Punkt von Bonheur ist zu berühren; indem [= nämlich] an Lichnowsky habe ich schon erfahren, wie diese sogenannten großen Herrn nicht gern einen Künstler, der ohnehin ihnen schon gleich ist, auch wohlhabend sehn. — Voilà le même cas — Votre Altesse! im Kontext zuweilen V. A. — Auf dem Briefe à Son Altesse Monseigneur le Prince etc. — man kann nicht wissen, ob diese Schwachheit nicht dabei ist. — Hier folgt ein Bogen, von mir schon unterschrieben. — Dies könntest Du noch beifügen, daß er sich an das Zeitungsgewäsche nicht störe, die, wenn ich wollte, mich nicht wenig ausposaunen würde; das Quartett sei zwar das erstemal, da Schuppanzigh es gespielt, mißlungen, indem er durch seine Dicke mehr Zeit brauche als früher, bis er eine Sache gleich erkenne, und viele andere Umstände dazu beigetragen, daß es nicht gelingen konnte, auch ihm dieses von mir vorausgesagt; denn trotzdem daß Schuppanzigh und 2 andere die Pension von Fürst[lichen] Personen beziehen, so ist doch das Quartett nicht mehr, was es war, da alle immer zusammen waren; hingegen ist es 6mal von andern Künstlern auf das beste aufgeführt und mit größtem Beifall aufgenommen. Es wurde an einem Abend 2mal hintereinander gegeben, und noch einmal nach dem Souper. Es wird auch ein Violinspieler namens Böhm sein Benefiz damit geben. — Und jetzt muß ich es noch immer an andre hergeben. — In Peters' Brief nach Leipzig „Großes Quartett" — eile damit, auch daß er früh Antwort schreibe. — Nötig sind diese Fatalitäten, da wir uns müssen auf die Hinterfüße setzen. — Diesen Brief an den Bruder machst Du zu, und auf die Post. — Beim Schneider Kärntner Straße, daß er den Sanclotin für ein Beinkleid für mich abhole, lange herunter zu machen, jedoch ohne Riemen, ein Casimir und Tuch-Beinkleid; kann auch noch der Untzer beim Wolfs abgeholt werden. Der Schuster hat sein Gewölb in der Stadt in der Spiegelgasse gleich vor[n]an, wie man hinein geht vom Graben; er heißt: Magnus Senn bei der Stadt Haus Nr. 1090. — Zu Hönigstein gehe und sei offen, damit man wisse, wie dieser Elende gehandelt habe; es wäre gut, vor dem Briefe an Galitzin berichtet zu sein. — Ich glaube wohl, daß man für den Winter was anderes für Dich sucht, wir sprechen darüber. — Ehe Du Sonnabend hierherkommst, noch in der Naglergasse anzufragen wegen Messern, diese könntest Du früher abgeben, die Alte hat dummes Zeug gemacht. — Gestern beim Hieherfahren traf ich die Clement, Holz, Linke, Retschaschek [Rzehaczek] in Neudorf, sie waren sämtlich hier bei mir, während ich in der Stadt gewesen; sie wünschten das #te Quartett wieder zu haben, Holz fuhr sogar von Neudorf wieder zurück hieher und speiste abends bei mir, wo ich ihm dann das Quartett wieder mitgegeben —

Die Anhänglichkeit von tüchtigen Künstlern ist nicht zu verachten und freut einen doch. — Sobald Du mit Hönigstein gesprochen, schreibe mir gleich. — Auf die Ouvertüre in C machst Du die Dedikation an Galitzin; übernehmen die H[erren?] die Überschickung, so gebe es ihnen, doch etwa zugemacht. Gott mit Dir, ich erwarte also sicher ein Schreiben von Dir, mein lieber Sohn, Gott mit Dir und mir. Es wird bald ein Ende haben

mit Deinem

Leb' wohl, Lümperl! treuen Vater

bei der Ouvertüre ist im Brief an Galitzin zu erinnern, daß selbe schon angekündigt ist, daß sie ihm dediziert im Stiche erscheinen werde —

190.

An denselben.

[Sommer? 1825.]

Lieber Sohn!

Diesen Brief sogleich an den Pseudo-Bruder — schreib noch einiges dazu; es ist unmöglich, es länger dauern zu lassen, heute keine Suppe, kein Rindfleisch, kein Ei — ein Rostbrätl zuletzt aus dem Wirtshaus —

Neulich, als Holz da blieb, beinahe abends nichts zu essen, ihr keckes unanständiges Betragen bei alle dem, ich habe ihr heute gesagt, daß ich sie höchstens bis Ende dieses Monats dulde —

Für heute nichts mehr. Beim Magistrat ist nichts, als daß ich einen Zettel schreibe, daß Du das Geld erheben kannst; übrigens ist es gut, daß Du auch alsdann anfragst, was zu tun, daß diese Kammer-Obligat[ionen] in Rotschild-Lose umgesetzt werden. Für heute sage ich nichts mehr, als daß ich Dich immer für meinen mir teuren Sohn, der es verdient, halte. — So wenig ich der untern [= leiblichen] Nahrung gänzlich bedarf, wie Du weißt, so ist es doch gar zu arg hiemit, und [ich] noch jeden Augenblick in Gefahr, täglich vergiftet zu werden. — Lebe wohl, nimm Dich in dieser Hitze Deiner Gesundheit wegen in acht, lieber Sohn, bleibe ja gesund; fliehe alles, was Deine Jugendkraft entnerven und vermindern kann. Leb' wohl! Ach Gott, Gespräch wäre besser —

Dein immer Dein
treuer
Dich an sein Herz
drückender
Vater.

191.

An Bruder Johann van Beethoven.

Baden am 13. Juli 1825.

Werter Hr. Bruder!

Da Du das Buch auf eine so gute Art besorgt hast, so ersuche ich Dich, daß es wieder hieher an den Eigentümer zurückgelange — wieder eine ganz hübsche Geschichte! — Wegen Deinem Wunsche, mich bei Dir zu sehen, habe ich mich ja schon längst erklärt, — ich ersuche Dich, hiervon nichts mehr verlauten zu lassen, denn unerschütterlich wirst Du mich hier wie allzeit finden; die Details hierüber erlasse mir, da ich nicht gern Unangenehmes wiederhole. Du bist glücklich, dies ist ja mein Wunsch; bleibe es, denn jeder ist am besten in seiner Sphäre. Von Deiner Wohnung machte ich nur einmal Gebrauch; allein der Backofen machte mich beinahe krank, daher auch nur einmal; — da ich jetzt eine Wohnung schon habe, so werde ich wahrscheinlich kaum einmal Gebrauch machen von dem andern Zimmer, das Du mir anträgst. — Wenn Du schreibst, so siegle wenigstens die Briefe und adressiere sie an Karl in Wien, da ein solcher Brief hieher zu viel kostet. — Ich ersuche Dich noch einmal dringend um die Zurückerstattung des dem Kunstmaschinisten an dem Graben zugehörigen Buchs, da solche Fälle wirklich beinahe unter die unerhörten gehören, und ich mich in keiner kleinen Verlegenheit finde. — Also das Buch, das Buch! — schnell und geschwinde an Carl in Wien gesendet, —

Leben Sie wohl, mein werter Herr Bruder.

Gott befohlen
der Ihrige
Ludwig.

192.

An den Neffen Karl.

Baden am 18. Juli 1825.

Lieber Sohn! Du siehst hier aus diesem Briefe, was zu ersehen. — Bleibe nur bei Mäßigkeit, das Glück krönt meine Bemühungen; laß ja nicht Dein Unglück aus falschen Ansichten von Dir gründen, sei wahrhaftig, und ja genau in Deinen Angaben Deiner Ausgaben, das Theater laß jetzt noch sein, — folge Deinem Führer und Vater, folge ihm, dessen Dichten und Trachten allzeit für Dein moralisches Wohl und auch nicht ganz für das gewöhnliche Dasein ist. — Dieser H. Thal wird zu Dir kommen, er wird mit Hönigstein auch sein, Du kannst ihm nach Ermessen auch die Ouvertüre geben; er bleibt 3 Wochen hier, Du kannst ihm antragen, einmal hier zu speisen, — freilich den Sonntag, wo ein gewisses Lümperl mit zugegen ist, — freilich sehr früh mit einem Wagen, welchen ich schicken würde. Laß ja ein liebenswürdiges Betragen bei diesem Menschen vorleuchten, durch Kunst und Wissenschaft sind ja die besten edelsten Menschen verbunden, und denn Dein künftiger Stand schließt Dich nicht davon aus. Wenn Du einen Fiaker nähmest, zum Rampel zu fahren, wenn es Deine Zeit erlaubte, wegen dem Abschreiben des Quartetts; Du kannst ihm sagen, daß ich ganz anders jetzt schreibe, leserlicher, als während meiner Krankheit, und daß dies Quartett gleich 2mal geschrieben wird;

ich schickte es alsdann herein. Hier hat sich auch einer angetragen, allein ich weiß nicht, was er kann. Dem Holz Christi oder dem Span des Holz Christi möchte ich im ersten Augenblick auch nicht zu viel anvertrauen. — Schreibe gleich, die alte Gans kommt vielleicht übermorgen nach Wien — leb' wohl, folge meinen Lehren.

Dein treuer, Dich herzlich umarmender
Vater.

Vielleicht gehst Du mit diesem H. Thal zu Hause Wien, Du mußt aber nicht zu sehr nach dem Geld fragen. —

193.

An Karl Holz.

am 10. August Baden [1825.]

Bester Span!

Bestes Holz Christi! Wo bleibt Ihr — ich blase den Wind nach Wien, um Euch in einem Meerstrudl hieherzuschaffen. Wenn das Quartett nur wenigstens bis Freitag hier ist; wird's aber noch länger, so sorgen Sie doch, daß es Karl Sonntags mit sich hieherbringt. Daß Sie aufs herzlichste willkommen sein werden, wenn Sie selbst kommen, wissen Sie per se „voilà quel homme de langue là, moi"! Mit Staunen höre ich, daß die Mainzer Gassenbuben wirklich meinen Scherz mißbraucht haben! Es ist abscheulich; ich kann beteuern, daß dies gar nicht mein Gedanke war, sondern ohngefähr: nach diesem Witze sollte Castelli ein Gedicht schreiben, jedoch nur über den Namen des musikalischen Tobias, mit Musik von mir. Da es aber so geschehen ist, so muß man es als Schickung des Himmels betrachten, es gibt ein Seitenstück zu Goethes: Bardt — sans comparaison mit irgendeinem Schriftsteller. Ich glaube aber, daß Tobias selbst an ihnen etwas verschuldet usw. — voilà die Rache! Ist doch immer besser, als in den Rachen eines Ungeheuers zu geraten! Tränen kann ich nicht darüber vergießen, aber lachen muß ich wie — Kommen Sie am Freitag, so essen Sie am besten in meiner Schlaraffen-Haushaltung — am Ende bewirte ich Ihnen: heimlichen

Paternoster-Gäßler usw. Piringer wird brummen, schreien kann er nicht; es geht ihm, glaube ich, wie jemand von Schreyvogel sagte, er kann nicht schreien, noch ...... — Lebt wohl, bestes Holz, schreibt und kommt, jedes zur rechten Zeit. Eiligst

Ihr Freund

Beethoven.

194.

An B. Schotts Söhne in Mainz.

Wien am 13. August 1825.

Ew. Wohlgeboren!

Mit Erstaunen nehme ich im 7. Hefte der Cäcilia S. 205 wahr, daß Sie mit den eingerückten Canons auch einen freundschaftlich mitgeteilten Scherz, der leicht für beißende Beleidigung genommen werden kann, zur Publizität brachten, da es doch gar nicht meine Absicht war und mit meinem Charakter von jeher im Widerspruche stand, jemandem zu nahe zu treten.

Was mich als Künstler betrifft, so hat man nie erfahren, daß ich, man habe auch in diesem Punkte was immer über mich geschrieben, mich je geregt habe; was mich aber als Mensch betrifft, muß ich von einer ganz anderen Seite empfinden.

Obschon es Ihnen gleich auf den ersten Anblick hätte in die Augen springen sollen, daß der ganze Entwurf einer Lebensbeschreibung meines geachteten Freundes Herrn Tobias Haslinger nur ein Scherz war und auch nicht anders gemeint sein konnte, da ich, wie mein Brief besagt, zur Steigerung dieses Scherzes noch obendrein durch eine Aufforderung von Ihrer Seite, ihn um die Einwilligung zur Herausgabe seiner Biographie anzugehen wünschte, so scheint es doch, daß es meine flüchtige und oft unleserliche Schrift war, welche zu einem Mißverständnisse Veranlassung gab.

Meinem Zwecke, Ihnen Beiträge, welche Sie selbst verlangen, zu übersenden, wäre vollkommen entsprochen worden, wenn Sie nur die beiden Canons eingerückt hätten, deren Überschriften schon hinlänglich beweisen, daß sie mit einer Biographie Haslingers nicht leicht in Berührung kommen können; ich konnte mir es aber kaum träumen lassen, daß Sie eine Privatkorrespondenz mißbrauchen und einen solchen Scherz dem Publikum vorlegen würden, welches sich Ungereimtheiten, die Sie erst einzuschalten beliebten (z. B. Zeile 2 „Kanons, die ich als Beilagen usw."), gar nicht erklären kann.

Das Wort „geleert", welches mit zum Ganzen des humoristischen Umrisses gehört, könnte in einem Kreise, wo man sich scherzend unterhält, wohl gelten; nie aber fiel es mir ein, es öffentlich statt: gelehrt hinzusetzen.

Das hieße den Spaß zu weit treiben!

In Zukunft werde ich mich wohl zu hüten wissen, daß meine Schrift nicht zu neuen Mißverständnissen Anlaß gebe.

Ich erwarte daher, daß Sie dieses ohne Verzug und ohne Klausel oder Hinweglassung in die Cäcilia aufnehmen werden, da die Sache einmal so ist, wie ich sie hier erklärt habe und keineswegs anders gedeutet werden darf.

L. van Beethoven.

Ich rechne ganz sicher darauf, daß dieser Aufsatz sogleich in die Cäcilia eingerückt werde.

Ihr ergebener
Beethoven.

195.

An Carl Holz.

Baden am 24. August 1825.

Ja, ja! Das Paternostergäßel und unsere Direktor[en] steck[en] ganz hübsch drin; es ist eine hübsche Sache ums Kennen, wenn man auch nichts dabei gewinnt.

Bestes Mahagoni-Holz!

Federn sind uns nicht bekannt, nehmt vorlieb. — Lachen erregte mir Ihr Brief; ja der Tobias bleibt eine T—, wir wollen ihn aber doch noch pertobiassen — ja ja, Castelli muß dran. Das Ding wird gedruckt und gestochen zum Besten aller armen Tobiasse. — Ich schreibe Karl eben, daß er mit den Briefen an P[eters] und S. warten soll, d. h., ich erwarte also die Antwort des H. A. in Mannheim.

Gleichgültig dagegen, welcher Höllenhund mein Gehirn beleckt oder zernagt, da es nun schon einmal sein muß, nur daß die Antwort nicht zu lange ausbleibe; der Höllenhund in L[eipzig] kann warten und sich derweilen mit Mephistophiles, dem Redakteur der Leipziger Musikal. Zeitung, in Auerbachs Keller unterhalten, welchen letztern nächstens Beelzebub, der oberste der Teufel, bei den Ohren nehmen wird.

Bester, das letzte Quartett enthält auch sechs Stücke, womit ich diesen Monat zu beschließen denke. Wenn mir nur jemand was für meinen schlechten Magen geben wollte . . . Mein H. Bruder war wieder auch in P. n. G. [Paternostergäßel]. Aber Bester, wir müssen doch sehn, daß alle diese neugeschaffenen Wörter und Ausdrücke bis ins dritte und vierte Glied unserer Nachkommenschaft sich erhalten. Kommt Freitags oder Sonntags, kommt Freitags, wo Satanas in der Küche noch am erträglichsten ist. — Ja, leben Sie recht wohl, tausend Dank für Ihre Ergebenheit und Liebe zu mir, ich hoffe, Sie werden dadurch nicht gestraft werden. Mit Liebe und Freundschaft der Ihrige

Beethoven.

N'oubliez pas de rendre
visite à mon cher
Benjamin
Schreibt doch wieder einmal,
kommt! noch besser.

196.

An denselben.

[August 1825.]

Werter?! Holz!

Daß Holz aber ein Neutrum ist, daran zweifelt kein Mensch; wie widersprechend ist also das Masculinum, und welche Folgen lassen sich noch sonst für das personifizierte Holz abstrahieren? — Was nun unsre

Angelegenheit, so bitte ich, das Quartett weder sehen noch hören zu lassen. — Freitags ist der einzige Tag, wo die alte Hexe, welche vor 200 Jahren sicher verbrannt worden wäre, erträglich kocht — da an diesem Tage der Teufel keine Gewalt über sie hat — daher kommen Sie oder schreiben Sie: — dies ist alles für heute —

Ihr Freund

Beethoven.

197.

An den Neffen Karl.

Den 6. Sept. 1825.

Lieber Sohn!

Ich sehe wohl ein, wie beschwerlich für alle, hieherzukommen. Man kann sie daher alle Freitags vormittags zu Schles[inger] bestellen, und ich komme in die Stadt; denn fehlt etwas, so muß ich doch dabei sein, ist's am besten und die Geschichte geendigt. — Gestern war er auch hier und sagte, daß er das Quartett, sobald Du es ihm übergeben wirst, sogleich bezahlen werde; entre nous, il est pourtant juif. — Es ist genug, wenn sie das neue allein machen, Du wirst schon sehn, wie es am besten geht; wenn sie Donnerstag wollen, so komme ich auch alsdann — sorge nur, daß die Geschichte aufs geschwindeste geendigt, damit man dem Peters das Geld gleich in H. [L.? = Leipzig?] anweist, den Du durchaus nicht nennen mußt. — Sonntags glaubt Schles. schon nicht mehr in Wien zu sein, es hat daher große Eile — übrigens die # [Dukaten] in Gold, indem man sich auf andere beruft. — Schreibe mir ja mit der Alten heute gleich. — Es braucht ohnehin nichts als Korrigierprobe, zaudre nicht und nimm Dich zusammen, daß die Alte nur zeitlich kommt; — das beste wird wohl sein, daß Du alles Freitags in der Stadt bestimmst, wo ich dann gewiß hinkomme. — Hat der Schles[inger] das Quartett überbracht (das erste)? Und nur wenig Umstände gemacht! Man sieht, es geht schwer mit der Bezahlung. — Dein Brief verändert nun alles; da der Freitag nun also bestimmt ist, ob hier oder in Wien, das wird Holz wohl anzeigen, kommt er aber nicht, so komme ich also Freitags in die Stadt. Die Hauptsache ist also mit Schles., denn länger darf nicht gewartet werden — wenn [er] erst auf die Probe wartet, soll er es gar nicht haben; gestern sprach er wieder, daß er die 4tette doch nicht [nehmen] werde, ich sagte, daß mir's ganz gleichgültig sei. — Der Herr segne Dich, sei mit Dir und mir, Deinem

treuen

Vater —

Ich lasse nur [nun?] das vorhergehende Geschreibsel wegen Schles.

198.

An denselben.

14. [?] September 1825.

Lieber Sohn! Vergesse nicht, dem Tobias die Quittung nebst dem Gelde zu geben —— der Herr Instruk[tor] hätte früher kommen sollen —— da die Sache sich nun so verhält, so mußt Du folgen —— ich wünsche auch nicht, daß Du den 14ten Septemb. zu mir kommst. Es ist besser, daß Du diese Stud[ien] endigst —— Gott hat mich nie verlassen, es wird sich schon noch jemand finden, der mir die Augen zudrückt. —— Es scheint mir überhaupt ein abgekartetes Wesen in dem allem, was vorgegangen ist, wo der Hr. Bruder (Pseudo) eine Rolle mitspielt —— ich weiß, daß später Du auch nicht Lust hast, bei mir zu sein, natürlich, es geht etwas zu rein zu bei mir. —— Du hast auch den verflossenen Sonntag wieder 1 fl 15 + von der Haushälterin, diesem alten gemeinen Kuchelmensch, geborgt. —— Es war schon verboten —— aber so geht es überall, mit dem Gehrock wär' ich 2 Jahr ausgekommen, freilich habe ich die üble Gewohnheit, im Hause einen abgetragenen Rock anzuziehen; aber Hr. Karl, o pfui der Schande, und weswegen? —— der Geldsack Hr. L. v. B[eethove]n ist ja bloß dafür da. —— Du brauchst auch diesen Sonntag nicht zu kommen, denn wahre Harmonie und Einklang wird bei Deinem Benehmen nie entstehen können —— wozu die Heuchelei, Du wirst dann erst ein besserer Mensch, Du brauchst Dich nicht zu verstellen, nicht zu lügen, welches für Deinen moralischen Charakter endlich besser ist —— siehst Du, so spiegelst Du Dich in mir ab, denn was hilft das liebevollste Zurechtweisen!! —— Erbost

wirst Du noch obendrein. —— Übrigens sei nicht bange, für Dich werde immer, wie jetzt unausgesetzt sorgen; solche Szenen bringst Du in mir hervor —— als ich die 1 fl. 15 + wieder auf der Rechnung fand.

Schicke keine so dumme Blätter mehr, denn die Haushälterin kann sie beim Licht lesen. —— Eben erhalte ich diesen Brief von Leipzig; ich glaube aber, daß hierauf noch nicht das Quartett zu senden, Sonntags kann dies besprochen werden. —— Früher, vor 3 Jahr, verlangte ich nur 40 # für ein Quartett; es muß also jetzt untersucht werden, wie Du eigentlich geschrieben hast ——

Leb' wohl. Derjenige, der Dir zwar nicht das Leben gegeben, aber gewiß doch erhalten hat, und, was mehr als alles andere, für die Bildung Deines Geistes gesorgt hat, väterlich, ja mehr als das, bittet Dich innigst, ja auf dem einzigen wahren Weg alles Guten und Rechten zu wandeln ——

Leb' wohl,
Dein treuer guter
Vater.

Bring den Brief Sonntags
wieder mit

199.

Kanon und Worte an Herrn M. Schlesinger.

Wien am 26. September 1825.

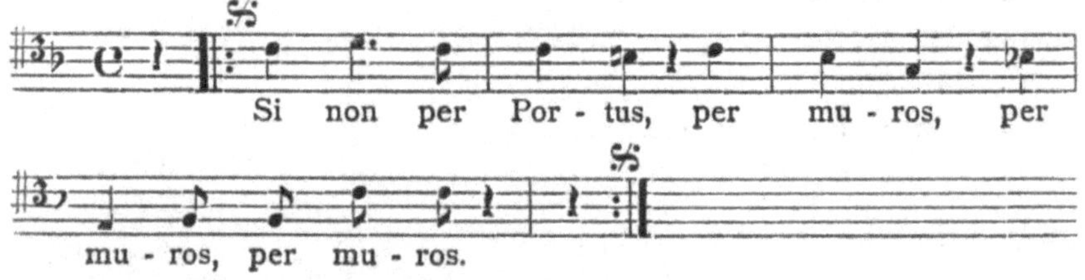

Ich wünsche Ihnen die schönste Braut, mein Werter, und bei dieser Gelegenheit ersuche ich Sie, mich bei Hrn. Marx in Berlin zu empfehlen, daß er es ja nicht zu genau mit mir nehme und mich zuweilen zur Hintertür hinausschlüpfen lasse.

Der Ihrige. Beethoven.

200.

An den Neffen Karl.

Baden
am 4ten Oktob. [1825].

Lieber Sohn

wie der weise Odysseus weiß ich mich auch zu helfen; kommst Du Sonntags, so brauchst Du nicht zu fürchten, daß es zu kalt ist, ein Teil der alten Fensterläden ist hier, womit man sich ziemlich helfen kann. — Meinen Schnupfen und Katarrh hoffe ich auch noch hier los zu werden; doch ist's überhaupt jetzt gefährlich hier für meinen katarrhalischen Zustand, die Winde oder vielmehr Orkane sind noch immerfort herrschend. — Wegen Biedermann frage, ob S. [Schlesinger] ihm einen Auftrag gegeben; denn noch kann man an Peters gleich schreiben, im Falle daß Biederm. von Schlesing. keinen Auftrag hat. — Für heute wär' es wohl kaum möglich, mir schon zu schreiben, ich hoffe aber morgen ein Schreiben, und Sonnabends Dich gewiß zu sehen. Ich wünsche, daß Du Dich Deiner Lieblosigkeit wegen gegen mich nie schämen dörfest, ich leide nur, anders kann ich nichts sagen; ich wünsche und hoffe, daß alles, was Du angeführt hier, um nach Wien zu gehen, sich ebenso verhalte. — Sei versichert, daß Du nur alles Gute von mir jederzeit erwarten kannst; aber sollt' ich auch dieses von Dir wünschen? — Wenn Du mich auch stürmisch siehst, so schreib es meiner großen Sorge für Dich zu, indem Dir leicht Gefahren drohen. — Ich hoffe wenigstens morgen ein Schreiben von Dir, setze mich nicht in Angst, o bedenke meine Leiden. Von Rechts wegen müßte ich deswegen gar keine Besorgnisse haben, allein was habe ich schon erlebt?! —

Wie immer

Dein treuster

Vater.

Bedenke, daß ich hier sitze und leicht krank werden kann —

201.

An denselben.

Baden 5. Oktober [1825].

Komm nur um Gottes willen heute wieder nach Hause, es könnte Dir wer weiß was für Gefahr bringen, eile eile. —

Mein teurer Sohn!

Nur nicht weiter — komm nur in meine Arme, kein hartes Wort wirst Du hören; o Gott, gehe nicht in Dein Elend, — liebend wie immer wirst Du empfangen werden. — Was zu überlegen, was zu tun für die Zukunft, dies werden wir liebevoll besprechen. Mein Ehrenwort, keine Vorwürfe, da sie jetzt ohnehin nicht mehr fruchten würden, nur die liebevollste Sorge und Hilfe darfst Du von mir erwarten —

komm nur — komm an das
treue Herz Deines Vaters —

Beethoven.

Komme gleich nach Empfang dieses nach Hause

Volti sub[ito]

Si vous ne viendrez pas
vous me tuerez sûrement

Lisez la lettre et restez à la maison chez vous, venez de m'embrasser, votre père vous vraiment adonné, soyez assuré, que tout cela restera entre nous.

202.

An C. F. Peters in Leipzig.

Wien am 25. November 1825.

Euer Wohlgeboren!

Als ich Ihnen das Quartett antrug, war die Antwort Ihres Associés nicht bestimmt und deutlich. Ebenso sind Ihre zwei letzten Briefe. Sobald Sie die Summe klar anzeigen werden, nämlich 360 fl. cm., welche ich von Ihnen habe, und versichern, daß Sie dafür das Quartett nehmen wollen, so können Sie in kurzem eines erhalten. Hätten Sie das gleich getan, so hätten Sie 2 neue Quartetten erhalten können, denn Sie können n'cht verlangen, daß ich Schaden leide. Wollte ich die Saiten noch höher spannen, so dürfte ich eine noch größere Summe für ein Quartett verlangen.

Sobald Sie mir also schreiben, werde ich Sie baldmöglichst in den Besitz eines neuen Quartetts setzen; wollen Sie aber lieber Ihr Geld, so können Sie es unverzüglich zurückhaben, denn es liegt längst bereit. Zum Durchsehen schicke ich übrigens nichts.

Ich erwarte hierüber eine baldige Antwort.

Ihr
ergebener
L. v. Beethoven.

203.

An?

1825 [?]

Euer Wohlgeboren!

Ihre Mutter ist unlängst durch die Dummheit meiner Haushälterin abgewiesen worden, ohne daß man mir ein Wort von ihrem Dasein gemeldet hat. Ich habe dieses unanständige Betragen, indem sie selbe noch dazu nicht in mein Zimmer geführt, gerügt; die Ungeschlachtheit und Roheit dieser Menschen, die ich so unglücklich bin, um mich zu haben, ist jedem bekannt, ich bitte daher um Verzeihung.

Ihr ergebenster Diener
L. v. Beethoven.

204.

An den Kopisten Rampel.

[1825?]

Bester Ramperl, komm nur morgen früh, geh aber zum Teufel mit Deinem gnädigen Herrn, Gott allein kann nur gnädig geheißen werden —

Die Magd habe ich schon aufgenommen; flöße ihr nur Ehrlichkeit und Anhänglichkeit an mich wie auch Ordnung und Pünktlichkeit in ihren kleinen Diensten ein. Dein ergebener Beethoven.

205.

An den Neffen Karl.

[Sommer 1826.]

Schon um dessentwillen, daß Du mir wenigstens gefolgt bist, ist alles vergeben und vergessen; mündlich darüber mit Dir. Heute ganz ruhig. — Denke nicht, daß ein anderer Gedanke in mir als nur Dein Wohl herrsche, und hieraus beurteile mein Handeln; — mache ja keinen Schritt, der Dich unglücklich mache und mir das Leben früher raubte. Erst gegen 3 Uhr kam ich zum Schlafe, denn die ganze Nacht hustete ich. — Ich umarme Dich herzlich und bin überzeugt, daß Du mich bald nicht mehr verkennen wirst; so beurteile ich auch Dein gestriges Handeln. Ich erwarte Dich sicher heute um ein Uhr, mach' mir nur keinen Kummer und keine Angst mehr, leb' indessen wohl. Dein wahrer und treuer Vater.

Wir sind allein. Ich lasse deswegen H[olz] nicht kommen, um so mehr, da ich wünsche, daß nichts verlauten möge von gestern; komme ja — laß mein armes Herz nicht mehr bluten.

206.

An Dr. A. Smettana.

[August 1826.]

Verehrtester H. A. Smettana.

Ein großes Unglück ist geschehen, welches Karl zufällig selbst an sich verursacht hat; Rettung hoffe ist noch möglich, besonders von Ihnen, wenn Sie nur bald erscheinen. Karl hat eine Kugel im Kopfe, wie, werden Sie schon erfahren — nur schnell, um Gottes willen schnell,

Ihr Sie verehrender
Beethoven.

Die Geschwindigkeit, zu helfen,
forderte ihn zu seiner Mutter,
wo er jetzt ist.
Die Adresse folgt hierbei.

207.

An Carl Holz.

am 9. Sept. 1826.

Sehr Werter!

Man sieht, was bessere und reinere Luft wie auch die Frauen wirken, denn kaum in 3 Tägen ist Ihre Eisrinde schon aufgetaut; dies merke ich an Ihrem gestrigen Briefe, denn der vom 7. Sept. ist wie ein gedörrter Fisch. — Ich erhielt ihn erst gestern abends, da ich mich gestern der kühlern angenehmern Luft wegen in Nusdorf befand. — Ich würde auch nach Baden kommen, vielleicht komme ich auch morgen; in Ansehung der Wohnung möchte ich doch nachsehen, allein ich habe die Korrektur für des Königs Majestät beeiligst zu beenden. — C[arl] will durchaus zum Militär, er schrieb, ich sprach ihn auch. Es wäre doch besser, daß er erst in einem militärischen Institut wie Neustadt unterkäme; kommen Sie mit Ihrer Gesellschaft dorthin, so hätten Sie nur Oberst Faber allda zu befragen, ob die Jahre hier auch so gerechnet werden. Ich glaube nicht, denn man bezahlt dort, und C. kann gleich als Offizier austreten; denn lange Kadett zu sein, halte ich nicht für gut, und wollen wir, daß er so Offizier werde, so muß man die Offiziersgage ihm erstlich erfolgen, und nebenbei noch darauf legen, daß er leben kann. Als Züchtling darf er doch auch nicht behandelt werden, — übrigens bin ich gar nicht für den Militärstand. Sind Sie da, so muß alles jetzt per Extrapost gehn, ich bin ermüdet und lange wird mich die Freude fliehn. Die jetzo und noch künftigen erschrecklichen Ausgaben müssen mir Sorge machen; alle Hoffnungen verschwunden, ein Wesen um mich zu haben, welches ich hoffte, wenigstens in meinen bessern Eigenschaften mir zu gleichen. — Freuen Sie sich ja recht draußen, lernen Sie die Füllhörner der alles bezaubernden Natur, und Montags hoffe ich Sie ganz gewiß wieder zu sehen und zu um[armen].

Wie immer dankbar

der Ihrige

Beethoven.

208.

An Herrn Tobias v. Haßlinger.

[September 1826.]

Gemäß meinem ausschließenden Privilegium hat der Hr. Überbringer dieses Euch erstlich beim rechten Ohr cres: — dann beim linken Ohr *ffmo* zu zupfen, zu rütteln etc. — — — Nach dieser ersprießlichen Operation hat derselbe Euch zu erklären, daß ich alle jene Werke, welche Ihr noch nicht gestochen und herausgegeben, wünsche für dasselbe Honorar, welches Ihr schandvoll gegeben, zurück für mich für dasselbe **Schandhonorar** zu nehmen. — Frage? Antwort! Aus dem auch [Euch?] einige Zeit zugedachten Posten eines Hausmeisters seid Ihr nun wieder zu einem Wechsel-Noten-Fabrikanten erhoben worden. — Gehabt Euch wohl, ehemaliger Tobias juvenis und 2dus, nunmehriger primus caput Tobias primus — L. v. Beethoven.

209.

An Dr. Franz Wegeler.

Wien am 7. Oktober 1826.

Mein alter geliebter Freund!

Welches Vergnügen mir Dein und Deines Lorchen Brief verursachte, vermag ich nicht auszudrücken. Freilich hatte pfeilschnell eine Antwort darauf erfolgen sollen, ich bin aber im Schreiben überhaupt etwas nachlässig, weil ich denke, daß die besseren Menschen mich ohnehin kennen. Im Kopf mache ich öfter die Antwort, doch wenn ich sie niederschreiben will, werfe ich die Feder meistens weg, weil ich nicht so zu schreiben imstande bin, wie ich fühle. Ich erinnere mich aller Liebe, die Du mir stets bewiesen hast, z. B. wie Du mein Zimmer weißen ließest und mich so angenehm überraschtest. Ebenso von der Familie Breuning. Kam man voneinander, so lag das im Kreislauf der Dinge; jeder mußte den Zweck seiner Bestimmung verfolgen und zu erreichen suchen. Allein die ewig unerschütterlichen Grundsätze des Guten hielten uns dennoch immer fest zusammen verbunden. Leider kann ich Dir heute nicht so viel schreiben als ich wünschte, da ich bettlägerig bin, und beschränke mich darauf, einige Punkte Deines Briefes zu beantworten.

Du schreibst, daß ich irgendwo als natürlicher Sohn des verstorbenen Königs von Preußen angeführt bin; man hat mir davon vor langer Zeit ebenfalls gesprochen, ich habe mir aber zum Grundsatz gemacht, nie weder etwas über mich zu schreiben noch irgend etwas zu beantworten, was über mich geschrieben worden. Ich überlasse Dir daher gerne, die Rechtschaffenheit meiner Eltern und meiner Mutter insbesondere der Welt bekanntzumachen. Du schreibst von Deinem Sohne. Es versteht sich wohl von selbst, daß, wenn er hierher kommt, er seinen Freund und Vater in mir finden wird, und wo ich imstande bin, ihm in irgend etwas zu dienen oder zu helfen, werde ich es mit Freude tun.

Von Deiner Lorchen habe ich noch die Silhouette, woraus zu ersehen, wie mir alles Gute und Liebe aus meiner Jugend noch teuer ist.

Von meinen Diplomen schreibe ich nur kürzlich, daß ich Ehrenmitglied der K. Gesellschaften der Wissenschaften in Schweden, ebenso in Amsterdam und auch Ehrenbürger von Wien bin. — Vor kurzem hat ein gewisser Dr. Spieker meine letzte große Symphonie mit Chören nach Berlin mitgenommen; sie ist dem Könige gewidmet und ich mußte die Dedikation eigenhändig schreiben. Ich hatte schon früher bei der Gesandtschaft um die Erlaubnis, das Werk dem Könige zueignen zu dürfen, angesucht, welche mir auch von ihr gegeben wurde. Auf Dr. Spiekers Veranlassung mußte ich selbst das korrigierte Manuskript mit meinen eigenhändigen Verbesserungen demselben für den König übergeben, da es in die Königl. Bibliothek kommen soll. Man hat mich da etwas von dem Roten Adlerorden 2. Klasse hören lassen; wie es ausgehen wird, weiß ich nicht, denn nie habe ich derlei Ehrenbezeugungen gesucht, doch wäre sie mir in diesem Zeitalter wegen manches andern nicht unlieb.

Es heißt übrigens bei mir immer: Nulla dies sine linea, und lasse ich die Muse schlafen, so geschieht es nur, damit sie desto kräftiger erwache. Ich hoffe, noch einige große Werke zur Welt zu bringen und dann wie ein altes Kind irgend unter guten Menschen meine irdische Laufbahn zu beschließen.

Du wirst auch bald durch die Gebrüder Schott in Mainz einige Musikalien erhalten. Das Porträt, welches Du beiliegend bekommst, ist zwar ein künstlerisches Meisterstück, doch ist es nicht das letzte, welches von mir verfertigt wurde. — Von Ehrenbezeugungen, die Dir, ich weiß es, Freude machen, melde ich Dir noch, daß mir von dem verstorbenen König von Frankreich eine Medaille zugesandt wurde mit der Inschrift: Donné par le Roi à Monsieur Beethoven, welche von einem sehr verbindlichen Schreiben des premier gentilhomme du Roi, Duc de Châtres, begleitet wurde.

Mein geliebter Freund, nimm für heute vorlieb. Ohnehin ergreift mich die Erinnerung an die Vergangenheit, und nicht ohne viele Tränen erhältst Du diesen Brief. Der Anfang ist nun gemacht, und bald erhältst Du wieder ein Schreiben, und je öfter Du schreiben wirst, desto mehr Vergnügen wirst Du mir machen. Wegen unserer Freundschaft bedarf es von keiner Seite einer Anfrage, und so lebe wohl. Ich bitte Dich, Dein liebes Lorchen und Deine Kinder in meinem Namen zu umarmen und zu küssen und dabei meiner zu gedenken. Gott mit Euch allen!

Wie immer Dein treuer, Dich ehrender wahrer Freund

Beethoven.

210.

An Tobias Haslinger.

[Oktober 1826.]

Für die übrigen Konsonantierungen und Vokalisierungen ist heute keine Zeit übrig. Ich bitte Sie nur, den beigeschlossenen Brief sogleich zu übergeben.

Sie verzeihen schon, daß ich Ihnen beschwerlich falle; da Sie aber einmal der Inhaber eines Kunstposthauses sind, so ist's natürlich nicht anders möglich, als davon Gebrauch zu machen.

Sie sehen schon, daß ich hier in Gneixendorf bin. Der Name hat einige Ähnlichkeit mit einer brechenden Axe. Die Luft ist gesund. Über sonstiges muß man das Memento mori machen.

Ganz Erstaunlichster, Erster aller Tobiasse, in der Kunst- und Posthaus-Gnade

empfehlen wir uns

Beethoven.

211.

An Max Stumpff in London.

Wien 8. Febr. 1827.

.... Leider liege ich schon seit 3. Dez. an der Wassersucht darnieder. Sie können denken, in welche Lage mich dieses bringt. Ich lebe gewöhnlich nur von dem Ertrage meiner Geisteswerke, alles für mich, für meinen Karl davon zu schaffen. Leider seit $2^1/_2$ Monaten war ich nicht imstande, eine Note zu schreiben. Mein Gehalt beträgt so viel, daß ich davon den Wohnungszins bestreiten kann, dann bleiben noch einige hundert Gulden übrig. Bedenken Sie, daß sich das Ende meiner Krankheit noch gar nicht bestimmen läßt und es endlich nicht möglich sein wird, gleich mit vollen Segeln auf dem Pegasus durch die Lüfte zu segeln. Arzt, Chirurgus, Apotheker, alles wird bezahlt werden müssen. — Ich erinnere mich recht wohl, daß die Philharmonische Gesellschaft vor mehreren Jahren ein Konzert zu meinem Besten geben wollte. Es wäre für mich ein Glück, wenn sie jetzt diesen Vorsatz von neuem fassen wollte, ich würde vielleicht aus aller mir bevorstehenden Verlegenheit doch gerettet werden können. Ich schreibe deswegen an Sir G. Smart, und können Sie, werter Freund, etwas zu diesem Zwecke beitragen, so bitte ich Sie, sich mit ihm zu vereinigen; auch an Moscheles wird deshalb geschrieben, und in Vereinigung aller meiner Freunde glaube ich, daß sich in dieser Sache doch etwas für mich wird tun lassen. — — —

212.

An Dr. F. G. Wegeler in Bonn.

Wien den 17. Februar 1827.

Mein alter würdiger Freund!

Ich erhielt wenigstens glücklicherweise Deinen zweiten Brief von Breuning. Noch bin ich zu schwach, ihn zu beantworten, Du kannst aber denken, daß mir alles darin willkommen und erwünscht ist. Mit der Genesung, wenn ich es so nennen darf, geht es noch sehr langsam, es läßt sich vermuten, daß noch eine 4. Operation zu erwarten sei, obwohl die Ärzte noch nichts davon sagen. Ich gedulde mich und denke: alles Üble führt manchmal etwas Gutes herbei. — Nun aber bin ich erstaunt, als ich in Deinem letzten Briefe gelesen, daß Du noch nichts erhalten. Aus dem Briefe, den Du hier empfängst, siehst Du, daß ich Dir schon am 10. Dezember v. J. geschrieben. Mit dem Porträt ist es der nämliche Fall, wie Du, wenn Du es erhältst, aus dem Datum darauf wahrnehmen wirst. — „Frau Steffen sprach," — kurzum Steffen verlangte, Dir diese Sachen mit einer Gelegenheit zu schicken; allein sie blieben liegen bis zum heutigen Datum, und wirklich hielt es noch schwer, sie bis heute zurückzuerlangen. Du erhältst nun das Porträt mit der Post durch die Herren Schott, welche Dir auch die Musikalien übermachten. — Wie viel möchte ich Dir heute noch sagen, allein ich bin zu schwach; ich kann daher nichts mehr, als Dich mit Deinem Lorchen im Geiste umarmen.

Mit wahrer Freundschaft und Anhänglichkeit an Dich und die Deinen
Dein alter treuer Freund

Beethoven.

213.

An B. Schott Söhne in Mainz.

Wien den 22. Febr. 1827.

Euer Wohlgeboren!

Ihren letzten Brief habe ich durch den Kapellmeister Kreutzer erhalten. Ich beantworte Ihnen jetzt nur das Nötige. Zwischen Opus (Quartett in

Cis-Moll), was Sie haben, geht das vorher, was Math. Artaria hat. Hiernach können Sie leicht das Nummer bestimmen. Die Dedikation ist: **gewidmet meinem Freunde Johann Nepomuk Wolfmayer.**

Nun komme ich aber mit einer sehr bedeutenden Bitte. — Mein Arzt verordnet mir, sehr guten alten Rheinwein zu trinken. So etwas hier unverfälscht zu erhalten, ist um das teuerste Geld nicht möglich. Wenn ich also eine kleine Anzahl Bouteillen erhielte, so würde ich Ihnen meine Dankbarkeit für die Cäcilie bezeigen. Auf der Maut würde man, glaube ich, etwas für mich tun, so daß mich der Transport nicht so hoch käme. — Sobald es meine Kräfte nur erlauben, werden Sie auch die Messe metronomisiert erhalten, denn ich bin gerade in der Periode, wo die 4te Operation erfolgen wird. — Je geschwinder ich also diesen Rheinwein oder Moselwein erhalte, desto wohltätiger kann er mir in diesem jetzigen Zustande dienen; und ich bitte Sie recht herzlich um diese Gefälligkeit, wofür Sie mich Ihnen dankbar verpflichten werden.

Mit größter Hochachtung geharre ich

Euer Wohlgeboren

ergebenster

Beethoven.

214.

An Freiherrn v. Pasqualati.

[6. März 1827.]

Verehrter alter Freund!

Meinen herzlichen Dank für Ihr Gesundheitsgeschenk; sobald ich von den Weinen den passendsten für mich gefunden, zeige ich es Ihnen an, doch werde ich Ihre Güte so wenig als möglich mißbrauchen. Auf die Kompotte freue ich mich und werde Sie deswegen öfter angehn. — Schon dieses kostet mich Anstrengung — Sapienti pauca — Ihr dankbarer

Freund

Beethoven.

215.

An denselben.

[März 1827.]

Verehrter Freund!

Wie soll ich Ihnen genug danken für den herrlichen Champagner. Wie sehr hat er mich erquickt und wird mich noch erquicken! Für heute brauche ich nichts und danke für alles. — Was Sie sonst noch für ein Resultat in Ansehung der Seine ziehen möchten, bitte ich Sie zu bemerken, ich würde selbst nach meinen Kräften gerne vergüten. — Für heute kann ich nicht mehr schreiben, der Himmel segne Sie überhaupt, und für Ihre liebevolle Teilnahme

an dem Sie hochachtenden
leidenden Beethoven.

216.

An A. Schindler.

17. März 1827.

Wunder, Wunder, Wunder!

Die hochgelahrten Herren sind beide geschlagen, nur durch Malfattis Wissenschaft werde ich gerettet; es ist nötig, daß Sie einen Augenblick doch diesen Vormittag zu mir kommen.

Der Ihrige Beethoven.

217.

An J. Moscheles in London.

Wien 18. März 1827.

Mit welchen Gefühlen ich Ihren Brief vom 1. März durchlesen, kann ich gar nicht mit Worten schildern. Dieser Edelmut der Philharmonischen Gesellschaft, mit welchem man beinahe meiner Bitte zuvorkam, hat mich bis in das Innerste meiner Seele gerührt. Ich ersuche Sie daher, lieber Moscheles, das Organ zu sein, durch welches ich meinen innigsten Dank für die besondere Teilnahme und Unterstützung an die Philharmonische Gesellschaft gelangen lasse. (Sagen Sie diesen würdigen Männern, daß, wenn mir Gott meine Gesundheit wieder wird geschenkt haben, ich mein Dankgefühl auch durch Werke werde zu realisieren trachten und daher der Gesellschaft die Wahl überlasse, was ich für sie schreiben soll. Eine ganze skizzierte Symphonie [die Zehnte] liegt in meinem Pulte, ebenso eine neue Ouvertüre oder auch etwas anderes. Rücksichtlich der Akademie, die die Philharmonische Gesellschaft für mich zu geben beschlossen hat, bitte ich die Gesellschaft, ja dies Vorhaben nicht aufzugeben. Kurz alles, was die Gesellschaft nur wünscht, werde ich mich zu erfüllen bestreben, und noch nie bin ich mit solcher Liebe an ein Werk gegangen, als es hier der Fall sein wird. Möge mir der Himmel nur recht bald wieder meine Gesundheit schenken, und ich werde den edelmütigen Engländern zeigen, wie sehr ich ihre Teilnahme an meinem traurigen Schicksale zu würdigen weiß.)

Ich fand mich genötigt, sogleich die ganze Summe von 1000 Gulden C.-M. in Empfang zu nehmen, indem ich gerade in der unangenehmen Lage war, Geld aufzunehmen. — —

Ihr edles Benehmen wird mir unvergeßlich bleiben, sowie ich noch insbesondere Sir Smart und Herrn Stumpff meinen Dank nächstens nachtragen werde. Die metronomisierte Neunte Sinfonie bitte ich der Philharmonischen Gesellschaft zu übergeben. Hier liegt die Bezeichnung bei.

Ihr Sie hochschätzender Freund

Beethoven.

218.

[Beethovens letzte Zeilen.]

Mein Neffe Karl Soll allein Herbe seyn, das Kapital meines Nachlalasses soll jedoch Seinen natürlichen oder Testamentarischschen Erben zufallen

Wien am 23. März 1827.

Ludwig van Beethoven.

Anmerkungen und Erläuterungen

1. Der Rat Dr. von Schaden war Advokat in Augsburg. Beethoven hatte ihn auf der Durchreise kennen gelernt, als er 1787 von Wien kam, wohin er sich begeben hatte, um den Unterricht Mozarts zu genießen. Der Zweck dieser ersten Wiener Reise wurde wenig oder gar nicht erfüllt; Mozart war zu sehr mit eigenen Arbeiten beschäftigt, soll aber (einer Überlieferung zufolge) durch des jungen Bonner Musikers freies Phantasieren am Klavier auf ihn aufmerksam geworden sein. Auf der Rückfahrt gingen Beethoven die Barmittel aus, und er war genötigt, ein Darlehn aufzunehmen. Krlin (= Karlin, Carlino): eine frühere italienische Münze im Wert von etwa 37 Mark.

Dies ist der erste Brief, der uns von Beethoven erhalten ist. Er gewährt uns Einblick in Ludwigs trübselige Jugend. Nach dem Tode der Mutter, deren Erkrankung den Sohn vorzeitig aus Wien nach Hause gescheucht hatte, verfiel der Vater vollends der Trunksucht, so daß er seine Stellung verlor, und auf dem kaum Siebzehnjährigen ruhte nunmehr die Last, die häuslichen Verhältnisse, so gut es ging, aufrecht zu erhalten und für die Erziehung der beiden jüngeren Brüder zu sorgen. Beethovens Taubheit war nicht die einzige Quelle seiner Lebenstragik. Verkümmerte Jugend ist auch ein verhängnisvolles, folgenschweres Schicksal. Wie Beethoven, voll Zartsinn gegen seinen Vater, die Familienpflichten auf sich genommen hat, davon spricht das folgende Dokument (Nr. 2).

3. Beethoven hatte das Glück, seit 1785 von Wegeler eingeführt, in dem angesehenen Hause der verwitweten Hofrätin von Breuning zu verkehren. Es wurde dem Knaben und Jüngling eine zweite Heimstätte, die seine Sitten milderte und ihm Einblick in eine bessere Welt gestattete, als sie den früh Verbitterten zu Hause umgab. In diesem Kreise, der ihn in Berührung mit gebildeten Männern und mit der deutschen Literatur brachte, begegnete er auch seinem späteren Gönner, dem Grafen Waldstein.

Beethoven genoß mit dem zweitjüngsten Sohne der Hofrätin, Stephan, den Violinunterricht von Franz Ries und war zugleich der Klavierlehrer des jüngsten Sohnes Lenz und der einzigen Tochter Eleonore. Bald verband ihn eine herzliche Freundschaft mit allen Geschwistern. Den Verkehr mit Stephan (dessen Sohn Dr. Gerhard v. Breuning Beethovens „Ariel" und „Hosenknopf" und der Verfasser der bekannten Erinnerungen „Aus dem Schwarzspanierhause" ist) nahm er in Wien wieder auf, allerdings mit Unterbrechungen, die nicht sowohl dem Freunde, als seinem eigenen unglücklichen Temperament zuzuschreiben sind. Lenz starb früh; Eleonore („Lorchen") wurde die Gattin Wegelers.

Der Brief und das folgende Fragment deuten auf Unstimmigkeiten zwischen Beethoven und den Breunings, die aber wohl schon in Bonn, vor seiner Abreise behoben waren.

Die Werke, die Beethoven seiner Jugendfreundin und ehemaligen Schülerin widmete, sind die 12 Variationen für Pianoforte und Violine in F-Dur über das Thema aus Mozarts Figaro „Se vuol ballare“ und die leichte Sonate in C-Dur, die als Torso auf uns gekommen ist. Die Variationen waren das erste Werk, das von Beethoven in Wien herauskam (1793 bei Artaria). Beethoven war Ende 1792 zum zweitenmal in die Kaiserstadt gekommen, um bei Haydn, der ihn auf der ersten Rückfahrt von London in Bonn selbst dazu ermutigt hatte, seine Studien fortzusetzen, mit einem Stipendium des Kurfürsten, das er ebenso wie auch die Empfehlungen an einflußreiche Wiener Adelsfamilien, wahrscheinlich dem Grafen Waldstein verdankte. Er ahnte nicht, daß er seine Heimat nicht wiedersehen sollte; aber die Besetzung der Rheinlande durch Napoleon machte dem Kurfürstentum Köln ein Ende, und Beethoven blieb in Wien.

Barbara Koch, nachmalige Gräfin Belderbusch, war eine Freundin Lorchens, eine vielumschwärmte Bonner Schönheit, für die sich auch der junge Beethoven interessiert hat. — Malchus (Graf von Marienstadt), später Finanzminister im Königreich Westfalen und in Württemberg, zeichnete sich als Schriftsteller aus. — Paraquin war Sänger und Kontrabassist im Bonner Orchester. — In Kerpen wohnte der Onkel, bei dem die Familie Breuning alljährlich mehrere Wochen auf Besuch zu sein pflegte.

Über die Datierung des Fragmentes und seine Verbindung mit dem Postskriptum vgl. meine bei N. Simrock (Berlin) 1909 herausgegebenen „Beethovenbriefe“.

5. Johann Schenk, der berühmte Komponist des „Dorfbarbier“, war fast ein Jahr lang heimlich der Theorielehrer Beethovens, als dieser noch bei Haydn studierte. Fehler, die Haydn in einer Arbeit hatte stehen lassen, und auf die Schenk bei zufälliger Durchsicht des Manuskriptes aufmerksam machte, weckten Beethovens Mißtrauen gegen den älteren Meister. Durch Haydns abermalige Reise nach London standen die Beziehungen der beiden ohnehin vor dem Abbruch.

6. Die „Partie“, nach deren Aufführung Beethoven sich hier erkundigt, ist das Oktett in Es für Blasinstrumente (je zwei Oboen, Klarinetten, Hörner und Fagotte), das er wahrscheinlich 1792 kurz vor der Abreise komponiert, aber nicht mehr spielen gehört hatte. Die „ersten“ Variationen der Nachschrift sind die in A über das Dittersdorfsche Thema aus „Die rote Kappe“.

Nicolaus Simrock, der Begründer des noch heute bestehenden Verlagshauses, war aus Böhmen eingewandert und hatte sich spätestens Ende 1775 als Waldhornist in der Bonner Hofkapelle anstellen lassen. Anfangs besaß er nur eine bescheidene, durch Abschriften vermehrte Musikaliensammlung, legte sich aber bald einen Laden an und dehnte sein Geschäft auf andre Artikel aus. 1790 zeigt er im Bonner Intelligenzblatt „Papiere aller Art, Kuverts, Tinten, Farben, Blei- und Rotstifte, Federmesser, Stimmgabeln und -hammer, alte und neue Instrumente, verschiedene Sorten Klaviere, Violin- und Baßbogen, ferner Kolophonium und alle Arten Musikalien" an, alles „von der besten Qualität und zu den billigsten Preisen". 1803 hatte er es so weit gebracht, daß er sich ein eigenes Haus in der Bonngasse kaufen konnte. Nicolaus starb, hochbetagt, 1832. Sein zweitältester Sohn, Peter Joseph, führte das Geschäft weiter und wurde einer der Verleger Mendelssohns, sein Enkel Fritz, der die Handlung 1870 nach Berlin verpflanzte, der Verleger von Brahms und Dvořak.

Mit Beethoven verbanden Simrock frühzeitig nahe Beziehungen. Er war des Jüngeren Amtsgenosse in der Kapelle. Ihm verdankte Beethoven, wie er selbst bekennt, seine Kenntnis des Hornes. Das Verhältnis spann sich fast bis zum Tode des Meisters fort, und die Briefe zeigen, wie aus den freundschaftlichen Beziehungen gelegentlich geschäftliche wurden.

7. Franz Gerhard Wegeler, Geheimer Regierungs- und Medizinalrat, zuerst Professor an der Bonner Universität, später praktischer Arzt in Koblenz (gest. 7. Mai 1848), hat sich durch seine „Biographischen Notizen" um die Beethovenforschung unvergängliche Verdienste erworben. Er war der Sohn eines aus dem Elsaß eingewanderten einfachen Handwerkers und wurde 1765 in Bonn geboren. 1787 ging er zur Beendigung seiner Studien auf zwei Jahre nach Wien; auch 1794—96 hielt er sich dort auf. Beethoven, der sich zu vornehmen und verläßlichen Naturen hingezogen fühlte, schloß sich dem um fünf Jahre Älteren aufs vertraulichste an. Wegeler, einer der Intimen des Breuningschen Kreises, gehörte schon seit 1792 zu seinen Freunden und war dadurch später in der Lage, uns sichere Kunde von Beethovens Entwicklung zu geben. Das Verhältnis der beiden dauerte trotz jahrzehntelanger Trennung ungetrübt bis zu des Meisters Tode fort.

An diesen Mann ist der Brief geschrieben, der ein so schönes Licht auf Beethovens reuefähigen Charakter wirft.

8. Dieser Brief fällt in das Jahr (1796), in dem Beethoven seine einzigen Kunstreisen unternahm. Bald hinderte ihn das zunehmende Gehörleiden an der Ausführung ähnlicher Pläne. Außer in Prag, Dresden, Leipzig, Berlin ist Beethoven damals (im Januar 1796) auch in Nürnberg gewesen. In Berlin hat er zweimal in einer Probe der Singakademie am Flügel phantasiert.

Wer „Vetter Elsi" ist, bleibt unergründlich. „F. Linowski" ist Fürst Karl v. Lichnowsky, derselbe, der Beethoven später ein Jahresgehalt von 600 fl. aussetzte, und der ihm vielleicht zur Zeit der Abfassung dieses Briefes noch etwas von der Subskriptionssumme für die Trios op. 1 schuldete.

9. Hier beginnt die lange Reihe der Zmeskall-Briefe und -Zettel. Der k. k. Hofsekretär Nicolaus Zmeskall von Domanovecz, etwa zehn Jahre älter als der

Meister, guter Violoncellspieler, war einer der treuesten und hilfreichsten Freunde Beethovens. Nie hat er ihm seine derben Späße übelgenommen. Wie hoch ihn Beethoven im Grunde schätzte, beweist die Dedikation des F-Moll-Quartetts op. 95. Die Chronologie dieser Dokumente ist übrigens durchaus unsicher, da sie meist undatiert sind. Die in Klammern hinzugefügten Jahreszahlen beruhen auf Mutmaßungen Kalischers.

Amenda, kurländischer Pfarrer und Musiker, gehörte zu den frühesten Wiener Freunden Beethovens. — Der „Guitarist" ist der Theologe G. H. Mylich, der sich im Gitarrespiel, aber auch als Sänger auszeichnete. — Der „Schwan" war ein von Beethoven bevorzugtes Gasthaus.

13. Die Besorgung und Zurichtung neuer Federposen gehörte zu den ehrenvollen Aufträgen, mit denen der Meister seinen „Musikgrafen" zu betrauen liebte.

15. Also auch aus pekuniärer Verlegenheit mußte Freund Zmeskall in jenen ersten Zeiten gelegentlich helfen. Der launig-souveräne Ton des Briefes ist bezeichnend für Beethovens Empfinden solchen Dingen gegenüber.

17. Die ungenierte Art einzulenken, nicht minder als die ungenierte Grobheit des voraufgehenden Briefes, zeigt, daß die Freundschaft zwischen Beethoven und Joh. Nepomuk Hummel zeitweise recht intim gewesen sein muß. Ignaz Schuppanzigh war der Primgeiger eines vom Fürsten Lichnowsky unterhaltenen Quartetts, das viele Werke Beethovens aus der Taufe hob, und mit dem Meister treu befreundet. — „Mehlschöberl" ist der Name eines Kochs in der beliebten Burleske „Das lustige Beilager". Vielleicht spielt Beethoven auf seine eigenen Versuche in der Kochkunst an, unter denen geladene Freunde zuweilen zu leiden hatten.

18. Christine Gerardi war die Tochter einer aus dem Toskanischen eingewanderten Familie und wurde, obgleich Dilettantin, als „die größte Sängerin Wiens" geschätzt. Sie verheiratete sich (wahrscheinlich 1798) mit dem Arzt Dr. Joseph von Frank und verließ um 1804 Wien.

19. Beethoven ist hinterrücks gemalt worden und möchte, ohne sich Feinde zu machen, das Porträt mit Hilfe der Gerardi unterdrückt wissen. Wer die angedeuteten Persönlichkeiten waren, ist nicht zu bestimmen. Offenbar hat sich auch jemand durch Nichtgrüßen verletzt gefühlt. Beethoven weist die Unterschiebung absichtlicher Unhöflichkeit zurück und wahrt das Recht des Spaziergängers, andere nicht bemerken zu müssen.

20. Karl Amenda, an dem Beethoven mit ganzem Herzen hing, mußte im Juni 1799 nach Kurland zurück. Beethoven schenkte ihm in Stimmen eine Kopie seines F-Dur-Quartetts op. 18. In dem hier mitgeteilten Briefe findet sich das erste, erschütternde Eingeständnis seiner drohenden Ertaubung. Beethoven verhehlt sie nahestehenden Freunden nicht mehr, wenn er sie auch vor der Außenwelt noch zu verbergen sucht und gegen jedermann darüber zu schweigen bittet. Er ist noch nicht ohne jede Hoffnung. Daß er die Gehörerkrankung mit seinem Unterleibsleiden in Verbindung bringt, sollte nicht unbeachtet bleiben.

21. Peter Frank, aus der Pfalz gebürtig, Direktor des Allgemeinen Krankenhauses, war 1795 von Italien nach Wien gekommen. Er genoß als Arzt einen bedeutenden Ruf und gilt als Begründer der öffentlichen Hygiene.

Gerhard v. Vering war dirigierender Feld-Stabsarzt und kaiserlicher Rat und der Schwiegervater Stephan v. Breunings.

„Stoffel“ wurde im vertrauten Kreise der älteste der Brüder, Christoph v. Breuning (Geheimer Revisionsrat in Berlin), genannt. — Zur Zeit des Briefes wohnte Beethoven wahrscheinlich im Pasqualatischen Hause. — Der „Antiochus“ war ein Bild des Direktors Füger von der Malerakademie in Wien.

22. 1801 wurde der Wegeler befreundete Professor Dr. J. A. Schmidt Beethovens Arzt. Er erhielt aus Dankbarkeit im folgenden Jahre das von Beethoven selbst für Klavier, Geige (oder Klarinette) und Cello bearbeitete Septett op. 20 dediziert.

Daß mit dem „zauberischen Mädchen“ gerade auf Giulietta Guicciardi angespielt ist, braucht keineswegs als ausgemacht zu gelten.

23. Franz Anton Hofmeister, 1754 zu Rothenburg am Neckar geboren, wurde als Kirchenkapellmeister in Wien mit Beethoven befreundet. Ende 1800 begründete er in Leipzig mit dem Organisten Ambrosius Kühnel das Bureau de Musique, die später weltberühmte Peterssche Musikalienhandlung. 1805 kehrte Hofmeister nach Wien zurück, wo er 1812 starb. Das Geschäft ging 1814 an C. F. Peters über, mit dem Beethoven dann weiter korrespondierte.

24. Der Brief bekundet Beethovens tiefe Bach-Verehrung. — Die Sonate, von der hier die Rede, ist die dem Grafen Browne gewidmete B-Dur-Sonate op. 22. — Die Leipziger „Rindviehe“ oder „Ochsen“ (das „R“ kann auch ein „O“ sein) sind natürlich Beethovens Rezensenten. — Das Zeichen ♯♯ ist bei Beethoven entweder ein Einschaltungszeichen (statt *), oder (wie hier und öfter) die Abkürzung für „Dukaten“.

25. Über die Auffindung dieser zusammenhängenden drei Liebesbriefe schreibt der Biograph Schindler: „Stephan von Breuning fand sie nebst anderen dem Freunde wichtigen Briefschaften nach dessen Ableben in einem geheimen Lädchen einer Kassette.“ Gerhard v. Breuning wiederum berichtet in seinem Buche „Aus dem Schwarzspanierhause“: „Die Szene mag, Vaters späterer Äußerung gemäß, nachgerade ziemlich unleidlich geworden sein, als zufällig Holz an einem aus einem Kasten vorstehenden Nagel zog, hierdurch ein Fach und mit ihm die gesuchten Wertpapiere herausfielen.“ Also nicht einmal, wie und wo die Briefe gefunden wurden, steht einwandfrei fest! — Vgl. im übrigen das in der Einleitung Gesagte. — Das Original ist mit Bleistift geschrieben.

26. Ferdinand Ries, der Mitverfasser der „Biographischen Notizen", war der Sohn des ausgezeichneten Violinisten Franz Ries, der wie die Familie Beethoven in der Bonngasse wohnte. Ries kam gegen Ende 1801 im Alter von 17 Jahren nach Wien, um die beim Vater begonnenen musikalischen Studien unter Beethovens Leitung fortzusetzen. Der Meister nahm ihn freundlich auf und sorgte für ihn in jeder Weise, eingedenk der Hilfe, die ihm einst der alte Ries nach dem Tode der Mutter gewährt hatte. Ferdinand durfte seinerseits an Beethovens Arbeiten teilnehmen, Abschriften anfertigen und mancherlei andere Dienste leisten. Er mußte sich 1805 zur Konskription stellen, kehrte aber 1808, nach längerem Aufenthalt in Paris, noch einmal nach Wien zurück.

Nach weiteren Konzertreisen begab sich Ries 1813 nach London und ist hier für die Aufführung und den Verlag Beethovenscher Werke mit Eifer tätig gewesen. 1824 verließ er England, wohnte einige Zeit in Godesberg am Rhein und nahm dann seinen bleibenden Wohnsitz in Frankfurt a. M., wo er 1838 starb, ohne die Herausgabe der „Notizen" erlebt zu haben.

27. Beethoven lehnt es in satirischer Weise ab, eine „Revolutionssonate" zu schreiben. Bonaparte, der „Freiheitsheld" von ehedem, hatte seine Sympathien bereits verscherzt. — Wer die „Dame" war, die eine Sonate bestellte, ist unbekannt. — Die schon gestochene ist die B-Dur-Sonate op. 22. — Die bei Mollo erschienenen Quartette sind die ersten op. 18. — Das vielgespielte Septett (op. 20) war ihm offenbar schon zuwider geworden.

28. Ein künstlerisches Bekenntnis lehrreicher Art. Die erwähnte, von Beethoven selbst bearbeitete Klaviersonate ist wahrscheinlich die E-Dur aus op. 14, die 1802 als Quartett in F-Dur erschien.

29. Das ergreifende Dokument spricht für sich selbst. — An der leeren Stelle der Aufschrift ist „Johann" zu ergänzen. Ob Beethoven den Namen fortgelassen oder später — als er auf den „Bruder Pseudo" schlecht zu sprechen war — ausgemerzt hat, ob er von fremder Hand ausradiert ist, wissen wir nicht. — Auffällig ist die falsche Altersangabe („in meinem 28. Jahre"). Beethoven zählte bereits 32 Jahre. Sonst glaubte er sich nur um zwei Jahre jünger als er war, indem er zeitlebens 1772 für sein Geburtsjahr hielt. Wohl durch Schuld des Vaters, der einst den Dreizehnjährigen zu einem elfjährigen Wunderkinde gemacht hatte.

Die Instrumente, die Beethoven vom Fürsten Lichnowsky zum Geschenk erhalten hatte, waren ein Streichquartett. Die erste Geige und das Cello zwei Gnarneris die zweite Geige eine Amati, die Bratsche vom Jahre 1690. Sie befinden sich jetzt im Beethovenhaus zu Bonn.

30. Walter: einer der renommiertesten Klavierbauer Wiens. — Anton Reicha (1770—1836), Neffe des Bonner Konzertmeisters Joseph Reicha, berühmter Cellist und Komponist, war von Jugend auf mit Beethoven befreundet. 1802—1808 lebte er in Wien; von da ab in Paris, wo er Kompositionsprofessor am Conservatoire und Mitglied der Akademie (an Boieldieus Stelle) wurde.

32. Alexander Macco, berühmter Porträtmaler und Radierer, 1770 in Ansbach geboren, in Rom ausgebildet, kam 1802 nach Wien. — August Gottlieb Meißner, der Großvater des Dichters Alfred Meißner, 1753 in Bautzen geboren, wirkte als Professor der schönen Wissenschaften in Prag und als Direktor höherer Lehranstalten in Fulda. Er hat sich in musikalischen Kreisen durch eine Biographie G. Naumanns bekannt gemacht. — Der Brief enthält den ersten Hinweis auf die Beschäftigung mit dem „Fidelio".

33. Die „zwei Freunde", von denen Beethoven spricht, waren, der eine sicherlich Wegeler, der andere vielleicht Lenz v. Breuning, der 1794 nach Wien kam, um Medizin zu studieren, und schon 1798 starb. — Zur Erläuterung der Stelle „Schneidern Sie nicht zuviel" erzählt Ries: „Beethoven besuchte mich nie öfter, als da ich in dem Hause eines Schneiders wohnte, wo drei sehr schöne, aber unbescholtene Töchter waren."

34. Es handelt sich hier um die sogenannte Kreutzer-Sonate op. 47. Sie kam erst 1805 bei Simrock heraus. Ursprünglich sollte sie dem Mulatten Bridgetower gewidmet werden, der in Wien Aufsehen als Violinvirtuose erregte und 1803 die Sonate zuerst öffentlich mit Beethoven gespielt hatte. Interessant ist die Dedikation an Kreutzer, den „guten lieben Menschen", und Beethovens bissige Bemerkung über das „extérieur und intérieur" der Virtuosen. Adolphe Kreutzer (1766—1831) war in Paris Soloviolinist und Kapellmeister der Großen Oper, Kammervirtuos Napoleons und Professor am Conservatoire. Das ihm von Beethoven gewidmete Werk hat er seltsamerweise nie in seinen Konzerten gespielt!

35. Willibrord Joseph Mähler, geborener Rheinländer, war damals Offizial bei der k. u. k. geheimen Staatskanzlei. Sein bekanntes Beethovenporträt entstand im Winter 1804 auf 1805.

36. Nach Gerhard v. Breuning wurde das Zerwürfnis mit seinem Vater schon nach wenigen Monaten beigelegt. In diese Zeit mußte also der Versöhnungsbrief fallen, den Schindler und Nohl in das Jahr 1826 verlegen. — Das Porträt war (nach der gleichen Quelle) das Miniaturporträt von Hornemann aus dem Jahre 1802.

37. Die Fürstin Josephine, geborene Landgräfin von Fürstenberg, Gemahlin des Generalfeldmarschalls von Liechtenstein, lernte Beethoven bei Lichnowsky kennen. Sie wurde seine Schülerin, und er widmete ihr eine der beiden Phantasie-Sonaten op. 27 (Es-Dur). — Diesen Brief hat Ries sich als „Beweis von Beethovens Freundschaft und Liebe" aufgehoben, aber, zum Ärger des Meisters, nicht abgegeben.

38. Friedrich Sebastian Mayer war ein Schwager Mozarts und der erste sehr ungenügende) Pizarro. — Ignaz Ritter v. Seyfried (1776—1841), ein treuer Verehrer Beethovens, wirkte als Kapellmeister am Theater an der Wien. Er hat ein Buch „Beethovens Studien usw." veröffentlicht. — Dieser Brief an Mayer wirft ein grelles Licht auf die damaligen Fidelio-Aufführungen.

39. Die gräfliche Familie Brunswick gehörte schon vor 1800 zum engeren Freundeskreis. Therese Brunswick, die Beethovens Herzen nahegestanden haben soll, ward seine Schülerin. Ihr ist die poesievolle Fis-Dur-Sonate gewidmet. Mit dem Grafen Franz verbanden ihn Gleichheit der musikalischen Interessen und herzliche freundschaftliche Zuneigung. Mit den Brunswicks verkehrte Beethoven nicht nur in Wien, er besuchte sie auch in Ungarn.

Mancherlei spricht dafür, daß der hier mitgeteilte Brief in der Zerstreutheit von Beethoven falsch datiert ist und in das Jahr 1807 gehört. — Muzio Clementi (1752—1832), der berühmte Rivale Mozarts, als Pianist und Komponist auf dem Kontinent und in England gefeiert, hatte 1798 in London einen Musikverlag nebst Pianofortefabrik errichtet. Er lernte Beethoven in Wien im Frühjahr 1807 kennen. — Die Quartette, die Beethoven so stürmisch verlangt, sind die Rasoumowskyschen op. 59. — Schuppanzigh, selber ein Dickwanst, hatte zu Beethovens Belustigung eine ebenso dicke Böhmin zur Frau genommen.

40. Die hier genannten Werke sind der „Fidelio", die Quartette op. 59, das Oratorium „Christus am Ölberg" und das G-Dur-Klavierkonzert. — Der „Kantor Müller" ist August Eberhard Müller, angesehener Pianist und Komponist, Kantor an der Leipziger Thomaskirche, später Hofkapellmeister in Weimar (gest. 1817).

41. 1806 erreichte die Direktion des Barons v. Braun ihr Ende und die k. k. Theater wurden einem Konsortium von Kavalieren übertragen. Da Männer wie Lobkowitz, Schwarzenberg und Esterhazy darunter waren, schöpfte Beethoven, der sich um diese Zeit besonders mit Opernplänen trug, Hoffnung auf eine Anstellung. Sein Gesuch wurde indessen nicht bewilligt.

42. Camille Pleyel, damals 15 Jahre alt, Sohn des Haydn-Schülers Ignatz Pleyel, hatte Beethoven mit seinem Vater in Wien besucht. Die Pleyels waren wie Clementi unter die Musikalienhändler und Klavierbauer gegangen; ihre in Paris begründete Firma steht noch heute in Blüte. — Der liebenswürdige Brief steht in merkwürdigem Gegensatz zu dem frostigen Empfang, den der Meister den beiden in Wien hatte zuteil werden lassen. Aber Beethoven suchte geschäftliche Anknüpfung!

43. Ignatz v. Gleichenstein war außerhalb seines Amtes als k. k. Hofkonzipist begabter Liebhaber auf dem Cello. Durch ihn kam Beethoven in das Haus des Gutsbesitzers Malfatti, für dessen Tochter Therese er eine leidenschaftliche, wie es scheint unerwiderte Neigung empfand. Die Briefe erzählen davon. Gleichenstein heiratete die jüngere Tochter Anna und machte dadurch dem Tondichter das Herz noch schwerer. — Beethoven ist bei Kasse und gibt um diese Zeit etwas auf seine

Kleidung. Sein Schneider Lind bekommt zu tun. — Joseph Henickstein ist der Chef eines Bankhauses, mit dem Beethoven seine Geldangelegenheiten erledigte.

44. Es handelt sich um eine Einführung beim Erzherzog Rudolph, Beethovens Schüler. — Schweiger ist der Kammerherr des Erzherzogs, der das Einschlußbillett für Gleichenstein geschickt hatte.— Dorner war bestimmt, dem Prinzen beim Musizieren die Noten umzuwenden.

45. Trotz der unverkennbaren Verstimmung des Briefschreibers ist das „Sie“ natürlich nicht ernst zu nehmen. — Der Brief „nach London“ stand wohl mit dem von Clementi gebotenen Vertrag in Zusammenhang.

47. Wer die „schönen Grazien“ sind, die Beethoven im Prater erwartet, ist aus dem Vorhergehenden unschwer zu erraten. Noch ist ihm das Hoffnungslose seiner Liebe zu Therese Malfatti nicht zum Bewußtsein gekommen.

48. Heinrich Joseph v. Collin, 1803 geadelt, 1809 zum Hofrat ernannt, Jurist und Dichter, lebte als Hofsekretär in Wien. Zu seinem Trauerspiel „Coriolan“ schrieb Beethoven die bekannte Ouvertüre. Von Collin, der bei der Theaterdirektion Einfluß hatte, erhoffte er einen Operntext, aber aus diesem Plan wurde so wenig wie aus andern Opernplänen. Beethoven war schwierig, und das in Rede stehende Libretto (ein „Bradamanti“) erhielt schließlich doch Reichardt zur Komposition.

49. „Gigons“ war der Name eines den Malfattis gehörenden Hündchens.

50. Dies der einzige uns erhaltene Brief an die Malfatti. Ob ihn die „flüchtige, alles im Leben leicht behandelnde“ Therese wohl verstanden und beantwortet hat? Sie wurde später Frau Baronin v. Droßdick. Beethoven aber, dessen Naturgefühl hier so schön zum Durchbruch kommt, konzipierte noch im Sommer dieses Jahres die „Pastorale“ und vollendete seine Schicksalssinfonie, die in C-Moll.

51. Die Sinfonie in B-Dur, op. 60, erschien im März 1809 im „Kunst- und Industriekontor“, dessen Direktor Joseph Schreyvogel unter dem Pseudonym Karl August West in der Theatergeschichte Wiens eine hervorragende Rolle spielte.

52. Dieser und der folgende schmerzliche Brief zeigen deutlich, daß es mit Therese Malfatti zum Bruch gekommen war. Beethoven sah sich aufs neue darauf angewiesen, sein Glück im „eigenen Busen“ zu suchen; die Außenwelt brachte ihm „nichts als Wunden“ bei. — Der schon in der Gesellschaft des Erzherzogs erwähnte Dr. Dorner war Mediziner wie Theresens Onkel.

54. Beethoven hatte die Adressatin sehr dringlich zu einer Spazierfahrt eingeladen, aber die verheiratete Frau nahm trotz der Zartheit seiner Empfindungen die Einladung nicht an. Bigot war 1808 Bibliothekar beim Fürsten Rasoumowsky. Marie Bigot, geb. Kiené aus Kolmar, kam mit ihrem Gatten 1804 nach Wien und wurde eine der begeistertsten Verehrerinnen und Interpretinnen Beethovens.

Ihr Klavierspiel wurde bewundert, und in Paris, wohin das Ehepaar 1809 übersiedelte, war sie eine angesehene Klavierlehrerin, deren Unterricht selbst Felix Mendelssohn noch suchte.

55. Beethovens Angebot blieb nicht vergeblich. Bei Breitkopf & Härtel erschienen u. a. die C-Moll- und die F-Dur-Sinfonie (Pastorale), die Egmont-Musik, der „Fidelio" und im November 1812 auch die C-Dur-Messe, mit der der Komponist, nur um sie herauszugeben, hier „ein Geschenk" machen will. Der Brief ist interessant, weil er die damaligen Verlagsverhältnisse — Beethoven hatte bereits Weltruf — beleuchtet. — Der sonst unbekannte Wagener wird wohl ein Kommissionär gewesen sein.

56. Dem Grafen Franz v. Oppersdorf ist die 4. Sinfonie in B-Dur gewidmet. Er gehörte zum Kreise Lichnowskys und besaß ein Schloß bei Glogau, auf dem er Beethoven von seiner Privatkapelle die 2. Sinfonie in D vorspielen ließ. — Die Stelle „ohne Leute nötig zu haben usw." bezieht sich auf einen Vorfall, der sich 1806 auf Schloß Grätz in einer Gesellschaft beim Fürsten Lichnowsky zugetragen hat. Beethoven sollte vor französischen Gästen spielen, geriet darob mit dem Fürsten in Wortwechsel, lief schnurstracks davon, fuhr noch in derselben Nacht nach Wien zurück und zertrümmerte in seiner Wut die Büste Lichnowskys. — Dem Antrag nach Kassel zum König Jérôme war er ernstlich willens, Folge zu leisten. Da taten sich der Erzherzog, Lobkowitz und Kinsky zusammen und setzten, um ihn an Wien zu fesseln, ihm ein Jahresgehalt von 4000 Gulden aus. Durch die Valutaregulierung vom Jahre 1811 und den Konkurs des Fürsten Lobkowitz schrumpfte der Betrag beträchtlich zusammen, und Beethoven sah sich sogar genötigt, seine Ansprüche an das Kinskysche Haus gerichtlich geltend zu machen.

57. Der Tenorist Böckel sang den Florestan bei der Wiederaufnahme des „Fidelio" im Jahre 1806. — Die Sängerin Anna Milder, die spätere berühmte Milder-Hauptmann, suchte Beethoven (vergeblich) für die denkwürdige Akademie vom 22. Dezember 1808 zu gewinnen, in der zum ersten Male die C-Moll- und die Pastoralsymphonie, das G-Dur-Konzert, Stücke aus der C-Dur-Messe und die Chorphantasie op. 80 erklangen. — Nanette Marconi, spätere Frau Schönberger, war eine hervorragende Altistin aus Mannheim.

58. Antonio Salieri, Glucks Nachfolger als Hofkapellmeister in Wien, war kurze Zeit einer der Lehrer Beethovens gewesen, der ihm die Violinsonaten op. 12 widmete. Der hier geäußerte Verdacht der Intrige entsprang wohl Beethovens reizbarem und argwöhnischem Charakter. — Das Konzert, in dem sich die geschilderte drastische Episode ereignete, ist wieder die Akademie vom 22. Dezember im Theater auf der Wieden (an der Wien).

59. Das Quartett, das bei Lobkowitz probiert wird, muß das in Es-Dur op. 74 („Harfenquartett") sein, das im Jahre 1809 komponiert wurde. — Von jetzt an beginnen die Dienstboten-Angelegenheiten wieder eine Rolle zu spielen.

60. 1809 rückte Napoleon gegen Wien an. Aus der Reise mit Gleichenstein wurde nichts, auch nichts aus dem „Kaiserl. Kapellmeister". Das „Beigefügte" ist das Dekret seiner lebenslänglichen Besoldung (für den Fall, daß er in Wien blieb). — Elise Bürger, die dritte Gattin des Dichters, hatte diesem selbst in einem Gedicht ihre Hand angetragen. Das war nicht nach Beethovens Geschmack. Aber die Heiratspläne hatte er, wie wir sehen, noch nicht aufgegeben.

61. Gräfin Anna Marie Erdödy, um 1779 geboren, war eine hübsche, kränkliche, sehr musikalische Ungarin. Zeitweise wohnte Beethoven bei ihr. Sein Verhältnis zur Gräfin kennzeichnet sich am besten darin, daß er sie seinen „Beichtvater" nannte und in herzlicher Offenheit mit ihr verkehrte. Auch Besuche empfing er in ihrem Hause. Für sechs Jahre verschwindet dann diese Frau aus seinem Leben; aber wir begegnen ihr und ihren Kindern wieder in den Briefen nach 1815.

62. Bruder Johann hatte es zu etwas gebracht und in Linz die Apotheke „Zur goldenen Krone" erworben. Der ältere Karl, für den Ludwig eigentlich Sympathie hegte, muß es arg getrieben haben, daß ihm hier das Vertrauen entzogen wird. — Diese Zeilen sind auf das Innere eines Kuverts geschrieben, das mutmaßlich den „schon lange bereit" liegenden Brief enthielt.

63. Das „R" ist ungewiß; möglicherweise war Reichardt gemeint. — Andreas Freiherr v. Forray war ein angeheirateter Vetter des Grafen Brunswick, ein tüchtiger Klavierspieler. — Beim Baron Pasqualati (auf der Mölker Bastey) wohnte der Meister so häufig, daß der Hausherr anordnete: „Das Quartier wird nicht vermietet, Beethoven kommt schon wieder." — Franz Oliva, von Haus aus Gelehrter und Musiker, war Bankbeamter bei Ofenheim & Herz in Wien. Dieser „Lumpenkerl", vor dem Beethoven so eindringlich warnt, erscheint bald darauf als recht intimer Freund. Schon 1810 werden ihm die D-Dur-Variationen op. 76 gewidmet. Solch jäher Gesinnungswechsel ist uns bei Beethoven nichts Neues mehr. Sein impulsives Temperament ließ sich stets vom Augenblick leiten.

64. Das Sextett für Blasinstrumente erschien 1810 ohne Opuszahl bei Breitkopf & Härtel. Im selben Jahre kamen dort die beiden Gesänge „Lied aus der Ferne" und das schöne „Andenken" (nach Matthisson) heraus. — Die Cellosonate in A-Dur op. 69 wurde in diesem Sommer fertig.

65. Beethoven in neuen Liebesbanden! Müßig, nach seiner Omphale zu fragen. Die Enthusiastin Bettina, die Kalischer vermutet, war es schwerlich; auch wenn das Datum stimmt.

66. Im Jahre 1810 trug sich Beethoven wieder mit Heiratsplänen. Das Verlangen nach dem Taufschein mag mit solchem Projekt im Zusammenhang stehen.

Die ihm zugedachte Dedikation eines Werkes hat Wegeler nie erhalten. Für die Freimaurerloge hatte er das „Opferlied" benutzt und einen stimmungsvollen, wahrscheinlich von ihm selber gedichteten Text unterlegt. Beethoven befand sich also im Irrtum, als er eine vergessene Komposition in Wegelers Händen glaubte.

67. Der „Herr" ist sein Schüler Erzherzog Rudolph.

68. In bezug auf Berlin denkt Beethoven an Schillers:

„Sprache gab mir einst Ramler und Stoff mein Cäsar; da nahm ich Meinen Mund etwas voll; aber ich schweige seitdem."

Die „Toni" ist Franz Brentanos Gattin Antonie.

„Bedaure mein Geschick" ist falsch zitiert; es heißt in der „Jungfrau von Orleans" (IV. Aufzug, 2. Szene): „Beweine mein Geschick". — Clemens v. Brentano, Bettinas Bruder, war, vermutlich seit 1804, gleichfalls mit Beethoven befreundet. — Die erwähnte „Kantate" von ihm auf den „Tod Ihrer königlichen Majestät von Preußen" (Königin Luise) ist aus dem Nachlaß in die Berliner Staatsbibliothek übergegangen.

Elisabeth Brentano (Bettina), die Gattin Achim v. Arnims und Schwester von Clemens und Franz, lernte Beethoven 1810 in Wien kennen. Unter den drei von ihr veröffentlichten Beethovenbriefen ist dieser der einzige authentisch beglaubigte. Er legt Zeugnis ab für die geistige Interessengemeinschaft zwischen ihr und dem Meister.

69. Das Trio ist das große B-Dur-Trio op. 97.

70. Beethoven erhielt von Goethe aus Karlsbad ein vom 25. Juni 1811 datiertes, sehr liebenswürdiges Antwortschreiben. Die persönliche Berührung der beiden Männer im folgenden Sommer (in Teplitz) verlief, bei aller gegenseitigen Hochachtung, weniger sympathisch. Goethe ahnte wohl die Größe Beethovens, bewunderte sein Klavierspiel, stieß sich aber, seiner Natur gemäß, an der unkultivierten Persönlichkeit. Beethoven wiederum empfand einen Unterschied zwischen dem von ihm vergötterten Dichter und dem Menschen Goethe. — Daß die Egmont-Musik nach dem Herzen des Dichters war, ist schwerlich anzunehmen.

72. Graf Brunswick schloß sich nicht an, und Beethoven unternahm die ihm verordnete Badereise nach Teplitz mit seinem Freunde Oliva.

73. Hier beginnen die Briefe an Amalie Sebald und setzen sich im September 1812 fort. Beethoven lernte die hübsche Berlinerin in Teplitz kennen und nahm im folgenden Jahre den Verkehr freudigst wieder auf. Vielleicht regten sich Wünsche in ihm; jedenfalls fühlte er sich sehr gefesselt. Die Sebald-Briefe gehören zu den zartesten aus seiner Feder.

Amalie Sebald war 1787 geboren, also 24 Jahre alt, als Beethoven sie kennen lernte. Sie heiratete bald darauf den Justizrat Krause in Berlin und blieb ein treues Mitglied des Singakademie-Chores. Übrigens hat sich auch C. M. v. Weber für sie interessiert.

74. In Teplitz kam es auch mit Tiedge, dem Dichter der „Urania“, und seiner Freundin, der Gräfin Elise von der Recke, zu freundschaftlichem Verkehr. Es war der Kreis, dem „Amalie“ (Sebald) angehörte. Der Brief zeigt deutlich, welchen Wert Beethoven dieser Bekanntschaft beilegte.

75. Die erwähnten Werke sind: „Die Ruinen von Athen“ und „König Stephan“, beide für die Eröffnung des Budapester Theaters geschrieben; die dem Erzherzog gewidmete Klaviersonate: op. 81a („Les adieux, l'absence et le retour“) und das Oratorium: „Christus am Ölberge“.

Interessant sind Beethovens Bemerkungen über die im deutschen Musikalienhandel beliebten französischen Titel und sein Wunsch, Jahreszahl und Datum auf den Noten gedruckt zu sehen (etwas, das, im Buchdruck von jeher üblich, sich leider bis heute im Notendruck nicht durchgesetzt hat). Auch auf Beethovens Prinzip bei Dedikationen fällt ein charakteristisches Streiflicht.

76. Wer der „Liefländer“ war, ist nicht bekannt. — Traeg: Kommissionsgeschäft. — Beethoven ließ zuweilen bei sich musizieren („meine kleine Gesellschaft“).

77. Die „Fesseln“ waren Zmeskalls Berufspflichten, die ihn — zum Ärger des Meisters — verhinderten, dem Freunde je nach Wunsch zu Diensten zu sein.

Beethoven spricht von „Zudringlichkeit“, der er in öffentlichen Lokalen ausgesetzt war — ein Zeichen seiner steigenden Popularität in Wien.

78. Das „Beigeschlossene“ können nur die beiden für die Pester komponierten Theaterstücke gewesen sein.

Der Ausfall gegen Brunswick erinnert an den vorigen Sommer, wo Beethoven trotz freundlichster Aufforderung ohne den Grafen nach Teplitz reisen mußte.

79. Im Sommer und Herbst 1812 wurden die siebente (A-Dur-) und achte (F-Dur-)Sinfonie vollendet. Die Skizzen zur Neunten gehen nicht über 1815 zurück. Es kann sich also bei einer dritten Sinfonie lediglich um ganz vage Pläne gehandelt haben.

80. Dr. Malfatti, Beethovens Arzt, war der Bruder von Theresens Vater.

81. Der Brief gibt Kunde davon, daß Beethoven auch zu Varnhagen von Ense, dem Gatten Rahels, während seines Teplitzer Aufenthalts in ein freundschaftliches Verhältnis getreten ist. In Prag war Varnhagen ihm nützlich bei der Wahrung seiner Ansprüche gegen den Fürsten Kinsky.

82. Emilie H. war eine kleine, etwa achtjährige Klavierspielerin, die heimlich an Beethoven schrieb und eine gestickte Brieftasche beilegte. Der hier mitgeteilte Brief ist die überaus gütige Antwort des Meisters.

83. Pollebro, mit dem Beethoven das Wohltätigkeitskonzert in Karlsbad gab, war ein italienischer Violinspieler.

89. Das sind die letzten Zeilen an Amalie Sebald. Beethoven sah seine Teplitzer Freundin nicht wieder. Aber es scheint, daß er das Erlebnis noch lange mit sich trug und es nicht „aus dem Gemüt bringen" konnte. Noch 1823 spricht er von Amalie in den Konversationsheften.

90. In den Jahren 1812—15 blieben die Gehaltszahlungen zum größten Teile aus. Fürst Kinsky war beim Reiten so unglücklich gestürzt, daß er nach wenigen Stunden verstarb. Beethovens Ansprüche an die Erbschaftsmasse wurden zunächst nicht anerkannt. Der verschwendungssüchtige Fürst Lobkowitz war schon 1811 insolvent geworden. Auch hier entschied das Kuratorium gegen den Tondichter, und es bedurfte langwieriger Anstrengungen, um ihm zu seinem Recht zu verhelfen.

91. Gelegentlich hatte Beethoven selbst, wie wir sehen, unter der Unleserlichkeit seiner Handschrift zu leiden.

92. Das Briefchen steht im Zusammenhang mit den Aufführungen der „Schlacht bei Vittoria". Zwar einer unveröffentlicht gebliebenen Danksagung zufolge hatte in den ersten beiden Aufführungen vom 8. und 12. Dezember 1813 (zum Besten der in der Schlacht bei Hanau verwundeten österreichischen Krieger) kein geringerer als Salieri die „Trommeln und Kanonaden" dirigiert. Vielleicht handelt es sich hier doch um eine spätere Wiederholung der Schlachtsinfonie, mit der übrigens Beethoven seltsamer (oder soll man sagen: bezeichnender?) Weise den ersten ganz großen, entscheidenden Erfolg hatte.

93. Anton Kraft (1751—1820) war schon zu Haydns Zeit der vorzüglichste Cellist in Wien.

94. Man scheute sich nicht vor dem Effekt, im Konzert am Schluß der Arie — es wird die Baßarie mit Chor aus den „Ruinen von Athen" gewesen sein — durch Herabrollen des Vorhangs das Bild des Kaisers erscheinen zu lassen.

95. Michalcowicz ist der Name eines k. k. Hofkonzipisten. Die Große Akademie vom Februar 1814, dem Kongreßjahr, wo die Fürsten Europas sich in Wien versammelten, wurde wieder ein Ereignis für Beethoven. Nicht minder die gründliche (zweite) Umarbeitung des „Fidelio", bei der diese Oper ihre heutige Gestalt erhielt.

96. Georg Friedrich Treitschke, dramatischer Schriftsteller und Regisseur (1776—1842), war mit Beethoven befreundet. In Treitschkes wirksamer Fassung errang der „Fidelio" am 23. Mai 1814 zum ersten Male einen Erfolg, den er weder 1805 noch (gekürzt) 1806 gehabt hatte. Treitschke trieb Beethoven an, das Martyrium der musikalischen Umarbeitung auf sich zu nehmen. Weitere Opernpläne der beiden kamen nicht zur Ausführung.

99. Der Prager Advokat Dr. Johann Kanka führte Beethovens Prozeß gegen die Kinskyschen Erben.

100. Graf Moritz Lichnowsky, Bruder des Fürsten Karl, war einer jener kunstbegeisterten Aristokraten, die Beethoven schnell zu tatkräftigen Gönnern gewann. Die Dedikation betrifft die im Sommer 1815 bei Steiner erschienene E-Moll-Sonate op. 90. — Lord Castlereagh, englischer Staatsmann und Kongreßmitglied, sollte in London beim Prinzregenten Interesse für die Schlachtsymphonie (Wellingtons Sieg) anregen.

101. Im Januar 1815, nach dem Hofkonzert im Rittersaal der Burg, wo Beethoven den Kanon aus „Fidelio" und die „Adelaide" begleitet hatte, gewährte ihm die Kaiserin Elisabeth von Rußland eine Audienz. Beethoven überreichte ihr die für sie komponierte Polonäse op. 89 und erhielt ein Geschenk von 50 Dukaten und, als nachträgliches Honorar, 100 Dukaten für die dem Kaiser Alexander gewidmeten Violinsonaten op. 30.

102. Dr. Kanka war in Wien gewesen, ohne Beethoven zu besuchen; daher die launige Epistel. — Die politischen Anspielungen beziehen sich natürlich auf den geflüchteten „König Lustik" (Jérôme) und auf Napoleon, der am 1. März 1815 aus seinem Exil nach Frankreich zurückgekehrt war.

104. Zu dem Kreis, in den Beethoven durch die Rückkehr der Gräfin Erdödy nun wieder eintritt, gehören der Hauslehrer der Kinder, Magister Brauchle, der Cellist Linke („das Violonschell") und der Amtmann Sperl auf dem Erdödyschen Gut Jedlersee. Es entspinnt sich ein munterer persönlicher und brieflicher Verkehr.

106. Der „Diabolus" ist Anton Diabelli. Hinsichtlich des „Generalissimus" und der andern Scherze in den Briefen an Steiner und Tobias Haslinger vergleiche die Einleitung.

109. Nach seinen Erfolgen in der Kongreßzeit wird Beethoven, in Wien nunmehr eine populäre Persönlichkeit, des öfteren Ziel und Gegenstand der Porträtkunst. Von welchem Maler hier die Rede war, ist so ungewiß wie das Datum des Briefchens.

110. Franz und Antonie von Brentano, geborene Birkenstock aus Wien, wurden mit Recht als hilfreiche, edelgesinnte Menschen und Freunde von Beethoven ganz besonders geschätzt. Für ihr Töchterchen Maximiliane schrieb er 1812 das kleine Trio in B und widmete ihr später die E-Dur-Sonate op. 109 (Frau Antonie erhielt, nach mancherlei Schwankungen, die Diabelli-Variationen op. 120 dediziert). Um die Zeit der mitgeteilten Briefe waren Brentanos schon nach Frankfurt übersiedelt. Franz, der Beethoven in bedrängter Lage mit namhaften Summen unterstützte, hört nicht auf, sein Berater in finanziellen Dingen zu sein.

111. Kapellmeister „W" könnte Bernhard Anselm Weber, der langjährige Dirigent der Berliner Oper (gest. 1821), sein. Er war mit Beethoven bei dessen Aufenthalt in Berlin 1796 bekannt geworden.

112. Am 15. November 1815 starb Karl van Beethoven, von dessen schwerer Erkrankung wir schon in den vorigen Briefen hörten. Beethovens Lebensführung, die sich materiell gerade gebessert hatte, erhielt nun einen neuen schweren Stoß durch die unglückliche Vormundschaft über den Neffen Karl. Es begann die Leidenszeit voll bitterer und häßlicher Erfahrungen, von der die Briefe erschütterndes Zeugnis ablegen (vgl. die Einleitung).

Giannatasio del Rio war der Leiter der Privatschule, in die Beethoven den Knaben im Februar 1816 brachte.

113. Frau Dorothea v. Ertmann, Gattin des Generals v. Ertmann, geb. Graumann aus Frankfurt a. M., Tante der Mathilde Marchesi, war Beethovens langjährige und bevorzugte Schülerin. Von ihr hörte der Meister seine Sonaten am liebsten spielen; sie hatte offenbar das Wesen seiner Musik am tiefsten erfaßt. Noch Mendelssohn war von ihr entzückt, als er sie 1831 in Mailand kennen lernte. Öffentlich hat Frau v. Ertmann — Beethovens „Dorothea-Cäcilia" — niemals gespielt, aber ihr Salon war der Mittelpunkt aller Musikfreunde in Wien.

Das Datum des Briefes ist vielleicht richtiger **„1817"**, das Jahr, in dem die A-Dur-Sonate op. 101 mit der Widmung an Dorothea bei Steiner & Co. erschien. — In St. Pölten lag das Regiment des Generals.

114. Johann Peter Salomon, der Impresario Haydns in London, ausgezeichneter Geiger und Konzertmeister der Londoner „Professional Concerts", war ein Bonner wie Beethoven und diesem von Jugend auf bekannt. Gest. 25. Nov. 1815 in London.

115. Czerny erteilte dem Neffen Klavierunterricht.

117. Fries & Co., von Beethoven öfter benutztes Bankhaus. — Robert Birchall, Verleger in London, brachte Beethovensche Werke heraus. — Charles Neate, ein Schüler John Fields, kam 1815 einige Monate nach Wien, um Beethovens Umgang zu genießen. Er wirkte in London eifrig für die Verbreitung der Beethovenschen Werke, ohne immer — er begegnet uns noch in den Briefen — die gerechte Anerkennung des Meisters zu finden.

118. Neffe Karl litt an einem Bruchschaden, der durch eine glückliche Operation Dr. Smettanas beseitigt wurde. „Hosenknopf" ist bei Beethoven eine zärtliche Bezeichnung der Zugehörigkeit. Später erhält der junge Gerhard Breuning diesen Titel.

122. „Feldstück" = Komposition. — „Zeughaus" = Druckerei. — „Wohlgeharnischte Männer" = Dukaten. — „Staatsschuld" ist die von Steiner & Co. dem Meister vorgeschossene Summe.

123. Die so mißhandelte Sinfonie ist die Siebente in A-Dur. — Schlemmer war Beethovens Lieblingskopist.

126. Ein trauriges Kapitel der Beethovenschen Familiengeschichte wird hier aufgerollt. — Leopold v. Schmerling war der Verlobte der zweiten Tochter Gianastasios, Nani. — „Bernhard" ist der einflußreiche Redakteur und Dichter Carl Bernhard.

128. Trotz dieses Ukas erhielten nur die Sonaten op. 101 in A und op. 106 in B-Dur die gewünschte Bezeichnung. Die letztere ist unter dem Namen „Hammerklaviersonate" bekannt geblieben.

129. Zmeskall hatte also die Dedikation des im Dezember 1816 erschienenen F-Moll-Quartetts mit einem Geschenk erwidert, was Beethoven als Mangel an Feinfühligkeit empfand.

130. Die Situation ist klar: Beethoven beschuldigt Neate, nichts für ihn getan zu haben, hat aber der Philharmonic Society (deren Mitbegründer 1813 Neate war) versprochene Werke an deutsche Verleger verkauft. Er versucht, ob sich nicht eine doppelte Herausgabe, in England und Deutschland zugleich, bewerkstelligen läßt.

Der Bankier John Hering war ein Freund des Mr. Birchall. — Die Gräfin v. Genney und ihre Tochter waren in Wien lebende Verehrerinnen Beethovens.

131. Der letzte Brief an den „Beichtvater". Wo die Gräfin sich befand, geht aus dem Schreiben nicht hervor. — Der „pfiffige Italiener" ist Dr. Malfatti. Es kam mit ihm zum Bruch, und erst an das Sterbelager Beethovens führte ihn Schindler wieder zurück.

132. Beethovens Arzt war um diese Zeit Dr. Staudenheim. Es ist hier von „Lungenkrankheit" die Rede, und man erinnert sich der vielen „Entzündungs-Katarrhe". Vielleicht war Beethoven doch, von der Mutter her, erblich belastet.

133. Xavier Schnyder v. Wartensee, Komponist und Dichter, war 1786 in Luzern geboren und machte (1810—11) seine Studien in Wien. 1817 ließ er sich in Frankfurt nieder als Theorielehrer und Gesangsmeister und starb dort 1868. Beethoven hat das Hochgebirge nie gesehen.

135. Hofrat v. Mosel ist Verfasser einer Salieri-Biographie. Hier tritt Beethoven außer für Verdeutschung der Tempobezeichnungen auch für Mälzels Metronom ein. Später war er anderer Meinung: „Gar kein Metronom! Wer richtiges Gefühl hat, braucht ihn nicht, und wer das nicht hat, dem nützt er doch nichts, der läuft doch mit dem ganzen Orchester davon."

137. Die Künstlerin, der Beethoven ein so glänzendes Zeugnis ausstellt, Marie Leopoldine Pachler-Koschak, war die 1794 in Graz geborene Frau des Advokaten Dr. Karl Pichler. Sie schrieb nach Beethovens Tode: „Wir waren viel zusammen."

138. Von dem Philologen J. N. Bihler hörten wir schon, daß er Grüße an Schnyder von Wartensee zu überbringen hatte. Musikliebe mag ihn mit Beethoven zusammengeführt haben. Der Mentor des Sohnes der Baronin v. Puthon wurde später Erzieher der Kinder des Erzherzogs Karl. — „Doktor Sassafraß“ (gleichbedeutend mit Kurpfuscher) geht vermutlich auf den „pfiffigen Italiener“ Malfatti.

139. Dies Attest für den im übrigen unbekannten Kandeler ist gemeinsam mit Jos. Weigl verfaßt, der darunter schreibt: „Vollkommen mit H. v. Beethoven einverstanden.“

142. Der „Verein der Musikfreunde“ in Wien bestellte durch den Rechnungsrat Hauschka bei Beethoven ein heroisches Oratorium. Beethoven nahm den Antrag an, erhielt sogar Vorschuß, hat aber das Werk nie geliefert. Den ersten Text verwarf er und ließ sich von dem uns schon bekannten Bernhard einen neuen („Sieg des Kreuzes“) schreiben.

Seine Wiener nannte Beethoven des öfteren ihrer naiven Lebensfreude halber „Phäaken“. — Dem Freunde als einem Liebhaber der Kniegeige verleiht er das „Großkreuz des Violonschell-Ordens“.

143. Die Dedikation, für die sich Beethoven in diesem Neujahrsbrief bei dem Erzherzog bedankt, waren vierzig Veränderungen über ein Thema Beethovens (zu den Versen „O Hoffnung“ usw. aus Tiedges Urania) von „seinem Schüler R. E. H.“ — Das „schreckliche Ereignis“ war vermutlich die schlimme Wendung, die der Prozeß gegen des Neffen Mutter zu nehmen drohte.

144. Beethoven trug sich damals mit dem Plan einer Reise nach London. Eine seiner Versicherungen lautete: „Ich werde in der ersten Hälfte des Monats Januar spätestens in London sein.“ Er erkundigt sich nach der Besetzung des Londoner Orchesters, weil er für die Philharmonische Gesellschaft neue Werke zu schreiben beabsichtigt. Trotz der Bemühungen seiner Freunde Ries und Neate und trotz des Entgegenkommens der Londoner Direktoren ist aus der Reise nichts geworden.

Das „übertriebene Wohlwollen“ verstehen wir, wenn wir an die Folgen der Vormundschaft denken. — Die „Sonate“ ist die B-Dur-Sonate op. 106, das „Quintett“ die von ihm selbst herrührende Bearbeitung des C-Moll-Trios op. 1. Sie ging aus der Verbesserung der Arbeit eines anderen hervor, was Beethoven veranlaßte, auf das Titelblatt des Manuskriptes die launigen Worte zu setzen: „Bearbeitetes Terzett zu einem vierstimmigen Quintett vom Herrn Gutwillen und aus dem Schein von fünf Stimmen ans Tageslicht gebracht, wie aus großer Miserabilität zu einigem Ansehen erhoben vom Herrn Wohlwollen. Wien, am 14. August 1817. NB. Die ursprüngliche dreistimmige Quintett-Partitur ist den Untergöttern als ein feierliches Brandopfer dargebracht worden.“

145. Der Dichter und Musiker E. Th. A. Hoffmann war der Erste, der Beethovens Größe und Genialität erkannte und öffentlich (in Aufsätzen der Leipziger Allgem. Musikal. Zeitung) für sie eintrat. Auch in seinen „Phantasiestücken“ spielt Beethoven eine Rolle. Auf ihn ist (1820) der humoristische Kanon geschrieben: „Hofmann, sei kein Hofmann.“

148. Statt „pertobiasser" lies „pertobiassen" (= als Tobias behandeln, zu einem Tobias machen??). — Der bekannte dramatische Dichter Zacharias Werner hielt, nachdem er 1811 zum Katholizismus übergetreten war, in Wien öffentlich Predigten.

149. Es ist wieder das Spiel mit der Messe. Beethoven wollte, bevor er sich nicht für den Verleger entschlossen hatte, sie auch an Brentano nicht ausliefern, diesen aber in dem Glauben lassen, er bekomme die Partitur für Simrock.

150. Der Adressat ist der fürstlich Lobkowitzsche Hofrat Peters. — Der etwas eitle Johann wird hier wegen seiner Vornehmtuerei der „Staatsbruder" genannt.

151. Mit den Rombergs war Beethoven schon in Bonn befreundet. Der Cellist Bernhard Romberg konzertierte auf einer Kunstreise im Februar 1822 in Wien.

153. „Dieser Berliner" ist der Verleger Moritz Schlesinger.

154. In einem Konzert für den Bürgerspitalfonds hatte Seyfried die C-Dur-Ouvertüre op. 124 (Zur Weihe des Hauses) zur Aufführung gebracht.

155. Der hier erwähnte Antrag aus England veranlaßte Beethoven, seine Neunte Sinfonie zu schreiben.

156. Blöchlinger war der Leiter des Instituts, dem der Meister — nachdem er gesehen, daß das Zusammenleben im eigenen Hause nicht gut tat — den Neffen anvertraut hatte.

157. Karl Friedrich Zelter (Goethes Musikorakel) war seit 1800 Direktor der Berliner Singakademie.

159. Cherubini, der 1805 in Wien gewesen war, wurde von Beethoven ungemein geschätzt. — Den nach dem Entwurf mitgeteilten Brief hat er nie erhalten.

160. „Hattischeriff" — die Kabinettsorder eines Sultans, gegen die es keinen Einspruch gibt.

161. Der „Hofdienst" war in diesem Fall ein Besuch beim Fürsten Esterhazy. — Beethoven hielt viel auf eine gute Suppe, beurteilte nach der Art ihrer Herstellung den Charakter seiner Köchinnen und duldete in gastronomischen Fragen keinen Widerspruch. Zu seinen Lieblingsgerichten zählte auch der Fisch.

162. Die „Sache", mit der Beethoven nichts zu tun haben wollte, war diese: Schindler hatte sich für einen Pianisten Schoberlechner verwendet, der von Beethoven Empfehlungsschreiben haben wollte.

163. Beethoven hat 1823 eine langwierige Augenkrankheit durchgemacht.

165. Die „schnellsegelnde Fregatte" war in den letzten Jahren Beethovens weibliches Faktotum, die alte Frau Sali (auch „die Alte“ oder „Frau Schnaps“ genannt).

166. Sir William Edward Parry: der berühmte Nordpolfahrer. — Der verdächtigte Kopist — er zögerte mit der Abschrift der Diabelli-Variationen — war Rampel.

167. Der nicht genannte Adressat ist Dr. v. Pilat, Redakteur des „Österreichischen Beobachters“. Es handelt sich um die Veröffentlichung von Beethovens Ernennung zum Mitglied der Stockholmer Akademie. — Der Bernardus non sanctus (Karl Bernard) war Redakteur der „Wiener Zeitschrift für Kunst, Theater, Literatur und Mode“. — „Ruprect“: Johann Baptist Rupprecht, Zensor und Verfasser des von Beethoven komponierten Gedichtes „Merkenstein“.

170. „Fettlümmerl“ betitelt der entrüstete Meister die Frau des charakterlosen Bruders Johann, „Bastard“ die Tochter.

172. Auch mit Grillparzer wollte Beethoven eine Oper („Melusine“) schreiben — aber es blieb auch hier bei der Absicht.

173. Johanna van Beethoven: die Mutter Carls, die „Königin der Nacht“. Das Schreiben zeigt, wie Beethoven selbst gegen diese verhaßte Frau, wenn sie sich fügte, artig, ja versöhnlich sein konnte.

174. Die beabsichtigte Akademie verursachte in diesem Jahre besonders große Unkosten. Die Verhandlungen der Freunde mit dem Theaterunternehmer Duport wegen Erhöhung der Eintrittspreise hatten nicht den gewünschten Erfolg, und das machte Beethoven argwöhnisch und zornig gegen seine Getreuen. Auch Schindler und Schuppanzigh wurden mit ziemlich gleichlautenden Kundgebungen bedacht.

175. Entrüstet, daß man ihm von Berlin aus für die Messe einen Orden anbot, hatte Beethoven bei Tisch wohl Bemerkungen gemacht, die er nicht verlautbart wissen wollte. Daher die Anspielung auf Papagenos Mundschloß. — Durch Esterhazy sollte der Regierung Beethovens schwedisches Mitgliedsdiplom unterbreitet und die Erlaubnis zur Annahme eingeholt werden.

Diabelli hatte, um die Arbeit des Stechers nicht zu unterbrechen, sich geweigert, die Sonate op. 111 dem korrigierwütigen Komponisten stets aufs neue zurückzugeben. Beethovens Mitteilung nahm er mit Humor auf und meinte, er werde die „Baßarie“ notieren, drucken und honorieren. — „Graben“, Straße in Wien, in der Diabellis Musikhandlung lag.

176. Am nächsten Morgen war „unser Benjamin“ wieder zur Stelle, und der Onkel verzieh ihm, wie schon so oft. „Es geht trotz meiner agitatos zuweilen alles gut . . . . .“

177. Der Brief nimmt auf einen Vorfall Bezug, der sich nach der zweiten Akademie dieses Frühjahrs im Prater abspielte. Beethoven hatte Schindler, Schuppanzigh und Umlauf zu einem Mahle in den „Wilden Mann" geladen, um sich für ihre Bemühungen dankbar zu erweisen, erschien aber so verstimmt und benahm sich so unwirsch und kränkend, daß die Freunde aufstanden und ihn mit dem Neffen allein ließen. Bei dieser Gelegenheit hatte er Schindler geradezu des gemeinsamen Betruges mit dem Administrator des Theaters (Duport) bezichtigt.

180. Diese Zeilen an Schindler schlagen wieder den alten Ton an. Die Differenzen des Meisters mit seinem Famulus hatten sich sehr bald wieder ausgeglichen.

182. Zu Dr. Braunhofer nahm Beethoven seine Zuflucht, als ihn im Winter 1824/25 eine schwere (Unterleibs-) Krankheit heimsuchte, von der genesend er seine Empfindungen in die Kanzone des A-Moll-Quartetts (op. 132) ergoß. — „Brovianer" = Brownianer, d. h. Anhänger der Heilmethode des schottischen Arztes John Brown.

185. Dr. Reissig (oder Reyssig) war der vom Gericht ernannte Mitvormund Karls.

189. Die Rede ist wohl von dem Es-Dur-Quartett op. 127. — Franz Clement (1780—1842), von Beethoven besonders geschätzter Violinvirtuose (für ihn das Violinkonzert!), auch Orchesterdirigent.

192. Wie Hönigstein, Chef eines Bankhauses, gehörte auch der hier genannte Thal dem Handelsstande an. Der Neffe sollte jetzt Kaufmann werden.

193. Der „Scherz", den die „Mainzer Gassenbuben" (Verleger Schott Söhne) mißbrauchten, war der Tobias-Artikel in der „Cäcilia".

195. „P. u. S.": vielleicht die Verleger Peters und Schott. — „Herr A. in Mannheim" war nicht zu ergründen. — Das „letzte Quartett" ist das in A-Moll op. 132. — „Mon cher benjamin" = der Neffe. — „Die neugeschaffenen Wörter und Ausdrücke" bezieht sich auf Beethovens Verdeutschungsvorschläge für musikalische Benennungen (z. B. Sonate: Klangstück, Trompete: Schmetterrohr usw.).

199. A. B. Marx, der Berliner Kritiker und Musikschriftsteller, späterer Beethovenbiograph.

200. Biedermann war offenbar ein Vertreter der Firma M. Schlesinger in Berlin.

203. Der Begleitbrief eines Walzers, den Beethoven auf Wunsch einem jungen Künstler schickte, dem Sohn der zu des Meisters Bedauern von der Haushälterin eigenmächtig abgewiesenen Dame.

206. Der unselige Neffe unternahm im August 1820 in der Umgebung Wiens einen Selbstmordversuch, wurde aber gerettet und kam für einige Zeit ins Spital.

207. „Die Korrektur für des Königs Majestät": Die IX. Sinfonie wurde dem König Friedrich Wilhelm III. von Preußen gewidmet. — Infolge Verwendung des Feldmarschalleutnants Baron v. Stutterheim, dem Beethoven zum Dank dafür das Cis-Moll-Quartett op. 131 zueignete, fand Karl in Iglau Aufnahme in dessen Regiment.

208. Tobias Haslinger war nach dem Ausscheiden Steiners 1826 alleiniger Inhaber der Firma geworden.

209. Wegeler hatte in einem Brief (vom 29. Dezember 1825), mit dem er nach langer Unterbrechung die Korrespondenz wieder aufnahm, des Gerüchtes von Beethovens königlich preußischer Abstammung Erwähnung getan und gefragt, warum er seiner Mutter „Ehre nicht gerächt" habe. Beethoven stand höher; seine vornehme Art, dergleichen Klatsch zu ignorieren, war würdiger. — Lorchens Silhouette wurde eines Abends in Bonn von demselben Maler Neesen angefertigt, von dem die Silhouette des etwa 16jährigen Beethoven herrührt. — Anstatt des Ordens — kam für die Neunte Sinfonie aus Berlin ein Ring, dessen Wert in Wien auf 300 fl. geschätzt wurde. — Dr. Spieker war königlicher Bibliothekar in Berlin und reiste eigens nach Wien, um das Manuskript der Neunten in Empfang zu nehmen.

210. Nachdem der Neffe das Spital verlassen hatte, brachte ihn Beethoven, damit er sich vor seiner Militärzeit noch erholen sollte, auf das Gut des Bruders Johann ind er Nähe von Krems. Hier blieben sie über zwei Monate. Es war Beethovens letzte Reise; schwerkrank kehrte er im November nach Wien zurück, um nicht wieder von seinem Lager aufzustehen.

211. Max Stumpff in London war Harfenfabrikant und Beethoven herzlich ergeben. Mit Übersendung der Prachtausgabe von Händels Werken machte er dem Meister die letzte große Freude.

212. Dieser Brief, den Beethoven einen Monat vor seinem Tode an seinen Jugendfreund richtete, ist wie der vorige (Nr. 209) diktiert und eigenhändig nur unterzeichnet. — Beethoven litt an der Wassersucht und erwartete gerade die vierte Punktion. — „Frau Steffen sprach" ist ein Zitat, der Anfang der zweiten Strophe des Liedes „Zu Stephen sprach im Traum" aus der u. a. von Umlauf (1782) komponierten Bretznerschen Operette „Der Irrwisch".

213. Die erbetene Sendung guten alten Rheinweins erfolgte umgehend und konnte den Sterbenden noch erquicken.

215. „Was Sie sonst noch für ein Resultat in Ansehung der Seine ziehen möchten" — soll natürlich den Wunsch nach weiteren Sendungen französischen Weines andeuten.

216. Die „hochgelahrten Herren" sind Dr. Wawruch, der eine wenig pietätvolle Schrift „Beethovens letzte Krankheit" veröffentlichte, und Dr. Seibert, —

Beethoven, der sich mit Dr. Malfatti wieder ausgesöhnt hatte, schöpfte neue Hoffnung. Aber schon neun Tage nach dieser Konsultation, am 26. März 1827, erfolgte sein Ableben.

217. Es waren also Engländer, die unserm Meister in seiner letzten Not edelmütig halfen. — J. Moscheles, der berühmte Klavierspieler und Komponist, dessen sich Beethoven in Wien angenommen hatte, ließ sich 1821 in London nieder, wurde 1846 von Mendelssohn an das Konservatorium in Leipzig berufen und starb dort 1870.

218. Mit zitternder Hand schrieb der Sterbende die ihm von Breuning vorgelegten Zeilen ab und sagte dann: „Da! Nun schreibe ich nichts mehr.“ (Schindler.)

....

Inhaltsverzeichnis

Zeitfracht Medien GmbH
Ferdinand-Jühlke-Straße 7
99095 Erfurt, Deutschland
produktsicherheit@kolibri360.de

Druck:
CPI Druckdienstleistungen GmbH
im Auftrag der
Zeitfracht Medien GmbH
Ein Unternehmen der Zeitfracht - Gruppe
Ferdinand-Jühlke-Str. 7
99095 Erfurt